华夏国学经典文库【全文解读本】

任俊华 赵清文 著

三十六计正宗

经典珍藏

华夏出版社
HUAXIA PUBLISHING HOUSE

图书在版编目（CIP）数据

三十六计正宗/任俊华，赵清文编著．—北京：华夏出版社，2014.3
（华夏国学经典文库）
ISBN 978-7-5080-7870-0

Ⅰ.①三… Ⅱ.①任… ②赵… Ⅲ.①兵法－中国－古代－通俗读物 Ⅳ.①E892.2-49

中国版本图书馆 CIP 数据核字(2013)第 258350 号

三十六计正宗

作　　者	任俊华　赵清文
责任编辑	黄　欣
责任印制	刘　洋
出版发行	华夏出版社
经　　销	新华书店
印　　刷	北京建筑工业印刷厂南厂
装　　订	三河市兴达印装有限公司
版　　次	2014 年 3 月北京第 1 版　2014 年 3 月北京第 1 次印刷
开　　本	720×1030　1/16 开
印　　张	17.25
字　　数	251 千字
定　　价	28.00 元

华夏出版社　地址：北京市东直门外香河园北里 4 号　邮编：100028
　　　　　　网址：www.hxph.com.cn　电话：(010) 64663331（转）
若发现本版图书有印装质量问题，请与我社营销中心联系调换。

前　言

　　《三十六计》是20世纪40年代偶然发现的,到20世纪七八十年代才开始受到人们的广泛关注。这部著作虽然进入人们的视野比较晚,但升温迅速,其在社会上的影响已超过许多古代重要的兵学典籍,有直逼素有"兵学圣典"之誉的《孙子兵法》之势。

　　社会影响的扩大,自然引起了研究者的兴趣。近二三十年来,已经出现了一大批与此有关的学术著作和理论文章。目前,关于《三十六计》的研究主要集中于三个领域。一是关于《三十六计》成书年代的研究。《三十六计》的作者究竟是何人,现在已很难考证;即使它究竟为哪个时代的人所作,也没有可以令人信服的明确记载。因此,关于此书的成书年代问题,引起了研究者的广泛关注,他们所做的考证和推断,对于我们全面了解这部著作,具有很大的帮助。二是对《三十六计》主要思想内容的阐释和分析。《三十六计》是一部关于军事谋略的著作,是对中国几千年军事斗争经验的总结。目前,许多学者对《三十六计》中所包含的战略、战术思想进行了较为深入的分析,对其哲学基础、实质内涵、应用条件、典型战例等都做了一些有益的探索和分析。三是关于《三十六计》的应用研究。对于《三十六计》的应用研究并不仅仅局限于军事斗争领域,如今已经扩展到了社会生活的各个方面,如政治领域、商业竞争领域、人际交往领域、体育竞赛领域等。研究者将《三十六计》的基本原理贯彻到各个领域之中,扩大了其对人们社会行为的指导作用。

　　由于对《三十六计》的理论研究起步较晚,因此,在这一领域,仍然存在着诸如深度不够、专业化不高等问题,这与它在社会上的广泛影响极不相称。更为突出的问题是,在对其中某些问题的认识上,还存在着一些误解甚至曲解的现象。例如,对于"败战计"中的"连环计",有人表面化地将其理解为若干计策一环扣一环地使用；再如，在对《三十六计》的拓展应用方面，有人不加分析地将仅仅适用于军事斗争领域的诡诈权谋无原则地推广到社会生活的其他领域。所有这些问题和现象的存在，都阻碍了人们对于《三十六计》的正确认识和其积极作用的发挥。因此，坚持正确的立场，采用科学的方法，澄清认识，客观分析，公允评价，仍然是《三十六计》研究中应当注意的问题。

本书力图借鉴前人和今人的研究成果，拨云见日、正本清源，为读者提供一个既能看懂又符合《三十六计》原意的读本。学习《三十六计》之法有理论研读、实践观摩两种，各有利弊。理论研读，长于透过现象认识战争本质，却难免纸上谈兵、事倍功半之失；实践观摩，长于从感性认识中多所体悟，却不免流于表象，难解其中深意之憾。本书之旨在于合理论研读与实践观摩之长，取古今中外《三十六计》注释之要，兼以军事战争实践做解，合二法之所长，去二法之所短。

华夏出版社陈振宇同志为弘扬国学，孜孜不倦地策划编辑华夏经典国学正宗系列丛书，本书即为其热忱约稿之结果，在此深表感谢。限于学识，差错难免，恳请读者方家不吝教正。

任俊华 赵清文谨识

2007 年 6 月

目 录

总　说 …………………………………………	1
第一套　胜战计 ………………………………	9
第 一 计　瞒天过海 ………………………	10
第 二 计　围魏救赵 ………………………	17
第 三 计　借刀杀人 ………………………	24
第 四 计　以逸待劳 ………………………	32
第 五 计　趁火打劫 ………………………	38
第 六 计　声东击西 ………………………	44
第二套　敌战计 ………………………………	51
第 七 计　无中生有 ………………………	52
第 八 计　暗渡陈仓 ………………………	61
第 九 计　隔岸观火 ………………………	70
第 十 计　笑里藏刀 ………………………	76
第十一计　李代桃僵 ………………………	87
第十二计　顺手牵羊 ………………………	96
第三套　攻战计 ………………………………	103
第十三计　打草惊蛇 ………………………	104
第十四计　借尸还魂 ………………………	110
第十五计　调虎离山 ………………………	115
第十六计　欲擒故纵 ………………………	121
第十七计　抛砖引玉 ………………………	129
第十八计　擒贼擒王 ………………………	134

第四套　混战计 …………………………………… 141
第十九计　釜底抽薪 …………………………… 142
第二十计　混水摸鱼 …………………………… 150
第二十一计　金蝉脱壳 ………………………… 157
第二十二计　关门捉贼 ………………………… 162
第二十三计　远交近攻 ………………………… 168
第二十四计　假途伐虢 ………………………… 174

第五套　并战计 …………………………………… 181
第二十五计　偷梁换柱 ………………………… 182
第二十六计　指桑骂槐 ………………………… 187
第二十七计　假痴不癫 ………………………… 194
第二十八计　上屋抽梯 ………………………… 202
第二十九计　树上开花 ………………………… 207
第三十计　反客为主 …………………………… 212

第六套　败战计 …………………………………… 219
第三十一计　美人计 …………………………… 220
第三十二计　空城计 …………………………… 226
第三十三计　反间计 …………………………… 234
第三十四计　苦肉计 …………………………… 241
第三十五计　连环计 …………………………… 246
第三十六计　走为上 …………………………… 253

《三十六计》内容概述 …………………………… 260

总 说

六六三十六①,数中有术,术中有数②。阴阳燮理③,机在其中④。机不可设⑤,设则不中。

按⑥:解语重数不重理⑦。盖理,术语自明⑧;而数,则在言外。若徒知术之为术,而不知术中有数,则术多不应。且诡谋权术⑨,原在事理之中,人情之内⑩。倘事出不经⑪,则诡异⑫立见,诧世⑬惑俗,而机谋泄矣。或曰:三十六计中,每六计成为一套。第一套为胜战计,第二套为敌战计,第三套为攻战计,第四套为混战计,第五套为并战计,第六套为败战计。

【译文】
太阴六六之数相乘为三十六,在客观的实际状况中包含着军事斗争的谋略,军事斗争谋略的运用也要根据客观情况的变化及其发展规律。认识和掌握了军事活动中的对立统一规律,就能够从中把握和运用军事谋略。谋略不能离开客观状况和规律而仅仅通过主观臆想,如果单凭主观想像去谋划,肯定不会达到军事活动的目的。

按语:我们所做的解语着重解释的都是客观的规律和适用这些规律的实际状况,而不是讲述一般的道理。因为一般的道理在计谋的说明中就已经很明确了;而其中所隐含的规律,却是在解语之外的。如果人们只知道作为规律的实际运用的计谋,而不知道这些计谋包含的规律和之所以成功的原因,那么计谋就很容易流于生搬硬套而失败。况且任何诡诈的计谋原本就是在一般的道理之中,普遍的人情之内的。如果脱离了人情和事理而刻意进行设计,违背了人们的一般常识,那么它的诡诈和异常必然马上显现出来,这样就会引起人们的诧异和警惕,计谋也就因此败露了。有人说：这三十六种计谋，每六种成为一套，共分六套。第一套称为胜战计，第二套称为敌战计，第三套称为攻战计，第四套称为混战计，第五套称为并战计，第六套称为败战计。

【注释】

①六六三十六：《三十六计》的解语多引用《易》中的词句或者思想。"六"在《易》中是阴爻、阴数之称。因此后来常常以"六"代表"阴"。这里，用《易》中表示阴数的"六"，来表示军事斗争中的机谋，即"阴谋"；用《易》中的太阴"六六"之数，来表示阴谋变化多端。军事斗争中的谋略变化无穷，千奇百怪，并非三十六个计谋所能涵盖。三十六计，只是借用太阴"六六"之数，对古代举不胜举的军事斗争计谋的部分总结。马南邨（即邓拓）《燕山夜话·"三十六计"》中说："古人所谓三十六计，原来并没有详细的内容，只是借太阴六六之数，表示阴谋诡计多端而已。后人加以推演，才出现了不同的解释。其实，像这一类问题，大可不必过于拘泥，以致食古不化。"也就是说，古语"三十六计"最初只是虚指，极言计策之多，后来才凑为三十六实数。

②数中有术，术中有数：数，原指数目、数字，后来引申为客观规律。这里指敌我双方的力量对比、战场的实际状况等客观情况。术，即方法、手段、权术、计谋。在军事斗争中，采用什么样的计谋或方法，决定着军事行动的成败，正如《吕氏春秋·决胜》中所说："夫兵贵不可胜。不可胜在己，可胜在彼。圣人必在己者，不必在彼者，故执不可胜之术，以遇不胜之敌，若此则兵无失矣。"《孙子兵法·九变篇》中也说："治兵不知九变之术，虽知五利，不能得人之用矣。""数中有术，术中有数"，意思是说，在客观的实际状况中包含着军事斗争的谋略，军事斗争谋略的运用也要根据现实条件和情况的发展变化及其客观规律。

③阴阳燮理：中国传统哲学认为，宇宙中存在着贯通物质和人事的两个基本对立面，即"阴"和"阳"。"古时人见万物万象都有正反两方面，此种两极的现象普遍于一切，于是成立阴阳二观念。所谓阴阳，其实即表示正负。更发现一切变化皆起于正反之对立，对立乃变化之所以起，于是认为阴阳乃生物之本，万物未有之前，阴阳先有。更进而谓阴阳有未分之时，此阴阳未分之体，方是宇宙之究竟本根。"[①] 古人认为，阴和阳是宇宙的本原，阴阳变化流行，化生出世间的万物。正如北宋哲学家邵雍所说："太极既分，两仪立矣。阳下交于阴，阴上交于阳，四象生矣。阳交于阴、阴交于阳而生天之四象；刚交于柔、柔交于刚而生地之四象，于是八卦成矣。八卦相错，然后万物生焉。是故一分为二，二分为四，四分为八，八分

---

① 张岱年：《中国哲学大纲》，江苏教育出版社，2005年版，第56页。

为十六,十六分为三十二,三十二分为六十四。故曰'分阴分阳,迭用柔刚,故易六位而成章'也。十分为百,百分为千,千分为万,犹根之有干,干之有枝,枝之有叶,愈大则愈少,愈细则愈繁,合之斯为一,衍之斯为万。"(《观物外篇》)"太阳之体数十,太阴之体数十二,少阳之体数十,少阴之体数十二。少刚之体数十,少柔之体数十二,太刚之体数十,太柔之体数十二。进太阳、少阳、太刚、少刚之体数,退太阴、少阴、太柔、少柔之体数,是谓太阳、少阳、太刚、少刚之用数。进太阴、少阴、太柔、少柔之体数,退太阳、少阳、太刚、少刚之体数,是谓太阴、少阴、太柔、少柔之用数。太阳、少阳、太刚、少刚之体数一百六十,太阴、少阴、太柔、少柔之体数一百九十二。太阳、少阳、太刚、少刚之用数一百一十二,太阴、少阴、太柔、少柔之用数一百五十二。以太阳、少阳、太刚、少刚之用数唱太阴、少阴、太柔、少柔之用数,是谓日月星辰之变数。以太阴、少阴、太柔、少柔之用数唱太阳、少阳、太刚、少刚之用数,是谓水火土石之化数。日月星辰之变数一万七千二十四,谓之动数。水火土石之化数一万七千二十四,谓之植数。再唱和日月星辰水火土石之变化通数二万八千九百八十一万六千五百七十六,谓之动植通数。"(《观物内篇》)因此可见,中国古代的阴阳观念中,包含着朴素辩证法的思想,一定程度上体现着对客观规律的认识。这也是它能与重视实际状况和客观规律的军事思想联系起来的基础。燮理,即协和治理,利用万物之间对立统一的规律,达到使它们和谐一致的目的。这里,"燮理阴阳"指认识和掌握军事活动中的对立统一规律。

④机:技巧,机变,谋略,权诈。"机"同"术"、"数"等一样,也是中国古代兵家比较重视的一个范畴。如《六韬》中说:"阴其谋,密其机,高其垒,伏其锐。"(《武韬》)"兵胜之术,密察人之机而速乘其利,复疾击其不意。"(同上)《尉缭子》中说:"威在于不变;惠在于因时;机在于应事;战在于治气。"(《十二陵》)

⑤设:(主观的)设想、谋划。

⑥按:"按语"的省称。"按语"是对有关文章、词句所作的说明、提示或考证。在《三十六计》的总说和每一条计谋之后,都附有一条按语。据考证,按语与计名和解语当不是同时完成。

⑦理:这里指一般的事理。

⑧术语:这里指对每条计谋进行说明的解语。

⑨权术:权谋,手段。

⑩人情:即人之常情,人类社会中的一般规律以及人们对这些规律的认识。

⑪不经:指不合常法。

⑫诡异:指诡诈不经之处。

⑬诧世:使世人惊异、诧异。

【评解】

　　军事斗争就是对立的双方，甚至相关的数方的斗智斗勇。"庙算"、"谋攻"、"运筹帷幄"都说明了机变、权谋在军事斗争中的重要。如果运筹得当，就能够"决胜千里之外"，以弱胜强，以少胜多，达到转危为安，甚至不战而胜的目的。在军事谋划中，首先必须了解战争的一般规律。战场上只有实实在在的血与火的对抗，是你死我活的力量争夺，任何浪漫主义的创造和不切实际的妄想在这里都行不通。其次还要了解敌我双方的各种情况和战场的实际，知己知彼，审时度势，才能制定出相应的计谋，克敌制胜，任何一个微小的细节的判断失误都能使胜势化为乌有。因此，"用兵之道，以计为首"，中外历史上以弱胜强的战例比比皆是，而仅凭匹夫之勇就能够纵横天下者却从来没有过。

　　在军事计谋的运用中，关键就在于正确地认识军事斗争的规律和实际的形势。因此在前人对《三十六计》所做的按语中，也着重对每条计谋中所包含的规律和原理进行了分析。在总说的按语中，也特别说明了诡诈的计谋其实是隐藏在常理之中的。计谋隐于常理之中，这其实和《孙子兵法》中"奇正相生"的道理是一样的。如果违背常理而对计谋生搬硬套，就会成为纸上谈兵，不但不能取得胜利，反而会遭受重大的损失，人们熟知的马谡失街亭的故事就是一个例子。三国时期，魏国命司马懿为主将，张郃为先锋，率兵进攻蜀汉。蜀汉丞相诸葛亮命马谡等人领兵在街亭阻击。马谡自恃读过一些兵书战策，违背了诸葛亮"下寨必当要道之处，使贼兵急切不能偷过"的部署，不听副将王平的劝告，不顾敌我力量对比悬殊的实际，一意孤行要将营寨扎在没有水源的山上，意图使士兵"置之死地而后生"，并且凭居高临下之势，一举打败魏军。结果被魏军困死山上，断水绝粮，阵脚大乱，遭到惨败。虽然诸葛亮对马谡一向器重，但最终还是将他斩首以正军法。马谡违背客观规律和实际进行指挥，最终落了个兵败身死的下场。

　　巧妙利用军事斗争中的客观规律，采取灵活机动的斗争策略，历来就被军事家们所重视，例如，《孙子兵法》中首篇就是《计篇》，另外还有《谋攻篇》，可以说都是强调事前的谋划和斗争策略在军事斗争中的运用。这种思路被此后的历代兵家所继承，例如《百战奇略》中就有《计战》，有《谋战》，同样体现出对谋略在军事斗争中的重要性的清晰认识。

其中《计战》中说:"未战之时,先料敌之贤愚,敌之强弱,兵之众寡,地之险易,粮之虚实。"在军事斗争中,如果事前没有认真地谋划,取得战争的胜利是不可能的。

在相传为姜太公所作的《六韬》中,提出了十二条"文伐之法":

"一曰:因其所喜,以顺其志。彼将生骄,必有奸事。苟能因之,必能去之。

二曰:亲其所爱,以分其威。一人两心,其中必衰。廷无忠臣,社稷必危。

三曰:阴赂左右,得情甚深。身内情外,国将生害。

四曰:辅其淫乐,以广其志,厚赂珠玉,娱以美人;卑辞委听,顺命而合,彼将不争,奸节乃定。

五曰:严其忠臣,而薄其赂,稽留其使,勿听其事。亟为置代,遗以诚事,亲而信之,其君将复合之。苟能严之,国乃可谋。

六曰:收其内、间其外。才臣外相。敌国内侵,国鲜不亡。

七曰:欲锢其心,必厚赂之。收其左右忠爱,阴示以利,令之轻业,而蓄积空虚。

八曰:赂以重宝,因与之谋。谋而利之,利之必信,是谓重亲。重亲之积,必为我用。有国而外,其地必败。

九曰:尊之以名,无难其身;示以大势,从之必信;致其大尊,先为之荣,微饰圣人,国乃大偷。

十曰:下之必信,以得其情。承意应事,如与同生。既以得之,乃微收之。时及将至,若天丧之。

十一曰:塞之以道:人臣无不重贵与富,恶危与咎;阴示大尊,而微输重宝,收其豪杰;内积甚厚,而外为乏,阴纳智士,使图其计;纳勇士,使高其气,富贵甚足,而常有繁滋;徒党已具,是谓塞之。有国而塞,安能有国。

十二曰:养其乱臣以迷之,进美女淫声以惑之,遗良犬马以劳之,时与大势以诱之,上察而与天下图之。"

这十二条"文伐之法",如果用现代白话文表述,则大体意思是:

一是,依照敌人的喜好,顺从他的意愿。这样,他就会滋长骄傲情绪,必定要做邪恶的事情。如果我方抓住时机,必定能够除掉它。

二是，亲近拉拢敌人首脑的近臣，以分化首脑的威望和力量。这样就会使敌方像一个人怀有两种心思一样，内部必然削弱。敌人朝中没有忠臣，他的国家必定就危险了。

三是，暗中贿赂收买敌方首脑亲近的人，使他们与我方建立深厚的感情。这些人人在自己一方而心却在另外一方，就一定会给地方造成危害。

四是，迎合地方首脑的放纵享乐的做法，扩大他的荒淫欲望，用大量珠宝贿赂他，赠送美女讨好他；言辞卑下，曲意听从，顺从他的命令，迎合他的意志。这样，他就没有心思再与我争斗，而一心一意地发展自己的邪恶行为了。

五是，故意尊敬敌方的忠臣，但是只送给他微薄的礼物，他出任使者前来交涉时，故意拖延而不解决实质问题。极力促使敌方改派他人，然后诚心解决所交涉的问题，并表示亲近以取得他的信任，从而利用他使敌方的首脑弥合与我方的关系。真正能够做到这一点，就可以谋取敌国了。

六是，收买敌方在朝内的大臣，离间敌方在外面的将领。有才干的大臣里通外国，敌人内部自相攻击，这样的话国家很少有不灭亡的。

七是，要使敌方对我深信不疑，就必须用大量财物加以贿赂。同时，收买敌方首脑左右亲近的人，暗中给他们好处，从而诱使敌方忽视生产，造成积蓄匮乏，仓廪空虚。

八是，用贵重的财宝贿赂敌人，进而乘机与他共同谋取别国。所图谋的事情对他有利，既然对他有利他必然信任我们，这就密切了敌方与我的关系。关系越来越密切，敌人就必然会甘心被我利用。他自己有国家而被外国利用，这样的国家最终一定会败亡。

九是，用煊赫的名号尊崇他，不让他有任何危难；给他以实力非常强大的感觉，顺从他的意志以博取他的信任；使他居于至高无上的高贵地位，先让他感觉到非常荣耀，再恭维他如同圣人一般伟大，这样他必然会骄傲自大、荒废政事了。

十是，对敌人卑微屈从，这样一定会获得他的信任，从而在感情上赢得他的认同。秉承他的意志顺从他的要求，就像与亲兄弟一般亲密。完全获得他的信任和认同之后，就可以微妙地加以控制利用。时机一旦成熟，就可以像得到上天的帮助一般轻易把他消灭。

十一是，用各种方法孤立敌方首脑：凡是作为大臣的人没有不爱好富贵利禄，厌恶危险和灾祸的；暗中许诺尊贵的官位，并且秘密赠送大量财物，来收买敌方的有见识的豪杰；自己积蓄非常充实，但外表却装作贫乏，暗中收纳敌方的智谋之士，使他们与自己共图大计；结纳敌方的勇士，尽量提高他们的要求和期望，充分满足这些人取得富贵的欲望，并不断使之滋长蔓延；敌国的豪杰、智士、勇士成为我的同盟和帮手，这就叫孤立敌方的首脑。敌方首脑虽然还拥有自己的国家，但已经被孤立，还怎么能保守他的国家呢？

十二是，扶植敌国的奸臣以迷乱其首脑的心智，敬献美丽的女子和低俗的音乐以迷惑其首脑的意志，送去良犬骏马以使敌人沉溺犬马声色而疲惫困乏，经常报以有利的形势以诱使其麻痹懈怠。然后观察时机，而与天下人共谋消灭他。

以上所列举的十二条"文伐之道"，都是利用政治、外交等方面的诡诈权谋手段，以期达到削弱敌人，取得胜利的目的。其中的许多思想，"三十六计"中的计谋都有着相同或相似的思路。

在中外历史上，无论是在军事领域还是其他领域，通过尽心谋划取得胜利的例子比比皆是，而莽撞行事者却大多一败涂地。"三十六计"中的每一计，可以说都是对军事斗争中的经验教训深刻总结的结果。

第一套 胜战计

第一计 瞒天过海
第二计 围魏救赵
第三计 借刀杀人
第四计 以逸待劳
第五计 趁火打劫
第六计 声东击西

第一计　瞒天过海

备周则意怠,常见则不疑。阴在阳之内,不在阳之对。太阳,太阴①。

按:阴谋作为,不能于背时秘处行之②。夜半行窃,僻巷杀人,愚俗之行,非谋士之所为也。昔孔融被围③,太史慈将突围求救④。乃带鞭弯弓,将两骑自从,各作一的持之⑤。开门出,围内外观者并骇,慈竟引马至城下堑内⑥,植所持的射之⑦。射毕,还。明日复然,围下人或起或卧;如是者再,乃无复起者。慈遂严行蓐食⑧,鞭马直突其围;比贼觉⑨,则驰去数里许矣。

【译文】

自认为防范周密,思想上就容易产生懈怠;对于经常看到的事情,就往往不会产生怀疑。隐秘的计划通常包含在公开的活动之中,而并不是和公开的活动相互对立排斥。非常公开的事情之中,往往隐藏着非常机密的东西。

按语:通过诡诈的计谋取得成功,并不一定要在秘密的时间和隐蔽的地点实行。夜半时分偷窃财物,偏僻小巷杀人越货,这是愚昧无知的庸俗之辈的作为,不是智谋之士所要做的事情。东汉末年,北海太守孔融被起义的黄巾军包围,太史慈为了报答孔融周济其母的恩德,决定突围搬取救兵。一天,他拿着马鞭,背着弯弓,带着两个骑着马的随从,每个随从拿着一个箭靶。他们打开城门从城中出来,无论是城里的人还是围城的士兵看见他们都大吃一惊。太史慈竟然牵着马来到城外堑壕里,从容地插好靶子,练习起了射箭。射完之后,又收起靶子回到城里。

第二天仍然如此,这时候围城士兵中有的警觉地站立起来看,有的则躺着没有做出任何反应。三番五次之后,就没有人再为他们的这种行为警觉地站起来了。太史慈见时机成熟,急忙收拾好自己的行装,匆匆地在草垫子上吃罢了饭,策马径直突围而去;等到敌人反应过来,他已经冲出几里地了。

【注释】

①太阳,太阴:这里的"阳"和"阴"分别指公开、暴露和隐秘、机密。太阳,指非常公开;太阴,指非常隐秘。

②背时:一说为秘密的时间,一说为不适当的时间。今从前说。

③孔融:字文举,鲁国(今山东曲阜)人,孔子二十世孙。孔融少有异才,成年之后喜欢结交当时的名士,并富有才名。"负其高气,志在靖难,而才疏意广,迄无成功。"后被曹操所杀。《后汉书》记载,孔融为北海太守时,"黄巾复来侵暴,融乃出屯都昌,为贼管亥所围。融逼急,乃遣东莱太史慈求救于平原相刘备"。

④太史慈:《后汉书》注引《吴志》说:"慈字子义,东莱人也。避事之辽东,北海相孔融闻而奇之,数遣人讯问其母,并致饷遗。时融为管亥所围,慈从辽东还,母谓之曰:'汝与孔北海未尝相见,至汝行后,赡恤殷勤,过于故旧。今为贼所围,汝宜赴之。'慈单步见融,既而求救于刘备,得兵以解围焉。"

⑤的:箭靶的中心,常代指箭靶子。

⑥堑:沟壕。

⑦植:竖起,立起。

⑧严行:急行。这里指做好急行的准备。蓐食:早晨未起身,在床席上进餐,比喻早餐时间很早。这里指匆匆忙忙吃罢饭。

⑨比:等到。

【评解】

"瞒天过海"的计名出自"薛仁贵征东"的传说。唐太宗贞观年间,属国高丽反叛。唐太宗在大臣的劝说下决定带领三十万大军御驾亲征。当大军来到东海之滨的时候,唐太宗看到大海白浪滔天,无边无涯,害怕丧身海内,于是心生悔意,打算放弃。大臣们为如何劝说皇上一筹莫展之际,薛仁贵出了一个主意,说:"请元帅传下令去,买几百排大木头来,唤些匠人造起一座木城,四里见方,城内城外都用板造楼房,地板上铺些沙泥,种些花草,当为街道。用一万兵扮成普通百姓。居中造一座清风阁,要三层楼高,请几尊佛像供在里面。等皇上休息的时候,我们将木城先推下海,趁着顺风缓缓吹离海岸,靠近皇上歇驾的龙船,然后哄他到木城的城边,请他登城到清风阁休息。皇上在这里看不到大海,又感觉不到海浪的晃动,这样不就可以瞒着天子渡过大海了吗?"准备停当之后,薛仁贵扮做海边居住的富豪请求见驾,声称愿意一家承办三十万大军的全部军粮,太宗大喜,传豪民觐见。薛仁贵假扮的豪民将太宗和百官领到海边已经伪装好的船上。等太宗感觉到风浪的时候,船早已驶向大海了,因此不得不完成此次御驾亲征。因为古代称皇帝为"天子",所以薛仁贵和群臣谋划此计时称此计为"瞒天过海"。然而,"三十六计"中的"瞒天过海"虽然在计名上借用了这个典故,但实际意义却与此不同。现在一般用"瞒天过海"比喻通过伪装来哄骗对方,背地里偷偷地采取行动。

历史上通过设计蒙骗敌人、伪装行动而取得战争胜利的还有不少。

南朝时,控制北魏朝政的尔朱兆被高欢击败,尔朱兆率领一部人马逃往秀容。高欢立元脩为魏孝武帝,自己做了丞相,并亲率大军进驻晋阳,准备征讨尔朱兆。而尔朱兆逃到秀容后,立即着手整顿军马,聚草屯粮,筹划把守关隘,准备抵御高欢的进攻。一天,探马突然来报:"高欢率领大军已经离开晋阳,正在向我们开进,不日即可到达。"尔朱兆此时已是惊弓之鸟,一听高欢真的来进攻了,更加恐慌,连忙命令所属各部做好迎敌准备。可是许多天过去了,竟然毫无动静,派人打听,才知道高欢已经收兵回营,尔朱兆原来只是虚惊了一场。过了一段时间,又有探马报告说高欢马上就要攻过来了,但事后才发觉又是故弄玄虚。如此反复四次。尔朱兆认为:高欢现在正集中精力对付关中及朝廷内部的反对派,这样做只不过是故意虚张声势来以攻代守罢了。于是,他也就放松了戒备。高欢得知尔朱兆已放松了戒备,便秘密集结军队,筹备军用物资,利用新春岁首,士兵放假休息的机会,发起了进攻。公元533年大年初一,尔朱兆和部将们正在饮酒作乐,欢度新年,突然杀声四起,一个个惊慌失措。高欢军乘势追杀,尔朱兆军溃败,最后他在赤洪岭自尽了。

公元589年(隋开皇九年),隋军大举伐陈。隋将贺若弼是一代名将,在军事上有一套,善于出奇制胜。他接到攻打陈国的命令之后,并没有马上发动进攻,而是先组织军队沿江调防,并且每次换防交接之际,一定要将军队集中在历阳(今安徽省和县一带),大列旗帜,营幕蔽野。陈军以为大兵到了,调集全国人马前来防守,来到之后才知道是隋军换防,人马就又各回防地。如此三番,习以为常,陈军就不再对这种大张旗鼓的集结行为进行防范了。贺若弼见时机成熟,指挥大军渡过长江,一举攻克了南徐州(今江苏镇江)。

公元152年,侬智高在广西叛乱,宋仁宗派狄青率兵镇压。狄青到达宾州之后,命令将士坚守营寨,并囤积十天的粮草。叛军得到消息,以为狄青要打持久战,近期不会主动交战,因此也就放松了戒备。可是,第二天清晨,狄青忽然下令即刻进兵,在迫近昆仑关敌营的地方又扎下营寨。

当时恰好是正月十五上元节,这是宋代时非常受重视的一个节日,举国上下张灯结彩进行庆祝。狄青也传下令来,军中大摆宴席,并宣布分三天宴请全军将士。第一天先宴请高级将领,第二天宴请中下级军官,第三天犒赏全体士兵。第一天夜里,狄青和将领们饮酒行令,尽情欢乐,一直到天亮。第二天夜里宴请中下级军官时,宴会刚刚进行到一半,狄青忽然起身说:"我身上感觉不舒服,稍微到大帐里休息一会儿再来陪大家。"过了一会儿,大帐里传出话来,说元帅身体还没好,先由副将孙沔代替主持宴会。众人也没有在意,毫无拘束,尽情吃喝,又直到天亮。正当大家准备结束宴会时,忽然有军卒前来报告:"元帅已经攻下昆仑关了。"

原来,宋营将士欢度佳节、连夜宴饮的消息传到叛军营中,叛军也放松了警惕,大摆宴席犒赏部下。狄青挑选了部分精锐将士,趁敌人不备,进行偷袭,一举攻下昆仑关。

戚继光林墩大破倭寇一战,和狄青昆仑关之战有异曲同工之妙。林墩是倭寇的一个重要巢穴,位于兴化府城东二十里处,盘踞着大约四千倭寇。倭寇以此为据点,经常四出劫掠,气焰十分嚣张。戚家军进入兴化府之后,戚继光传下令来,让士兵马上备办粮草,绝口不提出征之事,并又是举行宴会,又是拜客,仿佛近期内不会有军事行动。消息传到林墩,倭寇也就放下心来。

当天夜半时分,戚继光下令,士兵轻装衔枚,悄悄地向林墩疾驰而去。当天快亮时,戚家军接近了倭寇的巢穴。由于倭寇白天获悉了戚家军在城里的动向,以为短期内不会有大的行动,因此也就放松了警惕,当戚家军如神兵天降般突然出现时,顿时乱作一团。此役戚家军大获全胜,消灭倭寇一千多人,一直把他们追到黄石一带。

在西方,通过"瞒天过海"取得军事斗争胜利的例子也有许多,最古老和最家喻户晓的莫过于希腊人用木马攻克特洛伊城的故事。

相传公元前1200年左右,希腊城邦斯巴达国王麦里劳斯美丽的皇后海伦与特洛伊王子巴里斯私奔。为了报仇,希腊人发起了渡海攻打特洛伊的战争。双方整整打了十年,也没有攻下特洛伊城。最后,希腊人想出了一条计策,他们假装上船撤走,只留下一只高大无比的木马在城下。同时,希腊人派出的间谍西农在特洛伊人中间散布消息说,这匹木马是神赐给特洛伊人的礼物。如果把它拖进城来虔诚对待,就会得到神的保佑;如果抛弃了它或者毁坏了它,就会遭到神的惩罚。特洛伊人信以为真,就派出了好多人将木马拉进城中。

当天夜里,特洛伊人为希腊人的撤退而大肆庆祝,很多人都喝得烂醉如泥,完全放松了警惕。突然,城中出现了几十名希腊士兵,他们迅速冲到城下,打开城门。又偷偷地回到城下的希腊军队一拥而入,占领了特洛伊城。原来,希腊人假装撤离的时候,事先已经将士兵藏在了木马的肚子里。天黑之后,藏在木马中的希腊士兵爬了出来,趁特洛伊人不备,里应外合,将特洛伊城占领。

"瞒天过海"不但是军事上常用的策略,在现实生活中的某些领域也可以派上用场。"齐姜醉夫"的故事可以说就是对这一计谋的另外一种诠释。

春秋时期,晋国发生内乱,晋献公听信骊姬的谗言,逼死太子申生,还要杀另外两个儿子公子重耳和夷吾。重耳在赵衰、咎犯等人的帮助下,逃出晋国,一路辗转来到齐国。公子重耳到了齐国之后,齐桓公对他很热情,还把一个宗室之女许配给他。根据当时的风俗,齐国为姜姓,所以重耳的妻子就被称为"齐姜"。重耳在齐国受到很好的待遇,他过着舒适的日子,打算老死在齐国了。过了两年,齐桓公死了,孝公即位,齐国又时有内乱,霸主地位渐渐丧失了。赵衰、咎犯知道齐国帮不了他们多大的忙,觉得不宜久留,劝重耳离去。而重耳一过上安定的日子,就沉湎于温柔乡中,满足于儿女情长,把复国的大业丢置脑后,硬是不肯走。

一天,赵衰、咎犯又躲到一棵桑树下商量,策划再劝重耳出走之事。不曾想被一个正在树上摘桑叶的蚕妾听了个一清二楚。等到两人一走,采桑女便跑去报告了齐姜。齐姜决定亲自去劝重耳。她对重耳说:"跟你一起来的人现在都想离开这里,回晋国建立大业。你一定要考虑大家的意见,不可犹豫,犹豫是做不成事的。自从你离开晋国,晋国就没有安宁过,人民没有了确定的君主。既然天没有亡晋,现在除了你以外,晋国没有别的继承人了。得到晋国并且把它的局面收拾好的人,不是你,还能有谁呢?你还是振作起来,顺从天意吧!你犹豫不定,违反天意,是会有灾难的。"可是重耳对齐姜关于晋国局势的分析,丝毫没有动心,说:"人生不就图个安乐吗,我不想再走动了,要死也死在这里。"

齐姜见重耳不为所动,又广征博引,引用了《诗经》中的名言和管仲的遗训,向他讲大道理,并说:"齐国现在已经在走下坡路,晋国动荡不安也已经有很长时间了;你的随从们的计划都是出于对你的忠心,重振晋国的时机已经到来了,公子您在外面流浪的日子也该结束了。掌握一个国家可以给老百姓带来稳定的生活,而放弃这样的义务不是一个仁人所应该做的。走下坡路的国家不能够久呆,时机失去了不会再回来,属下们的忠心不可以受打击,个人的私欲不能够太放纵。你还是快些离开吧!"

面对齐姜这样坚决而有远见的劝导,重耳仿佛吃了秤砣铁了心,还是无动于衷。齐姜没有办法,就找到赵衰、咎犯共同商议。他们决定,既然好言劝说无效,就把他劫掠回晋国。于是,齐姜摆下酒宴,一边继续劝导他,一边陪他喝酒。重耳不知是计,喝得酩酊大醉。齐姜就果断地用被子把丈夫包裹起来,交给赵衰、咎犯,他们把重耳装上马车,日夜兼程向晋国进发。重耳酒醒后,非常生气,拿起武器来,要同咎犯等人拼命,但他已经被随从们控制住了,见已离临淄很远了,也只得作罢。

后来,重耳在秦国的帮助下,最终回到晋国成为了国君,就是后来成为春秋五霸之一的晋文公。

"瞒天过海"之计的成功运用,关键就是如何把握好一个"瞒"字,即如何通过麻痹对手使对手放松警惕。后汉末年,曹操与袁绍相持于官渡,曹操率领军队沿河向西行军。袁绍于是渡河追击。曹军到了延津以南的时候,曹操命令军队停下来,在南阪下扎营,并派人登上高处观察河对岸袁军的动静。观察的人说:"对方大约五六百骑。"过了一会儿,又报告说:"骑兵稍微多些了,步兵不可胜数。"曹操说:"不要再报告了。"于是命令自己的骑兵都解鞍放马。这个时候,曹军的大批辎重都在路上。诸将认为敌军人多势众,不如回大营坚守。曹操手下的谋士荀攸向诸将解释说:"这些都是用来诱敌的,我们为什么要回大营去呢?"这时,袁绍的大将文丑和暂时栖身于袁绍的刘备率领五六千骑兵先后来到。诸将见了,连忙来报告曹操说:"可以上马了。"曹操却镇定地说:"不到时候。"又过了一会儿,袁绍的追兵更多了,他们看到了辎重,都一窝蜂地前去抢夺。曹操见时机成熟,命令道:"可以上马了。"众将士一起上马冲向袁绍的军队。当时曹操的骑兵不满六百,结果把袁绍的近万骑兵杀得大败。

　　这一场战斗中,曹操通过假装疲倦,用辎重引诱等一系列精心的布置,使袁军上钩,放心地抢夺辎重,从而失去了阵形,被曹操打得大败。

　　军事斗争中,一方面要设法麻痹、蒙骗敌人,另一方面又要通过仔细观察,不要被敌人所蒙蔽。春秋时期,鲁庄公十年春,齐国进攻鲁国。鲁国人曹刿毛遂自荐跟随鲁君一起出征。两军战于长勺。两军刚一对垒,鲁君就要命令擂鼓进攻,曹刿阻止了他。等到齐国军队三鼓之后,曹刿才对庄公说:"可以进攻了。"此时,齐军由于连续三次进攻没有成功,将士都有些懈怠了。于是,鲁军一鼓作气将齐军的阵营冲垮。庄公见齐军败退,刚要下令追击,又被曹刿阻止住。曹刿下车在地上看了看,发现齐军车辙乱七八糟,又上车向远处望了望,发现齐军的旗帜东倒西歪,于是对庄公说:"可以追击了。"长勺一战,鲁军重创齐军,把齐军赶出了国境。战争结束后,鲁庄公向曹刿询问取胜的道理。曹刿说:"等到敌人三鼓之后我们才发起进攻,这是为了消磨他们的斗志。而您下令追击的时候我阻止了您,这是因为,大国实力雄厚,兵力如何很难判断,所以必须防止中了他们的埋伏。我看到他们的辙印乱了,旗子也倒了,知道他们是真的败了,所以才让您下令追赶的。"

第二计　围魏救赵

共敌不如分敌①；敌阳不如敌阴②。

按：治兵如治水：锐者避其锋，如导疏；弱者塞其虚，如筑堰。故当齐救赵时③，孙子谓田忌曰④："夫解杂乱纠纷者不控拳⑤，救斗者不搏撠⑥，批亢捣虚⑦，形格势禁⑧，则自为解耳。"

【译文】

对兵力集中的敌人进行打击，不如想法使其兵力分散后再打击；采取主动的攻势发起军事行动，不如根据战争的形势后发制人。

按语：处理军事斗争与治理洪水有相类似之处：敌人势头强劲，就要像疏导水流一样避开其锋头；敌人势力弱小，就要像筑堤阻水一样直接予以堵截。所以当齐国解救赵国的邯郸之围时，孙膑对田忌说："解开杂乱地缠绕在一起的丝线，不能用拳头硬拍硬打；阻止打斗行为，不能靠抓住搏斗的人不放。避开强盛的势头，攻击其虚弱之处，利用形势的变化逼迫对方就范，争斗自然就会结束。"

【注释】

①共敌不如分敌：共敌，一说为使敌人兵力集中；一说为兵力集中的敌人。分敌，一般认为是"使敌人兵力分散"的意义。

②敌阳不如敌阴：敌阳，采取主动的攻势先发制人；敌阴，根据战争的形势后发制人。《唐太宗李卫公问对》卷中李靖引用范蠡的话说："后则用阴，先则用阳。"相传为明代刘基所作的《百战奇略·后战》中，对通过后发制人取胜的作战原则进行了分析，认为："凡战，若敌人行阵整而且锐，未可与战，宜坚壁待之，候其阵久气衰，起而击之，无有不胜。法曰：'后于人以待其衰。'"

③齐救赵时：指公元前353年，魏国攻打赵国，包围赵国都城邯郸，攻打甚急，赵国抵挡不住，向齐国求救。齐国派田忌为主帅，孙膑为军师，率军救赵。

④孙子：这里指孙膑，曾为齐国军师，指挥过桂陵、马陵等大战，著有《孙膑兵

法》。《史记·孙子吴起列传》记载:"孙武既死,后百余岁有孙膑。膑生阿鄄之间,膑亦孙武之后世子孙也。孙膑尝与庞涓俱学兵法。庞涓既事魏,得为惠王将军,而自以为能不及孙膑,乃阴使召孙膑。膑至,庞涓恐其贤于己,疾之,则以法刑断其两足而黥之,欲隐勿见。齐使者如梁,孙膑以刑徒阴见,说齐使。齐使以为奇,窃载与之齐。齐将田忌善而客待之。……其后魏伐赵,赵急,请救于齐。齐威王欲将孙膑,膑辞谢曰:'刑余之人不可。'于是乃以田忌为将,而孙子为师,居辎车中,坐为计谋。田忌欲引兵之赵,孙子曰:'夫解杂乱纷纠者不控捲,救斗者不搏撠,批亢捣虚,形格势禁,则自为解耳。今梁赵相攻,轻兵锐卒必竭于外,老弱罢于内。君不若引兵疾走大梁,据其街路,冲其方虚,彼必释赵而自救。是我一举解赵之围而收弊于魏也。'田忌从之,魏果去邯郸,与齐战于桂陵,大破梁军。"田忌:战国时齐国将军,与孙膑一起指挥过桂陵和马陵等战役。后因与齐相邹忌不和,被邹忌诬陷,逃奔到楚国。

⑤杂乱纷纠:形容丝线等交错纠结,无秩序,无条理。控拳:伸出拳头击打。《史记·孙子吴起列传》中前注所引:"夫解杂乱纷纠者,不控捲。"司马贞索隐曰:"谓解杂乱纷纠者,当善以手解之,不可控捲而击之。捲,即拳也。"

⑥搏撠:指揪住。《资治通鉴·周显王十六年》引前注所引《史记·孙吴列传》中孙膑之言,胡三省注曰:"撠,如《汉书》'撠太后掖'之也,师古曰:'撠,谓拘持之也。'毛晃曰:'索持曰搏,拘持曰撠。'"

⑦批亢捣虚:指扼其要害而击其空虚。亢,比喻要害之处。

⑧形格势禁:指通过形势来阻碍或限制。

【评解】

"围魏救赵"原出于《史记·孙子吴起列传》中所记载的战国时期齐国与魏国的桂陵之战。这一战中,齐国应赵国之请派兵以解魏国对赵国的邯郸之围,齐主将田忌听从了孙膑的建议,没有直接率兵到邯郸与魏军决战,而是去进攻魏国的都城大梁。围困邯郸的魏将庞涓怕大梁有失,急忙撤围回救,结果正中孙膑之计,被在桂陵等候的齐军打得大败。后来,孙膑的这一战略常为兵家所采用,称为"围魏救赵"之法。

"围魏救赵"之计的关键,就是要攻其所必救,抓住关键,控制敌人,掌握主动。中国历史上,运用这一计谋取得成功的例子有许多。今略举几例。

春秋时,楚国国君围攻宋国,晋文公与大臣商量该不该派兵救援。大夫先轸说:"救援是应该的,这样做可以说一举多得。既可以报答宋国从前对我们的帮助,又可以挽救别人于危难;既可以树立我国的威望,又可以借此成就霸业。这么多好处,都在此一举。"狐偃说:"我们不必直接去解宋国之围。楚国刚刚使曹国归顺自己,不久前又与卫国结成了婚姻。我们如果攻打曹、卫两国,楚国一定会来救援,那么宋国的包围自然就可以解了。"晋文公听从了两个人的意见,结果很轻易地就解除了宋国的危难。

三国时,魏将司马懿进攻割据辽东的公孙文懿。魏军泛舟偷偷地渡过辽水,将敌军包围起来。敌人还没有攻下,司马懿忽然命令军队放弃进攻敌人而发兵襄平。诸将不解,说:"不攻贼而作围,非所以示众也。"司马懿说:"贼坚营高垒,欲以老吾兵也。攻之,正入其计,此王邑所以耻过昆阳也。古人云,敌虽高垒,不得不与我战者,攻其所必救也。贼大众在此,则巢窟虚矣。我直指襄平,必人怀内惧,惧而求战,破之必矣。"敌人见兵出其后,果然前来截击。司马懿对诸将说:"所以不攻其营,正欲致此,不可失也。"于是纵兵逆击,大破之,三战皆捷。

东晋时,苏峻造反,攻克了石头城,并以此为根据地顽抗晋军。晋将陶侃、温峤率兵征讨。晋军在白石建立营垒之后,叛军进攻大业,陶侃打算前去救应,长史殷羡说:"如果派兵救援大业,我们步战不如苏峻,那就没有取胜的把握了。我们应当加紧攻打石头城,苏峻一定会回兵来救,那么大业之围就自解了。"陶侃听从了他的建议,命令加紧攻打石头城。苏峻果然放弃大业来救石头城。晋军与苏峻战于东陵,苏峻被杀,贼众遂溃。

历史上,没有接受"围魏救赵"、"攻其所必救"建议从而导致失败的事例也有不少,最典型的就是王莽时期的昆阳之战和东汉末年的官渡之战。

王莽末,刘秀起兵据昆阳城,当时只有八九千人。王莽遣将王寻、王邑、严尤前来攻打,包围昆阳城的大军将近十万。刘秀留王凤等守城,自己与李轶等十余骑乘夜色突围,来到郾城、定陵等地,带各地的军马前来救援。严尤对王邑说:"昆阳城小坚固,现在叛军的首领在宛,我们可以前去攻打,他们一定会逃走,这样一来昆阳守军自然就会投降了。"王邑却说:"当初我以虎牙将军的身份包围翟义,因为没有捉到他,结果被责罚。现在我率领百万之众,遇城而不能下,哪能咽得下这口气呢!"于是把昆阳围了数十重,列营近百座,竖起十余丈高的云车,俯瞰城中。旗帜蔽野,埃尘连天,钲鼓之声闻数百里。动用挖地道、冲棚橦城、乱箭齐发等种种手段攻城。由于矢下如雨,城中人出来打水的时候都不得不背着门板做掩护。城中的王凤等人乞降,没有被接受。这时刘秀率领援兵返回,自己带领一千多名骑兵和步兵,离王莽大军四五里列开阵势。王寻、王邑也派兵数千前来应战。刘秀一马当先,斩首数十级。王寻、王邑的兵退却了,刘秀的援军趁机追赶,斩首数千级。王寻、王邑抵挡不住,只得撤围逃跑了。

东汉末年,袁绍、曹操相持于官渡,沮授劝袁绍说:"可以派遣蒋奇领一支人马在别处扎营,以断绝曹操的后援。"袁绍没有听从。许攸也献计说:"曹操兵少,倾巢而出来迎击我们,许都此时必定空虚。我们可以派一支人马轻装前进,日夜兼程,掩袭许都。如果许都被攻克,那么曹操必然束手被擒。即使没有攻克,也可以让他们首尾难顾,疲于奔命,一定能打败他们。"袁绍还是没有听从。结果,官渡一战,曹操以少胜多,袁绍大败,从此一蹶不振。

"围魏救赵"一计的成功,最重要的就是抓住关键,以迂为直。只要找准并抓住了关键,就能取得事半功倍的效果。

西汉时,辟阳侯审食其与吕后私通,又凭借吕后的庇护飞扬跋扈,连结党羽,势倾朝野。汉惠帝知道审食其与母亲私通,虽恼羞成怒但不便明说,就抓了审食其的一些其他劣迹,将他关进了监狱。审食其刚入狱的时候,还巴望着吕后一定会想法救他。可是吕后虽然很着急,但不好意思向自己的皇帝儿子开口,无法讲情。朝中的文武大臣都巴不得早日将他一刀两断,因此也无一人求情。

审食其被拘数日,见无人出面搭救,只得自己想办法。他想来想去,也只有平原君朱健可以帮上自己的忙。朱健家里很贫穷,母亲病死后无钱埋葬。审食其为了结交他,曾经接受陆贾的建议,送了百金给朱健,帮朱健渡过了难关。此次审食其入狱,心想朱健一定会知恩图报,搭救自己出狱,于是就让家人去找他来商议对策。审食其的家人见到朱健,说明了来意。朱健对来人说:"朝廷正在严办此案,我不敢入狱去与他相见,请麻烦为我转告一下。"家人把朱健的话回报给审食其,审食其认为朱健忘恩负义,悔恨交加,心灰意冷,在狱中只等一死。不料数日之后,他竟蒙皇帝的大赦,放出狱中。

审食其喜出望外,心想自己获释,一定是太后相救。可是经过仔细探查,才知道并不是太后救了他的命,而是惠帝的幸臣闳孺替他苦苦哀求,皇帝才赦免了他一死。审食其对此感到很疑惑,因为他与闳孺并没有什么交情,他为何要救自己呢?但既然人家已经救了自己,就理应表示感谢,审食其于是前去拜谢。等到见了闳孺,闳孺说到了救他的原因,审食其才知道真正的救命恩人,其实就是朱健。

原来,朱健对审食其入狱一事虽然表面上表现得很冷淡,但内心里很是关切。他想,欲救审食其,没有其他的道路,只有依靠惠帝的幸臣,帮他从中排解,才能见功。于是,朱健亲至闳孺宅上拜见闳孺。闳孺早就听说过朱健的名声,很早就想结识他,今日朱健亲自到来,闳孺既惊异又高兴,连忙出迎。寒暄过后,朱健便请闳孺屏去侍役,低声对他说:"辟阳侯下狱,外人都说是足下您向皇帝告的状,不知究竟有无此事?"闳孺惊答道:"我素来与辟阳侯无冤无仇,为什么要告他的状呢?这话究竟是从何说起啊?"朱健说:"众口铄金啊!本来别人就不知这其中的奥秘,但是现在足下有此嫌疑,恐怕辟阳侯一死,下一个就轮到足下您了。"闳孺被吓得目瞪口呆。朱健又接着说道:"您深受皇帝的宠爱,无人不知,可是辟阳侯受宠于太后,也几乎无人不晓。您也知道,今天国家的大权,实际上是掌握在太后手中的,只是因为辟阳侯下狱的事情关系到私宠,太后不便替他说情。但是,如果今日辟阳侯被杀了,明日太后一定就会杀了足下。他们母子间产生了矛盾就会互相报复,足下与辟阳侯一样难免都会成为牺牲品,难道您就可以逃脱一死吗?"闳孺急忙问道:"根据您的高见,是不是必须辟阳侯不死,然后我才能平安无事?"朱健道:"这个自然。您如果能为辟阳侯在皇帝面前求情,放他出狱,太后知道了也一定会感念你。足下如果赢得了两主的欢心,富贵一定会在现在的基础上加倍啊!"闳孺点头称是,说道:"多谢您的指教,我一定会按照您的意思去办。"

第二天,皇帝便下了一道旨意,将审食其释放出狱。这全是闳孺向汉惠帝求情的结果。

朱健智救辟阳侯的故事,有点像三十六计中的"围魏救赵"。他要救审食其,根据当时的情况,自己去向皇上求情,或者去求别的大臣,都是行不通的。因此他想到了皇帝的幸臣闳孺。但是,以朱健的地位,如果去找闳孺直接说明他的目的,即使他苦苦哀求,闳孺也必然会以不敢得罪皇帝和其他大臣为由而拒绝他。因此,朱健绕了一个弯子,抓住闳孺害怕得罪吕太后的心理,并对其晓以利害,使他自愿为辟阳侯求情。可以说,在这件事中,朱健抓住了两个关键,第一个是他找对了人,抓住了对象这个关键;第二个是他用对了策略,抓住了方法这个关键。

按语中说:"锐者避其锋,如导疏;弱者塞其虚,如筑堰。"这一条原则用于辩论或者劝谏中,也往往能够收到良好的效果。

齐威王刚当国君的时候,只知道吃喝玩乐,不把国事放在心上,朝廷中的大事一概不闻不问。朝中大臣很着急,纷纷来劝说他,不但没有效果,有时反而惹得他发脾气。后来也就没有多少人敢劝他,齐国一天天衰落下去,边境上也危机不断。

有一天,宫里来了一个叫邹忌的人,自称是琴师。威王一听非常高兴,马上请他进来。邹忌拜见过威王以后,把琴放好,手放在琴弦上,就一动也不动了。齐威王等得不耐烦了,就催促他快弹。邹忌说:"光会弹琴,算不得什么本领,还须精通琴理。所以我想先给您讲讲琴理。"齐威王说:"我一向只听人们弹琴,还没听过琴理,你既然精通,那就说给我听听吧。"邹忌说:"琴是高雅的乐器,不只声音悦耳,还能陶冶情操。如果琴弦的粗细、声音的高低、手指的配合、弹拨的缓急配合协调,音调就悦耳;如果失调,就是噪音。这就好比治理国家一样,上要积极引导,下要积极配合。上下协调一致,国家才会昌盛。"

齐威王听他说得头头是道,更想听他弹奏一曲,所以又一次催他快弹。而邹忌仍然慢吞吞地说:"我是琴师,弹琴是我的本职工作,弹得慢些,您就急成这个样子。大王您的职责是治理国家,国家在您手中就好像琴在我手中一样。您抚着齐国这张大琴,九年来没有弹奏一曲,难道人们就不着急啊!"

齐威王恍然大悟,于是虚心向邹忌求教治理国家的方法。邹忌劝威王不要再沉溺于酒色歌舞,要广招人才,发展生产,操练兵马,才能使国家强盛起来。齐威王听邹忌说得有道理,就把他留在身边。后来,又请邹忌出任相国,并采取了一系列治国安邦的措施,齐国逐渐强大起来。

齐国强盛起来,威王十分高兴,人们也都称赞他的功绩。赞美的话听得多了，便又勾起了他的老毛病，听不进不同意见了。邹忌有些着急，就想方设法劝谏威王，让他彻底纠正这个不好的毛病。

有一天，邹忌去见齐威王，对他说道："齐国人人皆知，徐公是出名的美男子。可是，一天早晨，我穿戴好衣帽后，照着镜子问妻子：'我和城北的徐公谁漂亮？'妻子说：'徐公哪比得上您美呢。'我不信自己比徐公还美，就又问我的妾：'你说我和徐公哪一个漂亮？'妾说：'您当然比徐公漂亮。'我还是有些不相信。第二天，有个客人来找我，我又问客人：'你老实告诉我，我和城北徐公谁好看？'客人说："当然是徐公不如您好看了。'又过了一天，徐公到我家来了。我仔细地看了看徐公，觉得自己不如徐公漂亮。徐公走后，我又仔细地照了照镜子，觉得自己与徐公相差其实远得很。晚上躺在床上，我一直想着这件事情，后来我终于想通了：妻子说我漂亮，是偏爱我；妾说我漂亮，是害怕我；客人说我漂亮，是因为他有求于我。"

威王听了，点点头说："你说得对，听了别人的奉承，是得考虑考虑，不然就容易受蒙蔽。"邹忌又说："那么，大王，我看您受的蒙蔽比我还深呀！"威王脸一沉，问道："你这是什么意思？"邹忌不慌不忙地说："大王您想，现在齐国是方圆几千里的大国，城池有一百二十座，王后、王妃和左右的侍从没有不偏爱您的，朝廷上的臣子没有不害怕您的，全国的人没有不想有求于您的。由此看来，您受的蒙蔽还会小啊？"

齐威王听了邹忌的一番议论，恍然大悟，说："要不是你提醒我，几乎误了大事！"于是，他立即下了一道命令：今后不管是朝中大臣还是边地百姓，能够当面指出我的缺点错误的，给上等奖，书面向我提意见的，给中等奖，就是在背后议论我的过错，只要我知道了，也给下等奖。

命令一出，开始的时候，有好多人来给威王提意见，齐威王都虚心听取。渐渐地，就几乎没有什么意见可提了。齐国政治得到彻底改善，变得国富兵强，成为战国七雄之一。楚、魏、韩、赵、燕等国都先后派使者来祝贺，尊称齐威王为霸主。

根据齐威王的一贯做法，邹忌如果直接劝谏，不但不能取得好的效果，甚至有可能招来灾祸。两次劝谏中，邹忌都是采用了迂回的方式，没有直接逆龙鳞，而是将其引入自己所设下的"埋伏"之中，从而收到了直言相劝无法达到的效果。

第三计　借刀杀人

敌已明，友未定①，引友杀敌②，不自出力，以《损》推演③。

按：敌象已露，而另一势力更张，将有所为，便应借此力以毁敌人。如子贡之存鲁、乱齐、破吴、强晋④。

【译文】

敌人的情况已经明确，而盟友的态度还不明朗。要设法诱导盟友去消灭敌人，这样自己就不需要耗费实力。要善于运用《易经·损卦》中"损下益上"的逻辑进行推理演绎。

按语：敌人的形势已经明朗，而另一方势力也在扩张，要想有所作为，就应当能够借助这一势力来消灭敌人。比如春秋末年，子路为了缓解齐国对鲁国的军事压力，通过外交手段，使鲁国得以保全，齐国陷入混乱，吴国灭亡，晋国强大。

【注释】

①友：指有可能成为盟友的第三方力量。

②引：诱引，诱导。

③《损》：《易》中的卦名，兑下艮上，主要阐述损与益之间的关系，着重讲"损下益上"的道理。推演：推理演算、推论演绎。

④子贡之存鲁、乱齐、破吴、强晋：子贡，孔子弟子，卫国人，姓端沐名赐，字子贡。春秋末年，"田常欲作乱于齐，惮高、国、鲍、晏，故移其兵欲以伐鲁。孔子闻之，谓门弟子曰：'夫鲁，坟墓所处，父母之国，国危如此，二三子何为莫出？'子路请出，孔子止之。子张、子石请行，孔子弗许。子贡请行，孔子许之。"子贡离开鲁国之后，先后出使齐国、吴国、越国、晋国，向各国的执政者陈以利害。结果，"子贡一出，存鲁，乱齐，破吴，强晋而霸越。子贡一使，使势相破，十年之中，五国各有变"。详见《史记·仲尼弟子列传》。

【评解】

"借刀杀人",简单地说,就是自己不出面,利用别人的手去消灭自己的敌人。"借刀杀人"之计的实施,关键就在于挑起敌人之间或者敌人与第三方之间的矛盾,己方则坐山观虎斗,坐收渔翁之利。

此计的按语中,举了子贡出使作为借刀杀人之计的例证。子贡出使的直接目的是为了缓解齐国对于鲁国的军事压力,并通过外交行动达到了这一目的。关于此事,在《史记》、《国语》、《吴越春秋》等著作中均有记载,具体过程是这样的。

齐国的田常打算发动叛乱,但又害怕高氏、国氏、鲍氏、晏氏等大臣的势力,所以就调遣军队,准备攻伐鲁国,想借机取势。孔子闻讯后,对弟子们说:"鲁国是我们祖宗坟墓的所在地,父母生活的国度。国家面临这样的危难,大家为什么没有人挺身而出设法挽救呢?"子路马上请求出去,孔子阻止了他。子张、子石请求出行,孔子也没有同意。子贡请求出行,孔子答应了他。

于是,子贡出行到达齐国,对田常说:"您打算攻伐鲁国是错误的。鲁国是难以攻伐的国家,其城墙薄而矮,其护城河窄而浅,其国君愚蠢而不仁,其大臣虚伪而无用,其士人百姓厌恶打打杀杀之类的事,这样的国家不可与它交战。您不如去攻打吴国。吴国的城墙高而厚,护城河宽而深,武器装备坚而新,士卒精而足,贵重的器物、精良的兵器全都在都城之中,又选派了贤明的大夫守城,这样的国家才容易攻伐呀。"田常听罢他的话,愤怒地变了脸色,说:"你所说的难,是一般人所说的容易;你所说的易,是一般人所说的困难。你用这个来教我,是何居心?"子贡说:"在下听说,忧患存在于国家内部的,就去进攻强大的国家;忧患存在于国家外部的,就去进攻弱小的国家。如今您的忧患正是在国内。我听说您三次求封而三次没有成功,其原因是因为有的大臣不听从您啊。如今您打算侵略鲁国来扩张齐国的领土,征战取胜,君主骄傲;打败敌国,大臣尊崇,但您却得不到什么功劳。这样只会使您与国君的关系日益疏远。您上面让君主骄傲自大,下面让群臣肆无忌惮,以此来企求大事的成功,困难啊。国君骄傲就会随心所欲,臣下骄傲就会争权夺利,这样您就会上与君主有矛盾,下与大臣相争斗。在这种情况下要在齐国站住脚,危险啊。所以我说,您打算攻伐鲁国不如攻伐吴国。攻伐吴国不能获胜,国人在外战死,大臣在内空虚,这样您就上无强臣相对抗,下无百姓来责难,孤立国君,控制齐国,决定于您的行动。"田常说:"好。可是我们的军队已经开赴鲁国,现在要离开鲁国而前往吴国,大臣们必然会怀疑我,怎么办?"子贡说:"您先按兵不动,不要发起进攻,请让我前往吴国,请吴王救援鲁国,您就可以乘机领兵迎击吴军了。"田常答应了,派子贡南下游说吴王。

子贡到了吴国,对吴王夫差说:"我听说,实行王道的人不绝灭别的国家,实行霸道的人没有强大的对手,双方以千钧重量互相抗衡,其中一方即使只增加一铢一两就会使形势发生变化。如今拥有万辆兵车的齐国私下想兼并只有千辆兵车的鲁国,来和吴国一争高下,我暗自替大王您察觉到危险啊。况且,如果您救援鲁国,就会有显赫的名声;攻伐齐国,就会有巨大的收益。如果以此来安抚泗水之滨的各诸侯国,诛伐残暴的齐国,牵制强大的晋国,得到的利益将没有比这更大的。名义上您是保存了行将灭亡的鲁国,实际上是使强大的齐国受到打击,智者对此不会有什么怀疑吧。"吴王夫差说:"好。尽管如此,可是我曾经和越王交战,让他退缩到会稽。越王勾践正在卧薪尝胆,招贤纳士,对我存有报复之心。你等我解决了越国之后再来按照你的意思办。"子贡说:"越国的力量比鲁国强不到哪里去;吴国的力量也不会比齐国强大多少。如今大王您放下齐国而去攻伐越国,恐怕等您成功的时候,齐国也已经平定鲁国了。况且,大王您正打着救存危亡复兴灭国的旗号,攻伐弱小的越国而畏惧强大的齐国,在天下人看来未免不是勇者的行为。勇者不回避困难,仁者不废弃礼法,智者不丧失时机,王者不灭亡诸侯,这样才能建立起自己的道义。如今大王您能保存越国来向诸侯显示仁义,如果能够再救援鲁国,讨伐齐国,威慑晋国,各国诸侯必定纷纷前来吴国朝见,那您的霸业可成。如果大王您实在是担心越国的话,请让我到东方去面见越王,叫他出兵相从,这样做实际上是为了削弱越国的力量,名义上则可以说是联合诸侯讨伐齐国。"吴王夫差听了非常高兴,于是派子贡前往越国。

越王勾践听说子贡来了,命人清扫道路,自己到郊外迎接子贡,并亲自为子贡驾车。到了馆舍,勾践问道:"我们越国是没有开化的蛮夷之邦,大夫您为何如此恭敬庄重地屈尊光临呢?"子贡说:"我刚刚劝说吴王去救援鲁国攻伐齐国,他愿意去,但心里畏惧越国,对我说:'等我攻下越国以后,才可以行动。'如果这样,他攻破越国是必定的了。况且,一个人没有报复他人之心却遭到别人的怀疑,这是笨拙的表现;存有报复他人之心而让别人知道了,这是失败的前兆;行动没有开始而消息先散布出去,这是危险的事情。这三种情况是采取行动的大患啊。"勾践听罢,大礼参拜说:"我曾经自不量力,与吴国作战,因而现在在会稽一筹莫展,痛悔之情刻骨铭心,每天急得我唇焦舌干,只想和吴王相随而死,我只有这个愿望啊。"勾践于是又询问子贡该怎么做。子贡说:"吴王夫差为人凶猛暴躁,群臣不堪承受;国家困于频繁战争,士卒无法忍耐;百姓怨恨君上,大臣内生变心;伍子胥因为直言进谏而死,奸佞的太宰嚭执掌政事,顺从国君的过错来保证自己的私利。这种治理方式无异于自毁国家啊。现在大王您如果能调拨军队来迎合吴王的打算,献上奇珍异宝来获取他的欢心,使用谦卑的言辞来抬高对他的礼节,吴王就一定会去攻伐齐国。他如果出战不胜,那就是大王您的福气了。如果出战取胜,他必定接着率领军队进攻晋国,请让我北上面见晋君,让他共同攻打吴军,削弱吴国那就是必然的事情了。吴国的精锐士卒在齐国消耗殆尽,主力部队在晋国疲惫困乏,这样大王您乘弊而起,一定能够一举灭亡吴国。"越王勾践听了非常高兴,同意了子贡的建议。越王赠给子贡黄金一百镒,剑一把,好矛两杆。子贡不要,接着又出发了。

　　子贡回到吴国,报告吴王夫差说:"我恭敬地把大王的话转告了越王,越王听了非常恐惧,说:'我不幸从小失去了父亲,自己又不自量力,得罪了吴国,以致军队战败自己受辱,栖身在会稽,国家变成了一片废墟,依赖大王的恩赐,才使我能够得以捧着俎豆等礼器举行宗庙社稷的祭祀,使越国延续下去,这一切我死都不会忘记,还敢打什么主意呢?'"过了五天,越王勾践派大夫文种拜见吴王夫差,叩头上言道:"东海服役之臣勾践的使者臣下文种,冒昧修书给左右官吏谨向大王致以问候。近日私下听说大王将要举大义,诛强暴,救危弱,打击残暴的齐国以安抚周朝王室,因此请求全部出动越国境内的三千士卒,我自己也请求身披铠甲,手持武器,跟随大王承受飞矢流石,冲锋陷阵。现在通过越国的微臣文种奉上先人收藏的兵器,铠甲二十套、斧子、屈卢矛、步光剑,来作为对军队的觐见之礼。"吴王夫差非常高兴,把文种的话告诉子贡,说:"越王勾践准备亲自跟随我攻伐齐国,可以吗?"子贡说:"不能这样。使他人的国家空虚,让他们的人马全部出动,又让他们的国君亲自随从,这不合乎义的要求。您应该接受他们的礼物,应许他们出兵,但谢绝他们的国君跟从。"吴王同意了,坚决谢绝越王勾践亲自随从的要求,马上征发吴国九郡的兵马出兵攻伐齐国。

子贡接着离开吴国到了晋国,对晋国的国君说:"我听说,准备不事先做好就不能够应付突发的事件,军队不事先就绪就不能够战胜敌人。现在齐国和吴国将要开战,如果吴国不能战胜,越国一定会趁机发难;如果吴国战胜齐国,必定会接着把军队开到晋国。"晋君听后大为恐慌,问子贡:"我应该怎么办呢?"子贡说:"您还是修缮武器、休养士卒来做好准备吧。"晋君答应。

子贡离开晋国回到鲁国。吴王夫差果真在艾陵与齐国军队交战,并大败齐军,将齐国七名将军所辖的部队全部俘虏。但是吴军没有马上返回吴国,果然又开赴晋国,与晋国军队在黄池地区相遇。吴、晋两强相争,晋军击败吴军。越王勾践听说吴王失败之后,趁机领兵袭击吴国,在离吴国都城七里的地方安营扎寨。吴王夫差闻讯,匆忙离开晋国返回吴国,与越军在五湖地区展开激战。吴军数次交战都不能取胜,都城的城门被攻破,越军接着包围了王宫,吴王夫差被杀死,国相太宰嚭被斩首示众。三年之后,越王勾践称霸。

子贡一出,不但保存了鲁国,而且扰乱了齐国,灭亡了吴国,强大了晋国,并成就了越国的霸业。子贡的这一次出使,就使得诸侯国之间的原有格局被打破,十年之中,鲁、齐、吴、晋、越等五个国家都发生了重大变化,这的确不是千军万马所能轻易做到的。

关于此计的按语,有的版本所举事例与此不同。另有版本举例说:"如:郑桓公将欲袭郐,先向郐之豪杰、良臣、辨智、果敢之士,尽与姓名,择郐之良田赂之,为官爵之名而书之,因为设坛场郭门之外而埋之,衅之以鸡豭,若盟状。郐君以为内难也,而尽杀其良臣。桓公袭郐,遂取之。诸葛亮之和吴拒魏,及关羽围樊、襄,曹欲徙都,懿及蒋济说曹曰:'刘备、孙权外亲内疏,关羽得志,权心不愿也。可遣人蹑其后,许割江南以封权,则樊围自释。'曹从之,羽遂见擒。"这里所举的分别是西周时郑国灭郐和东汉末年曹魏借东吴之手除掉关羽的例子。西周末年，郑国的国君郑桓公打算袭击郐国，行动之前，先把郐国的豪杰、良臣、辨智、果敢之士都开列了名单，将他们的姓名公布出去，声称要把郐国最好的土地封赏给他们，并写出要给他们封赐官爵，在城郊设立了祭坛，把名单埋进去，用鸡和猪做祭品，装出盟誓的样子。郐国的国君以为这些人要在国内作乱，便把他的良臣都杀了。郑桓公趁郐国人才空虚之际发动进攻，一举消灭了郐国。另一个例子是，东汉末年，诸葛亮联合东吴抗击魏国，当关羽围攻樊城、襄阳之时，曹魏国内震动，一度有过迁都的打算。司马懿和蒋济劝曹操说："刘备和孙权虽然外表亲密，但内心感情上却很疏远，关羽如果得志，扩张了势力，这也是孙权所不愿看到的。您可以派人到后方去，答应割江南之地给孙权，那样樊城之围便可自然而解。"曹操采纳了这一建议，结果关羽最后被东吴所擒。

在政治斗争中，"借刀杀人"的计策也常常被使用。

春秋时期，卫庄公的宠妾生了一个儿子，名字叫州吁，庄公非常宠爱他。州吁从小喜欢军器，庄公从来不加禁止；他还非常残暴，时常打骂别人，甚至欺负自己的哥哥，庄公也不以为意。老臣石碏看不下这种情况，认为日久必然生乱，于是规劝庄公说："我听说如果喜欢自己的儿子，就应当用道义去教育他，不要让他走到邪路上去。性情骄傲、奢侈、放荡、逸乐，这是走上邪路的苗头。这四种恶习之所以会发生，原因就在于宠爱和赐予得太过分。如果大王您准备立州吁为太子，那就应该确定下来；如果不能确定又任他的性情肆意妄为，就会逐渐酿成祸乱。受宠而能不骄傲，骄傲而能安于卑下的地位，地位卑下而能不怨恨，怨恨而能克制，这样的人是很少见的。况且，低贱的妨害尊贵的，年少的欺凌年长的，疏远的离间亲近的，新来的离间故旧的，弱小的欺侮强大的，贪婪的破坏道义的，这就是六种违反事物秩序和规律的现象。国君行义，臣子从令，父亲慈爱，儿子孝顺，兄长爱弟，弟敬兄长，这就是六种符合事物秩序和规律的现象。如果抛弃了正常而效法反常，就会很快地招致祸害。作为君主，您应该尽力于去掉祸害，现在却加速它的到来，这恐怕不可以吧！"庄公没有听从他的规劝。

石碏的儿子石厚和州吁来往密切，石碏禁止他与州吁来往，石厚不听。庄公去世之后，公子完即位，是为卫桓公。石碏知道卫国迟早要混乱，就以自己年龄大了为借口，告老回家了。不久之后，州吁果然杀了卫桓公，自立为国君。

州吁成为国君之后，就准备攻伐邻国。因为郑国曾经和前代国君结下过怨恨，所以成为他要进攻的首要目标，他打算以此来讨好诸侯，安定国内的人心，转移自己因篡位而引发的各种矛盾。为了增加取胜的把握，他派人告诉宋国的国君说："君王您如果打算进攻郑国，以除去您的隐忧，那么我们将以君王您为主，并且出兵出物，和陈、蔡两国一道作为属军。这就是卫国的愿望。"宋国答应了联合出兵的请求。这时，陈国、蔡国正和卫国关系友好，所以宋国、陈国、蔡国、卫国四国组成联军，进攻郑国，包围了国都的东门。过了五天才撤兵。

在四国包围郑国的时候，鲁国的国君鲁隐公曾经问大臣众仲："卫国的州吁能成功吗？"众仲回答说："我只听说用德行安定百姓，没有听说用祸乱来稳定人心的。用祸乱来稳定人心，如同用暴力来理出乱丝的头绪，反而会弄得更加纷乱。州吁这个人，仗恃武力而性情残忍。仗恃武力就不会有人支持，性情残忍就不会有人亲附。没有人愿意支持和亲近的独夫，肯定不会成功。战争这样的事情就像大火一样，即使不去及时扑灭，也会焚烧自己，况且是自己玩火呢？州吁杀了他的国君，又暴虐地对待百姓，不致力于修养美德，反而想通过制造祸乱来取得成功，就一定不能免于祸患了。"

州吁用尽了浑身的解数，也不能安定国内的百姓，于是就让石厚回家向石碏询问安定君位的办法。石碏觉得这是一个除掉州吁，安定卫国的好机会，就假装热心地说："只要州吁去朝觐周天子，得到了周天子的认同，就可以取得合法地位，从而安定国内的人心。"石厚又说："可是如何才能去朝觐周天子呢？"石碏说："陈桓公现在正受周天子的宠信。现在陈、卫两国关系和睦，如果州吁到陈国去，请陈桓公代为请求，就一定可以成功。"

石厚回去把这个主意转告了州吁，他们都觉得有道理，二人就一同到了陈国。石碏得知二人已去陈国的消息之后，也派人到了陈国，告诉陈国的国君说："卫国地方狭小，我现在年纪也已七十多岁了，先要为国家做些事情，已经力不从心了。州吁和石厚这两个人，确实杀死了我国的君主，请您帮忙趁他们离开卫国的机会除掉他们吧。"陈国人接受了石碏的请求,认为这是一件正义的事情,两个人一到陈国,就把他们抓住了,请卫国派人前来陈国处理。在石碏的安排下,卫国派右宰丑在陈国的濮地杀了州吁,同时,石碏也大义灭亲,派自己的管家獳羊肩在陈国杀了石厚。接着,他们又到邢国迎接回了出逃的公子晋,将他立为新的国君。

在卫庄公在位的时候,石碏虽然力谏,但没有使州吁受到限制;在州吁控制了卫国之后,他更是无力与其抗衡。因此,他借州吁急于稳定民心的时机,借陈国的力量除掉了他,从而用"借刀杀人"的方法避免了国内出现更大的混乱。

西汉时期,袁盎与晁错不和。只要有晁错在的地方,袁盎就会离去;只要有袁盎在的地方,晁错也就离开。汉文帝去世,汉景帝继位,晁错当上了御史大夫,就派官吏查核袁盎接收吴王刘濞财物的事情,并要求给予惩罚,于是皇帝下诏令将袁盎贬为平民。

后来,由于晁错的"削藩"主张,引发了以吴王刘濞为首的"七国之乱"。叛乱的消息传到京城,晁错于是对掌管刑罚的官员说:"袁盎收受过吴王的许多财物,说他不会反叛。现在反叛已成事实了,我请求处治袁盎。他一定知道叛乱的阴谋。"掌管刑罚的官员没有接受他的建议,晁错也就犹豫不决了。袁盎得知了晁错的意图后,非常害怕,当夜去见同样与晁错不和的窦婴,向他说明吴王所以反叛的原因,希望能见到皇上亲自陈明。窦婴报告给皇上,皇上召见了袁盎。当时晁错就在面前,谈到关键之处,袁盎请求皇上避开别人单独会谈。晁错退下去之后,袁盎对皇帝说:"吴、楚相互往来的书信说:'高祖封立刘氏子弟为王,并有各自的封地,现在贼臣晁错却擅自削夺诸侯的土地。'他们之所以造反,就是为了联合起来诛讨晁错,只要恢复了原来的封地就会罢兵。当今之计只有斩杀晁错,派使者赦免吴、楚等七国的罪过,恢复原来的封地,那么就能够兵不血刃而使战事结束。"皇帝沉默了很长一段时间,说:"如果真的是这样,我不会因为偏爱一个人而拒绝天下的。"袁盎说:"希望皇帝认真地考虑考虑我的建议。"皇帝于是任命袁盎做了太常,吴王弟弟的儿子做了宗正。十多天后,晁错就被杀掉了,但七国并没有因此而罢兵。

第四计　以逸待劳

困敌之势①,不以战;损刚益柔②。

按:此即致敌之法也③。兵书云:"凡先处战地而待敌者佚,后处战地而趋战者劳。故善战者,致人而不致于人。"④兵书论敌,此为论势,则其旨非择地以待敌,而在以简驭繁,以不变应变,以小变应大变,以不动应动,以小动应大动,以枢应环也⑤。如:管仲寓军令于内政⑥,实而备之;孙膑于马陵道伏击庞涓⑦;李牧守雁门⑧,久而不战,而实备之,战而大破匈奴⑨。

【译文】
造成使敌人处于穷困状态的战争态势,并不需要通过直接正面交锋的方法来获取,可以根据《易传》中"损刚益柔"的道理,善于利用事物之间刚柔、损益转化的规律来达到。

按语:这是一条调动敌人的计策。《孙子兵法》中说:"一般来说,作战中先到达战地而等待敌人来战的,就安逸、从容,后到达战地而仓促应战的,就疲劳、紧张。所以,善于指挥打仗的人,能调动敌人却不被敌人调动。"兵书中的这段话主要是论述对敌作战的,在这里主要是论述形势变化的,所以这里所说的主要意思不是选择地利以等待敌军的到来,而是在于以简单驾驭繁琐,以不变应对万变,以小变应对大变,以不动应对运动,以小动应对大动,抓住关键以应对各个环节。比如,管仲将军令寓于国家的各项政策之中,以实实在在地充实军事力量;孙膑在马陵道以逸待劳伏击庞涓;李牧镇守雁门关时,久不出击,只是积聚自己的力量,一出击便大败匈奴。

【注释】
①势:指军事指挥员通过灵活的战术运用所形成的军事态势。"势"是中国古

代一个非常重要的兵学范畴,《孙子兵法》十三篇中,其中专门有一篇名为《势篇》,阐述军事行动中"势"和"任势"的重要性。

②损刚益柔:出自《易·损》的象传,原文为:"损刚益柔有时。损益盈虚,与时偕行。"意思是说,损伤一方增强一方是有时间性的。事物的损伤、增强、允实、不足,都是随着时间的变化而变化的。《三十六计新编》中认为,这里的"损刚益柔"是指:"进攻者锐气方刚,处于优势主动地位,但易疲惫,难持久,优势主动中隐藏着劣势被动的因素,防守者准备强敌来攻,处于劣势被动地位,但只要能够不断地消耗疲惫敌人,减杀敌人的锐气,就能从被动中争取主动,变劣势为优势。这就像一天一夜二十四小时,白天长了,夜晚就自然短;夜晚长了,白天自然就短。在敌我总的力量不变时,敌人由优变劣,由主动变被动,我自然也就由劣变优,由被动变主动了。"①

③致敌:即调动敌人。

④兵书云:"凡先处战地而待敌者佚,后处战地而趋战者劳。故善战者,致人而不致于人":出自《孙子兵法·虚实篇》。处,居止,这里是到达、占据的意思。佚,通"逸",安逸,从容。趋,疾行、奔赴。一说应为"促",即仓促。趋战,仓促应战。劳,疲劳,劳苦。致人,招致、调动别人,这里指调动敌人。致于人,指为敌人所调动。

⑤以枢应环:意思是抓住枢要以应对各个环节。

⑥管仲:中国春秋时期著名军事家、政治家和思想家。名夷吾,颍上(今安徽境内)人,曾辅佐齐桓公改革齐国的内政外交,壮大实力,成为"春秋五霸"之首。寓:寄托。

⑦马陵:古地名,战国时属齐国,公元前341年,孙膑伏兵杀魏将庞涓于此。《史记·孙子吴起列传》记载说:"魏与赵攻韩,韩告急于齐。齐使田忌将而往,直走大梁。魏将庞涓闻之,去韩而归,齐军既已过而西矣。孙子谓田忌曰:'彼三晋之兵素悍勇而轻齐,齐号为怯,善战者因其势而利导之。兵法,百里而趣利者蹶上将,五十里而趣利者军半至。使齐军入魏地为十万灶,明日为五万灶,又明日为三万灶。'庞涓行三日,大喜,曰:'我固知齐军怯,入吾地三日,士卒亡者过半矣。'乃弃其步军,与其轻锐倍日并行逐之。孙子度其行,暮当至马陵。马陵道狭,而旁多阻隘,可伏兵,乃斫大树白而书之曰'庞涓死于此树之下'。于是令齐军善射者万弩,夹道而伏,期曰'暮见火举而俱发'。庞涓果夜至斫木下,见白书,乃钻火烛之。读其书未毕,齐军万弩俱发,魏军大乱相失。庞涓自知智穷兵败,乃自刭,曰:'遂成竖子之名!'齐因乘胜尽破其军,虏魏太子申以归。"庞涓:战国时魏国人,曾和孙

---

① 李炳颜:《三十六计新编》,战士出版社,1981年版,第17页。

膑一起学习兵法,后为魏惠王的将军。后因嫉妒孙膑才华,设计陷害。后被孙膑伏击于马陵道,自杀而死。详见前注及"围魏救赵"注。

⑧李牧:战国时赵国将军,曾在防范匈奴和抵抗秦国等战役中屡立战功。后因赵王中秦国的反间计而将其杀害。雁门:战国时赵地,为防御匈奴南下的重要关隘,在今山西省代县北部。《山西通志》说:"雁门山在代州北三十五里,双阙陡绝,雁欲过者必由此径,故名。一名雁门塞。依山立关,谓之雁门关。"

⑨匈奴:我国古代北方民族之一,战国时游牧于燕、赵、秦以北的地区。

【评解】

"以逸待劳"出自《孙子兵法》,《军争篇》中说:"故三军可夺气,将军可夺心。是故朝气锐,昼气惰,暮气归。故善用兵者,避其锐气,击其惰归,此治气者也。以治待乱,以静待哗,此治心者也。以近待远,以佚待劳,以饱待饥,此治力者也。"《虚实篇》中说:"凡先处战地而待敌者佚,后处战地而趋战者劳。故善战者,致人而不致于人。能使敌人自至者,利之也;能使敌人不得至者,害之也。故敌佚能劳之,饱能饥之,安能动之。"以逸待劳,多指作战时采取守势,养精蓄锐,让敌人来攻,然后乘其疲劳,战而胜之。

南北朝时,北周遣将,率突厥之众,进逼北齐的晋阳。齐将段韶率军防御。当时是大雪之后,周人以步卒为前锋,从西山而下,离城二里。诸将打算出城迎击,段韶说:"步卒的气力,是非常有限。现在积雪很厚,不利于迎击,我们不如结阵等待。他们来到我们面前时,一定都很疲劳了。彼劳我逸,一定能够打败他们。"既而交战,大破之,敌人前锋全军尽没。

同为南北朝时,南朝梁的司州刺史柳仲礼率军一万进攻襄阳,留部下马岫守安陆城,西魏宇文泰知道后派杨忠南伐,攻克梁的随郡,并一举包围了安陆。柳仲礼得到消息后,怕安陆失守,马上回师,救援安陆。杨忠手下的将领担心一旦柳仲礼援军到达,将难以攻下安陆,请求立即加强攻城。杨忠分析说:"攻守势殊,未可卒拔。若引日劳师,表里受敌,非计也。南人多习水军,不闲野战。仲礼回师,已在近路,吾出其不意,以奇兵袭之,彼怠我奋,一举必克,则安陆不攻自拔,诸城可传檄而定也。"意思是,敌人凭城固守,我们来啃这块硬骨头,短期很难攻下。如果连日攻城,不但会使我军疲劳困乏,而且一旦援军到来,还容易腹背受敌,不是良策。南人擅长水战,不善野战。柳仲礼回援安陆,眼看就要到了,不如我们等在半道上袭击他,敌人长途奔袭,人困马乏;我军以逸待劳,士气正旺,必然能够一战可胜。打败了柳的主力,安陆则自然不攻自破,其他的城池也可以传檄而定了。于是,杨忠挑选了两千精锐的骑兵,衔枚夜进,于淙头与柳仲礼部遭遇。杨忠身先士卒,率军冲杀,一举击溃了柳仲礼的部队,生擒主将柳仲礼。安陆守将马岫知道柳仲礼被擒,不战而降,安陆遂破。杨忠又接着连陷数城,尽取梁朝汉东之地。

杨忠正是运用了"致人而不致于人"的战术,以逸待劳,避实击虚,从而一举挫败梁军。人们所熟知的《三国演义》中黄忠智胜夏侯渊的战例,也是采用了以逸待劳之计。

三国时期,蜀汉老将黄忠在定军山和曹将夏侯渊相遇,初战告捷之后,夏侯渊便坚守山寨,不再出来交战。黄忠率领军队追到定军山下,谋士法正考察了周围的地势之后,对黄忠说:"定军山的西面有一座高山,名为对山,四面的山道崎岖艰险。在这座山上,能够充分观察到定军山上夏侯渊的虚实。我们如果能攻占这座山,再攻打定军山就易如反掌了。"黄忠也发现对面这座山的山顶比较平缓,山上驻扎的魏军人马也不是很多,就决定先攻打这座山。当天夜里,黄忠带领军士,趁着敌军防范松懈之际,突然敲鼓鸣锣,一直杀上山顶。把守此山的魏军将领杜袭只有几百人,望见黄忠大批人马一拥而上,知道难以抵挡,慌忙丢下营寨逃下山去了。黄忠轻松地占领了此山,正好和定军山相对,地势非常有利。法正又献计说:"将军您可以驻守在半山腰,我守住山顶。等夏侯渊来进攻时,我举起白旗,将军您就按兵不动;等他倦怠疏于防备之时,我就举起红旗,将军您领兵迅速冲下去。我们以逸待劳,一定能够大获全胜。"黄忠听后,连称妙计,依计而行,带领大部人马在半山腰扎下营寨。

杜袭丢了营寨逃回定军山,向夏侯渊说黄忠夺取了对面的山顶。夏侯渊听罢大怒,说:"黄忠既然占领了对面山顶,不由得我不出战了!"张郃劝阻说:"这是他们的计谋,我们只宜坚守,不能出战。"夏侯渊说:"他占了我的对面山顶,我的军情虚实、一举一动尽在他的眼皮底下,我怎么能不出战呢?"张郃苦苦劝阻,夏侯渊就是不听,坚决出战。

夏侯渊领兵来到对山山下,让士兵大骂挑战。法正在山顶上树起白旗,任凭曹军在山下百般辱骂,黄忠只是坚守不出。中午过后,曹兵已经疲倦,锐气全无,大都下了战马,倚在石头旁休息,有的还昏昏欲睡。法正见时机成熟,迅速举起红旗。黄忠见山顶上竖起红旗,一声令下,蜀军大喊着冲下山来,夏侯渊措手不及,未及上马,黄忠已经来到面前,大喝一声,手起刀落,将夏侯渊连头带肩砍成两段。曹军大败,黄忠一举占领了定军山。

历史上许多优秀的军事家,都擅长用"以逸待劳"的办法来击败敌人。唐太宗李世民还是秦王的时候,多年领兵四处征战。有一次,李世民引兵屯于柏壁,与宋金刚对峙。老百姓听说李世民来了,都纷纷前来归附,来的人一天比一天多,他们带来的粮食也越来越多,粮草越来越充足。于是李世民下令休兵养马,只令小股的军队不时出去骚扰,大军则坚壁不战。于是,敌人的力量一天天衰弱。诸将等得不耐烦了,请求出战,李世民说:"宋金刚孤军深入,兵精将猛,粮草接济不上,只能靠掳掠作为补充,因此他们希望速战速决。我们现在则需要闭营养锐,等到他们粮尽计穷之后,自然就逃走了。所以我们现在是在等待时机,不适合速战。"结果最后正如李世民所料。在攻打王世充于洛阳时,李世民也采用了"以逸待劳"的计策。王世充向窦建德求救,窦建德的救兵绵延二十里,声势浩大。诸将都很害怕,李世民登高观察之后,对诸将说:"窦建德自从山东起兵之后,没有遇到劲敌,如今面临险境却如此喧嚣,是没有纪律的表现;靠近城池结阵,是轻视我们的表现。我们按兵不出,他们的勇气自然会慢慢衰减,等到他们列阵时间久了,士卒疲乏饥饿之后,等到太阳落山的时候我们再出击,一定能打败他们。"众将按照李世民的计划耐心等待时机,这一战的结果,窦建德被李世民所擒。

在第二次世界大战即将结束时举行的雅尔塔会议上,斯大林充分运用了"以逸待劳"的计谋,使罗斯福对苏联做出了极大的让步。

1944年,第二次世界大战的局势已经日渐明朗,苏、美、英等国军队在各条战线上节节胜利,法西斯德国败局已定。为了处理战后遗留问题,苏、美、英三国首脑决定举行一次会晤。当时,美国总统罗斯福的健康状况已经非常糟糕,因此他建议,会晤可以定在1945年春天天气变暖之后,那时他的身体状况就会好一些。

而此时斯大林却另有一番打算,他知道,谈判桌上的较量就是意志的较量,对于一个疲惫不堪、精力不支的人来说,是很难保持坚强的意志和耐力的。罗斯福目前身体虚弱,也就很容易产生焦躁、厌倦等情绪,这对于苏联在谈判中争取更大的利益来说,未尝不是一件好事。于是,他电告罗斯福说,由于现在形势紧迫,许多问题必须尽快解决,因此会谈的时间最迟只能推迟到 1945 年 2 月份。

罗斯福觉得斯大林的理由没有什么不合理之处,只得同意了这个日期,但是他又提出,因为健康原因他只能坐船去参加会谈,为了节省时间,他希望会谈的地点离美国本土距离近一些,并尽量选在一个气候温和的地方。斯大林又一次拒绝了他的提议,坚决主张会谈应当在苏联控制的地区内举行,并将地点选在了黑海边上克里米亚半岛的小镇雅尔塔。

最终,还是罗斯福妥协了,他拖着病体坐船经过几十天的长途跋涉来到冰天雪地的雅尔塔。三国首脑到达之后,便开始了无休无止的会晤、谈判、宴会、酒会、晚会。仅会谈就进行了二十次之多。紧张的日程令罗斯福疲惫不堪,几乎精疲力竭,最终体力不支,不得不草草结束会谈,对苏联做出了巨大的妥协。

第五计　趁火打劫

敌之害大①,就势取利②。刚决柔也③。

按:敌害在内,则劫其地;敌害在外,则劫其民;内外交害,则劫其国。如:越王乘吴国内蟹稻不遗种而谋攻之④,后卒乘吴北会诸侯于黄池之际⑤,国内空虚,因而捣之⑥,大获全胜。

【译文】

敌方所遇到的困难和灾害比较大,我方可以趁此时机采取行动取得胜利。这就是稳定、强大的一方抓住时机,通过果断迅速的行动征服处于忧患之中的一方的道理。

按语:敌人内部出现了困难,就可以趁机谋取它的土地;敌人如果遇到了外患,就可以趁机掳掠它的人民;敌人如果处于内外交困之中,则可以占领、吞并它的国家。比如,春秋时期,越王勾践趁吴国国内发生了旱灾,连稻子和螃蟹都旱死的时机,计划消灭吴国,后来终于乘吴王夫差北上参加与诸侯举行的黄池之会,国内空虚之际,发动大军进攻吴国,结果大获全胜。

【注释】

①害:祸患,灾害。

②就:凭借,趁着。势:形势,情势。

③刚决柔也:出自《易·夬》的象传,原文为:"夬,决也,刚决柔也。健而说,决而和。"意思是说,夬,就是明确而决断的意思,指阳刚者果断地清除阴柔者。态度刚健果决而行动让人心悦诚服,果断地除去阴柔者就会得到和谐。在这里,"刚决柔也"指稳定、强大的一方抓住时机,通过果断迅速的行动征服处于忧患之中的一方。

④越王:这里指春秋末年越国的国君勾践。越为古国名,其先祖为"禹之苗裔,而夏后帝少康之庶子"(《史记·越王勾践世家》),建都会稽(今浙江绍兴)。春

秋时一度兴起,战国时被楚国所灭。越王勾践时,越国曾经被吴国打败,后经过励精图治、卧薪尝胆,最终消灭了吴国。事见《史记·越王勾践世家》。蟹稻不遗种:出自《国语·越语下》,原文作"稻蟹不遗种",形容吴国遭遇灾荒,田地荒芜,积蓄已经全无。

⑤吴北会诸侯于黄池:《史记·越王勾践世家》记载:"至明年春,吴王北会诸侯于黄池,吴国精兵从王,惟独老弱与太子留守。勾践复问范蠡,蠡曰'可矣'。乃发习流二千人,教士四万人,君子六千人,诸御千人,伐吴。吴师败,遂杀吴太子。吴告急于王,王方会诸侯于黄池,惧天下闻之,乃秘之。吴王已盟黄池,乃使人厚礼以请成越。越自度亦未能灭吴,乃与吴平。"又过了四年,越国再次发起伐吴战争,终于将吴国彻底消灭。黄池:春秋时地名,在今河南封丘西南。春秋初为卫地,后属宋。

⑥捣:冲击,攻打。

【评解】

"趁火打劫"的原意为趁人家因失火而忙乱的时候去抢劫,常用来比喻趁别人紧张危急的时候去捞取好处或趁机害人。此计用在军事斗争中,就是指趁敌人内部遭到灾害或其他困难而发生混乱时消灭敌人,这样往往会因为敌人无暇应战而轻易取胜。

东汉末年,曹操与袁绍的官渡之战中,袁绍惨败,带领八百多人突围逃走,不久便忧郁而死。公元203年,曹操打算一举打败冀、青、幽、并四州袁绍的残余势力,统一北方。然而,虽然袁绍之死对袁氏力量是一个沉重的打击,但袁绍的儿子们仍握有重兵,再加上进攻紧迫之后他们相互支援,一时难以取胜。

曹操与袁氏兄弟相持数日,见一时也占不到便宜,无奈之下,只得回兵,南征荆州的刘表。袁氏兄弟见曹操撤兵,危险解除,便继续他们争夺继承权的内讧,并且兵戎相见。袁绍的大儿子袁谭被其弟弟袁尚打败,逃到平原,被团团围住,情况危急,无奈之下只好向曹操求援。

曹操本来想要答应袁谭的求救,谋士荀攸却表示反对,他对曹操说:"天下正值多事之秋,而刘表据有江汉之间,竟无四处张兵之意,可知其人胸无大志,不足忧虑。而袁氏兄弟兵甲十万,占地千里,如果他们和睦相处,共守成业,冀州便无法相谋。现在袁谭、袁尚兄弟交恶,势不两立。如果一方取胜,则兵力统一于一人。如待那时,再欲征伐便困难重重了。所以,我们应趁其内乱而取之,良机不可丧失。"

曹操觉得有理,采纳了荀攸的建议,先与袁谭联姻将其稳住,然后全力进攻袁尚。次年8月,终于将袁尚彻底击败,袁尚逃往辽东。随后,曹操又因袁谭不听其调遣为借口,举兵消灭了袁谭,因此一举平定了北方。

唐朝初年,李世民继承皇位后发动的消灭突厥的战争,也是乘突厥内部天灾人祸、内忧外患之际,"趁火打劫",一举成功,使唐朝威名远播,稳定了北方边境。

唐朝初年,突厥是北方边境的劲敌,经常南下袭扰,烧杀掳掠。北突厥颉利可汗时,任用汉人赵德言为突厥制定了许多典章制度,颉利可汗都采用了。本来,突厥作为游牧民族,政令简单易行,来源于汉族的繁琐制度与他们的传统习俗产生了冲突,大臣们虽然不敢明确对抗,但内心里都非常反对。同时,颉利可汗还信任从西域来经商的商胡,对他们言听计从。这些商胡性格贪婪,并且不讲信义,因此鼓动颉利可汗连年对外用兵掠夺,突厥部众苦不堪言。再加上天灾,颉利可汗的收入不但没有因为掠夺而有大的改观,反而由于开支不断增大,只好加重对各部族的搜刮,引起民怨沸腾,许多部族公开反叛。

贞观元年,薛延陀、回纥、拔野古诸部纷纷叛离,颉利可汗派突利讨伐,没有取胜,突利只带了少数骑兵逃脱。颉利非常生气,把突利关起来,对他进行惩罚,突利因此非常怨愤。当年突厥居住的地区大雪成灾,羊马大多被冻死,老百姓发生饥荒,颉利可汗怕唐朝乘机发兵进攻,引兵进入朔州地区,扬言要攻打唐朝。朝廷的议事大臣们都觉得这是突厥不遵守以前签订的和约,劝李世民趁机讨伐他们。李世民说:"普通老百姓都知道不能不遵守信用,况且是一个国家呢?我既然与他们签订了盟约,哪能趁他们发生了天灾的时候攻打他们呢?等到他们真的对我无礼之时,再发兵讨伐也不迟。"

第二年,突利与颉利可汗之间的矛盾已经越来越深。突利的牙帐在幽州北面,主管突厥东部的事务。由于颉利可汗横征暴敛,原来臣服于突厥的奚、霫等部族都归降了唐朝。颉利因此而怪罪突利,再加上颉利多次征发突利的军队而突利没有从命,于是颉利发兵攻打突利,双方终于兵戎相见。突利向唐朝求救。李世民说:"我与颉利曾经结盟,又与突利有兄弟之约,不可不救,现在应当怎么办呢?"兵部尚书杜如晦说:"夷狄素来没有信用可言,我们虽然一直遵守和约,但他们却常常背叛,现在正好可以趁他们内部发生混乱之际攻打他们,这是他们自取灭亡啊。"于是李世民命将军周范壁率兵在太原见机行事,颉利也在边境布下了重兵。这时,有人提议修复古长城,征发老百姓充实边塞。李世民说:"突厥屡遭天灾,怪异现象层出不穷:盛夏时节就下了霜,五个太阳同时出来,三个月亮一起升上天空,原野中到处充满了红色的雾气。他们看见灾异而不赶紧加强自己的德行修养,这是他们不畏惧天。每年赶着牲畜迁徙无常,牲畜很多都死在路上,这是他们不利用地。突厥传统民俗人死了之后就烧掉,现在却改用土葬建起坟墓,这是他们违背父祖之命,轻慢鬼神。颉利与突利不睦,在国内自相残杀,这是他们不和睦亲人。他们有这四条,就没有不灭亡的道理,我马上就发兵消灭了他们,还修什么防御设施呢?"

又过了一年,北方部族薛延陀的首领夷男被铁勒各部推举为可汗,夷男犹豫不决。唐太宗听说后,马上派人绕道赶往漠北,册封夷男为真珠毗伽可汗。夷男非常高兴,派人到唐朝进贡,成为了突厥的又一个强敌。颉利可汗得到消息开始感到害怕,马上派人到唐朝表示臣服,并请求和亲。这时,恰好张公谨上书,陈述了可以进攻突厥的六个条件,说:"颉利纵欲肆凶,诛害善良,昵近小人,此主昏于上,可取一也。别部同罗、仆骨、回纥、延陀之属,皆自立君长,图为反噬,此众叛于下,可取二也。突利被疑,以轻骑免,拓设出讨,众败无余,欲谷丧师,无托足之地,此兵挫将败,可取三也。北方霜旱,廪粮乏绝,可取四也。颉利疏突厥,亲诸胡,胡性翻覆,大军临之,内必生变,可取五也。华人在北者甚众,比闻屯聚,保据山险,王师之出,当有应者,可取六也。"意思是说,颉利平时贪婪暴虐,杀害忠良,亲近小人,这是为君主者昏聩,是第一个可以战而胜之的条件;突厥的附属部族同罗、仆骨、回纥、薛延陀等都自立君长,图谋反叛,这是他们部众背离,是第二个可以战而胜之的条件;突利被怀疑,侥幸逃脱,拓设出征,几乎全军覆没,欲谷兵败,失去了立足之地,这是他们兵挫将败,是第三个可以战而胜之的条件;突厥地区天灾不断,粮食匮乏,这是第四个可以战而胜之的条件;颉利疏远突厥的亲族,亲近西域胡人,胡人反复无常,大军到了之后,一定会生内乱,这是可以战而胜之的第五个条件;汉人在突厥控制的地区居住的有许多,大都聚众自保,占据着险要之地,我们前去征讨,一定会有人响应,这是可以战而胜之的第六个条件。李世民接受了张公谨的建议,决定对突厥用兵,拒绝了颉利可汗的请求。

于是,李世民命兵部尚书李靖进攻马邑,颉利败走,九个突厥将军率众投降,拔野古、仆骨、同罗诸部、霫、奚等部族的首领都归顺唐朝。接着,又诏命并州都督李世勣出通漠道,李靖出定襄道,左武卫大将军柴绍出金河道,灵州大都督任城王道宗出大同道,幽州都督卫孝节出恒安道,营州都督薛万淑出畅武道,六路大军,十余万人马,一起出击突厥,各路人马都受李靖指挥。李道宗一路首先传来胜利的消息,灵州一战,打败突厥,俘获人畜万计,突利及郁射设、荫奈特勒率所部来投降。各路人马的捷报也纷纷传来,李世民对群臣说:"当初国家刚刚建立,太上皇(李渊)因为要安定百姓的缘故,顺从突厥,纳贡称臣,我常常为此感到痛心疾首,想终有一天要洗刷这一耻辱。今天诸将出兵,所向皆克,我的愿望终于要实现了!"

公元630年正月,李靖率军到达恶阳岭,夜袭颉利,颉利大惊,将牙帐迁到碛口,颉利的亲信商胡首领康苏蜜等带着此前逃到突厥的隋朝萧皇后和隋炀帝的孙子杨正道前来投降。颉利连连失败,退守铁山,人马仍有数万,同时派执失思力到长安来,低声下气地向唐太宗谢罪,请求归降。李世民命鸿胪卿唐俭、将军安脩仁等持节到颉利处传达诏命。李靖知道唐俭在突厥,颉利一定会放松警惕,于是发动袭击,一举将突厥部众全部俘虏。颉利有一匹千里马,独自一人跑到沙钵罗,结果被唐朝的行军副总管张宝相擒获。突厥彻底被平定。

"趁火打劫",就是要抓住敌人陷入困境的机会,必须掌握好时机,机会可能稍纵即逝。如果失去了,后悔也就迟了。

公元前638年10月底,楚军进攻宋国。宋襄公为阻击敌军深入,屯军于两国交界处的泓水以北,等待楚军到来。11月1日,楚军已经全部集结到泓水南岸,并开始渡河。宋国的大司马公孙固见楚军力量强大,两军众寡悬殊,建议宋襄公说,乘楚军正在渡河,大部队到达河的中间时,宋军予以掩杀,一定能大获全胜。宋襄公听罢,皱起眉头想了想,说:"这个办法好。可是我们的军队是仁义之师,怎么能乘人之危而图侥幸获胜呢?"宋襄公失去了痛击楚军的绝佳机会,楚军于是全部从容地渡过了泓水。

楚军过河后,需要重新组织队伍,布开阵势。正在布阵时,宋国的公子目夷又劝宋襄公说,现在楚军列阵未毕,组织混乱,正好乘机发动攻击。宋襄公仍然没有接受他的建议,说:"不行,讲仁义的人怎么能攻击不成阵列的队伍呢?"于是第二次可以出击获胜的时机又白白浪费了。等楚军布好阵势后,宋襄公才下令击鼓向楚军进攻,而且身先士卒,亲自领兵冲杀。然而,正当宋军向楚军中军突进时,楚军的左右两翼突然向宋军包抄过来,宋军虽然奋勇反击,但无奈力量悬殊太大,宋军大败。在大司马公孙固的拼死掩护下,遭受重伤的宋襄公才突出重围,仓皇逃回宋国。

回到宋国后,许多大臣分析失利的原因时都埋怨宋襄公太糊涂,不该白白丧失战机。宋襄公不但没有吸取教训,反而振振有词地说:"我们做君子的要讲仁义道德,不能在敌人身处险境时去偷袭他们,不能捕捉头发花白的老兵作为俘虏,不能在敌人没有整顿好队伍之前就发起攻击。"公子目夷反驳他说:"我方的国君不懂得战争,强大的敌人处于不利地形,这是老天爷在帮助我们,乘此机会发起进攻,不是最恰当的吗?何况即使抓住了机会,还怕不能取得胜利呢?对方的老兵即使头发花白了也是敌人,为什么不能俘虏呢?让强大的敌人摆好阵势后再和他们硬拼,简直就是自寻失败!"但是,宋襄公还是执迷不悟,并且对楚军的不讲道理耿耿于怀。

宋楚泓水之战,宋襄公由于迂腐至极而丧失战机,令自己的军队大败而回,已成为战争史上的笑话。《孙子兵法》中说:用兵作战,要乘敌混乱之机战胜它,即乘敌之危,就势取胜。机不可失,时不再来,如果让机会白白溜走了,后悔也就没有用处了。

第六计　声东击西

敌志乱萃①,不虞②,坤下兑上之象③。利其不自主而取之。

按:西汉,七国反④,周亚夫坚壁不战⑤。吴兵奔壁之东南陬⑥,亚夫使备西北;已而吴王精兵果攻西北,遂不得入。此敌志不乱,能自主也。汉末,朱隽围黄巾于宛⑦,起土山以临城内,鸣鼓攻其西南,黄巾悉众赴之,隽自将精兵五千,掩其东北,遂乘城虚而入。此敌志乱萃,不虞也⑧。然则声东击西之策,须视敌志乱否为定。乱,则胜;不乱,将自取败亡,险策也。

【译文】

敌军的思维像丛生的杂草一样混乱,就不能正确判断军事斗争中事情的发生和发展。面对这样一种注定要溃败的状态,最有利的方案就是趁着他们失去正常判断能力和行动能力这一有利时机将其消灭。

按语:西汉景帝时,以吴王刘濞为首的七国发动叛乱,名将周亚夫在昌邑坚守城池,不与叛军进行交锋。叛军攻打城池的时候,派出大队人马来到城池的东南角,周亚夫却命令手下在西北角加强防范;过了一会儿之后,叛军的精兵果然前来西北角攻打,但由于城中事前防守严密,敌人只得无功而返。叛军之所以没有成功,就因为他们的对手意志没有发生混乱,保持清醒的头脑,做出了正确的判断。东汉末年,朱隽将黄巾起义军的一支包围在了宛城(今河南南阳一带),并在城外堆起了一座土山,借以观察城内的动静。攻城的时候,他首先派出一支军队,锣鼓喧天地去攻打城池的西南角。城中的起义军不知是计,将所有的军队都调来防守。朱隽乘势率精兵五千对城的东北角发起突袭,结果由于此处防守空虚,很轻松地就将城池拿下。朱儁之所以取得成功,是由于敌人意志已经混乱,没有做出正确的判断而加强防守。声东击西之策是否能够成功,关键要看敌人的心志是否产生了混乱。如果敌人意志混乱而被我们调动,这个计策就能够成功;如果敌人没有上当,我方却不知变通仍按原计划行事,则等于自取灭亡。所以说,这是一条非常冒险的计策。

【注释】

①乱萃:指像丛生的野草一样乱成一团。萃,原指野草丛生的状态,后引申为聚集。《易·萃》的象传说:"'乃乱乃萃',其志乱也。"

②不虞:意料不到。

③坤下兑上:指《易》中的《萃》卦。在《易》中,坤为地,兑为泽,坤下兑上,呈一潭高出平地的积水之象,迟早必然溃决。这里形容处于混乱之中的军队必然要溃败。

④七国反:汉景帝时,吴王刘濞约合胶西王齐、淄川王贤、胶东王雄渠、济南王辟光、赵王遂、楚王戊一起发动叛乱,后被周亚夫等率兵平定。

⑤周亚夫:汉初功臣周勃的儿子,始封条侯,因战功后位至丞相。周亚夫向以治军严谨著称。

⑥陬:角,角落。

⑦朱儁:字公伟,东汉末年会稽上虞(今浙江上虞)人。曾和皇甫嵩等一起镇压黄巾起义军。黄巾:指东汉末年张角所领导的黄巾起义军,因起义军将士头裹黄巾而得名。宛(yuān):古地名,今河南南阳。

⑧虞:防范,防备。

【评解】

"声东击西"的战例在中国历史上可谓比比皆是。公元前508年,吴国进攻楚国,就是采用此计取得了胜利。《左传·定公二年》中记载说:"桐叛楚。吴子使舒鸠氏诱楚人,曰:'以师临我,我伐桐,为我使之无忌。'秋,楚囊瓦伐吴,师于豫章。吴人见舟于豫章,而潜师于巢。冬,十月,吴军楚师于豫章,败之。遂围巢,克之,获楚公子繁。"桐(今安徽桐城北)原来是楚国的属国,吴国先诱使桐国叛楚,然后又借机唆使楚国的附庸舒鸠氏(今安徽舒城)诱楚来攻。楚国派囊瓦率军攻吴,两军对峙于豫章(大别山以东,巢湖以西,淮南、江北一带),吴军故意将大量船只集中于豫章南部江面上,假装守势,而暗地里将主力埋伏于巢(楚邑,安徽桐城、安庆之间)。楚军中计,吴军突然从侧面袭击楚军,楚军大败,吴军遂乘胜攻占了巢,俘楚国的公子繁。豫章之战,使楚军遭受重创。

宋代许洞《虎钤经·袭虚》中说:"袭虚之术有二焉:一曰因,二曰诱。何谓因?曰:敌兵所向,我亦佯应之;别以精兵潜出虚地,或攻其垒,或断其后,或焚其积聚也。何谓诱?曰:欲敌之要地则不攻而佯攻其邻,大其攻具,盛其师旅,以诱敌兵;敌兵到则勿与战,复于壁守,潜以精锐袭所出兵之城而掩其内。此二者,皆袭虚之道也。"意思是说,乘虚袭击敌人的战术有两条:一条是"因",一条是"诱"。什么是"因"呢?所谓的"因",就是在敌人的主攻方向上,我方也摆出以全力应战的态势;而实际上,我方另外派遣精锐部队秘密地出现在敌人防御薄弱的地方,或者攻击敌人的营垒,或者切断敌人的后援,或者焚烧敌人的粮草储备。什么是"诱"呢?所谓"诱",就是我方打算夺取敌人的战略要地,但是我们不直接去攻打它,而是装作攻打它邻近的地区,大量地陈列进攻器具,广泛地展示军容的强大,以把敌人的主力引到这个地方来;敌兵来了之后,不要与它交战,而是把军队收缩到壁垒中进行防守,偷偷地派精锐部队去袭击敌人所出兵的城邑,并将其占领。这两条战术,都是袭击敌人虚弱之处的方法。

从上述"袭虚"的两条战术的具体表述我们可以看到,这两个方法,其实都是运用了"声东击西"的原理。不论是"因"还是"诱",都是使敌人的虚弱得不到加强,或者变得更虚弱,从而使我方能顺利地实现军事行动的目的。

东汉初年,岑彭率兵三万余人南击秦丰,拔黄邮。秦丰与其大将蔡宏等拒岑彭等于邓,汉军数月无法前进。岑彭于是决定智取。一天夜里,他突然召集兵马,传令军中,让大家做好准备,明早西击山都。同时要求对俘虏放松看管,让他们有机会逃跑。逃回的俘虏把从岑彭军中听到的消息告诉了秦丰,秦丰于是派出全部人马,准备在路上拦截岑彭进攻山都的军队。岑彭于是偷偷地派兵渡过沔水,进攻阿头山,大败阿头山的守将张扬。接着又从川谷间砍树开道,直袭黎丘,又取得胜利。秦丰闻讯大惊,急忙引兵来救。岑彭依东山为营,秦丰与蔡宏当夜对岑彭的大营发起攻击,岑彭事先早有准备,伏兵四起,秦丰战败逃走。

同是东汉初年，张步割据齐地，汉将耿弇前往征讨，张步手下将领费邑派自己的弟弟费敢守巨里。耿弇首先兵临巨里，让人砍伐树木，扬言用来填平坑堑以利于进军攻打。几天之后，有投降的人报告说费邑听说耿弇要攻打巨里，打算来救。耿弇于是严令军中赶快制造攻城的器具，并传令各部，三日后要全力攻打巨里城。同时，他命令放松对俘虏的看管，让他们有机会逃回去。逃回的人把耿弇攻城的日期告诉了费邑，费邑到了那天果然亲自率精兵三万余人来救。耿弇大喜，对诸将说："我之所以制造攻城器具，就是打算引费邑来。现在他来了，正是我所期望的。"于是他留三千人在巨里，自己领精兵到高岗上，居高临下进攻，大获全胜，费邑也被杀死了。接着，耿弇命令将费邑的首级给巨里城中的守军看，城中惊惶失措，费敢率众逃归张步去了。当时张步驻扎在剧这个地方，让他的弟弟张蓝领精兵两万守在一个叫做西安的地方，又令另一位将军率一万余人守临淄，两地相距大约四十里。耿弇进军在二城之间的画中。他看到西安城虽小，但很坚固，并且张蓝的人马也都是精兵，临淄城虽大，其实却很容易攻打。于是他传令众将士，五日后攻打西安。张蓝听说后，每天从早到晚都十分警惕。等到约定攻城那天的夜半时分，耿弇命令将士们都匆匆吃了些东西，天亮之前赶到临淄城。护军荀梁等人不理解，坚持认为应当速攻西安。耿弇解释说："你们的想法不对。西安的守军听说我们要来攻打，日夜静心防备；攻打临淄属于出其不意，那里的守军一定会惊惶失措，我们一天就能攻下它。攻克了临淄之后西安就孤立了，张蓝与张步两地隔绝，临淄失守后他们西安守军一定会弃城逃跑，去与张步会合。所以说，攻打临淄等于攻打一座城得到两座城。如果先攻西安，一时半会儿肯定攻不下来，指挥军队死攻防守坚固的城池，死伤必多。即使能够攻克，张蓝引军败退到临淄，两下里合兵一处，将更难攻打。我军深入敌地，粮草运输非常不便，过上十天半月，即使不打仗也会陷入困境。你们的主张，都是不合时宜的。"于是攻打临淄，不到半天就攻克了，占领了临淄城。张蓝听说之后，非常害怕，果然率军弃城投奔张步去了。

岑彭和耿弇，都很好地运用了"声东击西"的计谋，从而用很少的代价就取得了军事行动的成功。"声东击西"一计的使用，必须要把握好时机，充分调动敌人，方能取得预期的效果。

南宋开禧二年(公元1206年)，宋宁宗下诏北伐，派殿帅郭倪负责平定山东、京东一带，郭倪命令曾经跟随岳飞抗金的将领毕再遇与统制陈孝庆一起攻取泗州。毕再遇请求挑选一支敢死军作为前锋，郭倪拨给他八十七名勇士。金人听到宋军大举来攻的消息之后，迅速关闭了平时进行边境交易的榷场，堵塞了城门，加强戒备。毕再遇看到敌人的举动，明白他们已知道宋军进攻的时间，于是说："敌已知吾济师之日矣，兵以奇胜，当先一日出其不意。"陈孝庆同意了他的建议，决定更改日期，提前进攻，以达到出其不意的效果。于是，毕再遇犒赏士卒，激以忠义，兵临泗州城下。经过观察，毕再遇发现，泗州有东西两城，便决定进行智取。他命令士兵将兵器、旗帜、战船等全部囤积在西城之下，做出打算攻打西城的样子，而他自己则带领麾下的勇士从陟山的小路直接来到东城的南角。由于敌人被吸引到了西城，毕再遇率领勇士身先士卒登上防守虚弱的东城，杀敌数百，金军四散奔逃，守城者打开北门逃跑了，东城便落入宋军之手。由于金军主力被吸引到了西城，西城的防守仍然很坚固，毕再遇于是在城下竖起大将的旗帜，向城内喊道："大宋毕将军在此，尔等中原遗民也，可速降。"不久之后，就有人缒城而下乞降，于是两城皆定。

"声东击西"之计能不能成功，则要看敌人有没有上当。如果敌人的情绪没有被扰乱，则此计很难取得预期的效果。

公元222年(三国魏国文帝黄初三年)九月，曹丕亲督三路大军对东吴发起进攻。统率中路军的大将军曹仁率数万大军于第二年(223年)二月，挥师攻打东吴的濡须城(今安徽无为北)，此前，曹军采取了声东击西的谋略，扬言攻打羡溪(今安徽裕溪口)，引诱朱桓分兵救援，然后率步骑直扑濡须城。魏军已进至距濡须七十里处时，朱桓急令派往羡溪的援兵返回，但曹仁大军已兵临城下。朱桓身边只有五千人马，将士惊恐，人心惶惶。这时，朱桓迅速改变原作战计划，一面向将士分析自己的有利条件，以激励将士的必胜信心；一面下令部队偃旗息鼓，示弱于魏，诱曹军攻城。曹仁令其子曹泰率兵攻城，又派将军常雕、王双等乘船以水军袭击作为吴军后方的眷属住地中洲(今湖北长江枝江沱水间)，并自率万人为后援。蒋济以不可贸然涉险相劝阻，但曹仁不听。朱桓临敌不惧，以一部进击魏水军，亲自率主力抵御曹泰的攻城部队。

吴军在顶住曹军进攻压力的同时,适时发起迅猛反击,焚毁曹营,曹泰战败而退。朱桓趁势反攻,集中主力攻击魏水军,斩常雕,俘王双。魏军士卒死伤千余人,使曹军"声东击西"的进攻失败。

曹魏的傅嘏因为看破了东吴诸葛恪的"声东击西"之计,也粉碎过一次东吴对曹魏的进攻。据《三国志·魏书·傅嘏传》记载,有一次,东吴大将诸葛恪率军攻破了东关,并扬言要乘胜进攻青州和徐州。青、徐二州是曹魏统治的核心地区,朝廷听说之后,大为震恐,打算在二州加强防御。傅嘏却以为,如果从东吴进攻青州和徐州,必须要经过淮海水路,而这条路是他们一般情况下不会轻易去经过的。况且当年孙权曾经派兵入海,结果大军在海上翻船沉溺,几乎全军覆没。因此分析,诸葛恪不会孤注一掷,把自己的大军和性命都寄托于根本没有取胜把握的浮海北上。诸葛恪只不过派遣了一支素习水性的小股部队,在淮海之间招摇,目的是想造成要攻打青、徐的假象,他自己一定率领主力部队去攻打淮南了。因此他提议,当务之急是加强淮南的防守,而不要被诸葛恪的"声东击西"之计所迷惑。果然如傅嘏所料,不久之后,诸葛恪就以重兵进攻淮南的新城。因为曹魏加强了防御,最后只能无功而返。

第二套 敌战计

第 七 计　无中生有
第 八 计　暗渡陈仓
第 九 计　隔岸观火
第 十 计　笑里藏刀
第十一计　李代桃僵
第十二计　顺手牵羊

第七计　无中生有

诳也①,非诳也,实其所诳也。少阴,太阴,太阳。

按:无而示有,诳也②。诳不可久而易觉,故无不可以终无。无中生有,则由诳而真,由虚而实矣。无不可以败敌,生有则败敌矣。如:令狐潮围雍丘③,张巡缚藁为人千余④,披黑衣,夜缒城下⑤;潮兵争射之,得箭数十万。其后复夜缒人,潮兵笑,不设备,乃以死士五百斫潮营⑥,焚垒幕⑦,追奔十余里。

【译文】

制造假象迷惑敌人,并不以制造假象为目的,而是应当使虚最终变为实。用假象将敌人引入圈套,使其完全受到蒙蔽,然后采取出其不意的行动,取得胜利。

按语:本来是"无",却向敌人装出"有",这就是通过欺骗进行迷惑。欺骗不可能长久,长久了就会被人发觉,所以欺骗、迷惑不是目的,所装出的"无"不能永远停留在"无"的状态。"无"中生"有",就要将欺骗转化为真实,将虚假转化为实在。"无"本身不能够使敌人被打败,打败敌人的是从"无"中生出的"有"。比如,唐朝时,安禄山的部将令狐潮包围雍丘,守城的张巡命令守军扎了一千多个草人,都穿着黑色的衣服,趁着黑夜用绳子从城上放下来;令狐潮的士兵急忙用箭来射,结果城中得到了数十万支箭。不久之后,张巡又命人趁夜色从城上缒下一批人,令狐潮的士兵看了之后,以为又是假人,都哈哈大笑,根本没有防备。谁知这次张巡从城上放下来的是五百名勇士,他们从城上下来之后,迅速杀向令狐潮的大营,烧了敌人的营寨,一直追杀出十多里地。

【注释】

①诳:欺骗,欺诈,迷惑。

②诳：惑乱，欺骗。

③令狐潮：唐朝人，曾为雍丘县令，后依附安禄山叛军，被张巡击败。雍丘：地名，今河南杞县。

④张巡：唐邓州南阳(今河南南阳)人，天宝末年进士，曾任真源县令等职。安禄山叛乱，他起兵抗贼，先后守雍丘、睢阳等地，后被俘不屈而死。藁：稻、麦等的秸秆。

⑤缒：以绳索拴人或物而下或上。

⑥死士：不怕牺牲的勇士。斫：原意为用刀或斧等砍削，引申为袭击。

⑦垒幕：军营，营帐。垒，军壁，阵地上的防御工事，也代指军营。幕，帐幕，帐篷。

【评解】

"无中生有"本来是道家的观点。原指万有本生于无。《老子》中说："天下万物生于有，有生于无。"王弼注曰："有之所始，以无为本。将欲全有，必反于无也。""无中生有"作为军事斗争中的计谋，其实就是通过虚实的相互变化，先用"虚"麻痹敌人，然后转"虚"为"实"，击败对手。

无中生有，关键就是将"无"转化为"有"，张巡此计运用的妙处在于，他两次运用此计通过蒙骗敌人而获得了实际利益。从城上放下假人是"无"、是"虚"，而通过假人获得了数十万支箭却是"有"、是"实"；通过草人借箭是"无"、是"虚"，而麻痹敌人之后将勇士顺利放下城去发动进攻却是"有"、是"实"。此次军事行动，成为"无中生有"的典型战例。

《孙子兵法·计篇》中说："兵者，诡道也。"军事斗争就是谋略和战术的斗争，为了打击敌人，就要设法麻痹敌人、蒙蔽敌人、欺骗敌人。在中外战争史上，利用示弱、示缓、示怯等"无中生有"的战术蒙蔽敌人，然后取得决定性胜利的战例比比皆是，这里仅举《通典·兵典六》中的几例以证之。

公元前200年，即汉高祖七年，匈奴兵南下，围攻马邑。当时被封为代王的韩王信投降匈奴，匈奴人继续南下，围攻太原。消息传到长安，刘邦亲率二十余万大军北征匈奴，打算一举歼敌，消除北方的大患。到了晋阳，刘邦先后派了几批人前去侦探敌情。此时，匈奴故意把精锐士兵和肥壮的马匹都隐匿起来，只把老弱病残留在外面活动。回来的人都报告说，匈奴营中只有一些老弱残兵，连马都瘦得不能行动，只要果断出击，一定能大获全胜。于是刘邦一面亲率大军浩浩荡荡向北进发,一面又派刘敬去侦探敌情。当大军进至句注山时,到前方侦查的刘敬回来了。他向刘邦报告说:"赶快停止进军,千万不可轻易出兵。两军对阵,从来只有夸耀自己的长处的,以实力显示自己的军威,借以震慑敌人。可是我此次前往,看到的尽是些老弱残兵,跛驼瘦马,这一定是匈奴故意这么做,冒顿单于肯定在暗地里埋伏着伏兵,诱我军上当,千万不要贸然进攻啊!"刘邦不但没有听从刘敬的劝告,反而以扰乱军心的罪名令人把他押送广武。然后自己亲自率领先头部队,径自北上。刘邦赶到平城,就到城外的白登山观察情况。这时,突然伏兵四起,杀声震天,匈奴兵将白登山团团围住。这时候后续部队早已被刘邦甩在了身后,先头部队被匈奴四十万大军分割包围。刘邦被围在山上整整七天七夜,缺粮断水,几乎陷入绝境。

东汉末年,割据江东的孙策派军队到匡琦城进攻陈登。孙策的军队人马众多,陈登的手下都非常害怕,认为寡不敌众,肯定难逃厄运。陈登也明白双方实力的差距,于是闭门自守,示弱不战,命令城中将士不要出声,整个城中就像空无一人一样。敌人来了之后,陈登登上城墙观察过敌人的虚实之后认为,敌人并不像想象的一样无法战胜,只要策略得当,还是能够打退的。于是,他集合士卒,连夜准备兵器,拂晓时分,打开南门,连夜杀向敌营,并派一支人马抄到敌人背后。江东人马猝不及防,刚刚整理好队伍,发现回船的后路又被截断,顿时人心浮动。陈登趁机指挥士兵进行打击,敌人大败。

南北朝时,陈霸先率军讨伐杜龛,侯安都留守京城。北齐军趁机前来袭击。侯安都命令紧闭城门,偃旗息鼓,以示弱于敌人,并且在城中下令说:"有敢登上城墙看敌人的,斩。"到了傍晚,敌人收兵回营,侯安都命令士卒连夜偷偷地制造与敌人作战的器具。第二天早晨,敌人的骑兵又来了,侯安都亲率甲士三百人,开东西城门出城迎战,一举击败敌人。敌人于是退回自己的巢穴,不敢轻易到城下骚扰了。

后周末年,杨坚被任命为丞相,尉迟迥不服,公开与他对抗,杨坚派于仲文率兵到关东讨伐尉迟迥。于仲文的军队到达蓼堤,尉迟迥派将军檀让率领数万之众前来迎战。刚交战的时候,于仲文先派上去一支老弱士卒,檀让则尽遣全部人马。于仲文假装败退,檀让的军队认为于仲文不堪一击,全军上下都骄傲懈怠起来。于是,于仲文趁机派遣精兵于左右两翼进行夹击,大败檀让的数万军队。接着一鼓作气进攻梁郡,尉迟迥的守将刘子宽弃城而逃。

战国后期,赵王派李牧去驻守代郡雁门一带,以阻止匈奴南犯。李牧到任后,首先从各个方面搜集匈奴人的情报,了解他们来犯前前后后的各种情况,以及己方守边官兵的各种实际状况。经过多方了解、分析,李牧发现,匈奴人不但英勇善战,并且每次来犯都经过了长时间的精心准备。而赵国的守将都是从内地各处征调而来的,上下之间、军民之间的各种关系都不融洽,再加上官兵没有在草原上作战的经验,因此每战必败。根据这些情况,李牧认为,要想打败匈奴,必须首先治理自己的军队,然后等待反攻的时机。等各方面时机成熟之后,再一举出击,彻底打败匈奴。于是,他采取了一系列措施对军队进行休养整顿。在修养和整顿期间,匈奴虽多次来犯,赵军一次也没有出击。李牧所做的这一切不但被匈奴认为是怯战,在赵国内部也引起了非议,赵国官兵及赵王都以为李牧胆小怕事不敢主动出击。赵王为此责备李牧,但李牧依然如故。赵王大怒,把李牧撤换回来,另派一名将军去镇守边疆。那名将军到任后,每遇匈奴来犯,必去迎战,结果每战必败,不但军事力量损失惨重,因交战频繁,边防地区难以进行正常的农业生产。赵王无奈,只得再请李牧出山,并表示了对他的部署的信任和支持。李牧获得了赵王的理解,再次上任后,一如既往地加强自卫,积蓄力量。经过数年,匈奴更加认为李牧怯战,自然放松了对李牧和赵军的戒备,而此时赵军将士和百姓都士气高昂,愿与匈奴决战。李牧见时机成熟,预备好战车一千三百乘、战马一万三千匹,组织十万名射箭能手,选拔精兵五万,进行严格的训练和演习。同时,李牧让牧民把大批牲畜赶到原野上放牧。匈奴人贪利,就派小股军队进行侵袭。李牧伴装败走,只用几千赵兵做象征性的抵抗。匈奴单于得知李牧败退,亲率大军南侵。李牧见机会已到,指挥大军,大破匈奴十余万骑兵,灭襜褴,破东胡,降林胡。自此以后十多年,匈奴人不敢再踏进赵国的边境半步。

隋炀帝大业年间,张大彪、宗世模等人在彭城造反,人马发展到几万人,时常骚扰徐州、兖州等地。隋将董纯奉命征讨。开始时,董纯紧闭营门,敌人屡次挑战都没有出战。敌人认为董纯胆小怕事,于是放下心来,不再防备,肆无忌惮地四处掠夺。这时,董纯带领精锐人马杀出大营,在昌虑与敌人展开决战,结果大获全胜,杀敌一万多人。

隋朝末年,孟让造反,人马号称十万,驻扎在盱眙。隋炀帝派王世充以都梁山为根据地,进行镇压。然而,王世充却迟迟没有与敌人交战,并且声称手下的士卒叛逃,设法使这一消息让敌人知道。孟让得到消息之后,果大笑着说:"王世充只不过是个书生罢了,怎么能够带兵打仗呢?我一定要生擒他。"于是,孟让指挥人马进攻王世充的营栅,王世充与其交战,假装失败。孟让更加轻视他,于是分兵四处掳掠。王世充知道反击的时机到了,命令士兵四面出击,大败孟让,俘虏十万余人,孟让只身逃脱。

东汉末年,曹操将袁尚的手下审配包围在邺城,命令士兵开凿了一条壕沟,蜿蜒曲折四十里。开始的时候,挖得非常浅,很容易就能越过。审配远远地看见了,感到十分可笑,没有派人马出来阻止。到了夜里,曹操命令士兵加紧开挖,一夜之间挖了宽和深各两丈,决开漳水,用河水来淹城。几个月之后,城中饿死过半。城中守将马延临阵投降,邺城被曹操占领。

三国时期,司马懿征讨割据辽东的公孙文懿,包围了敌人据守的襄平。这时,正逢阴雨天气,长时间的大雨使得平地积水数尺,三军上下人心浮动,都打算转移营地。司马懿下令说,军中有敢于谈论移营者斩首。都督令史张静违反了军令,被斩首示众,这样军中才安定下来。城中的公孙文懿仗着有水,司马懿无法发起进攻,所以依然若无其事地派人出城打柴放牧。许多人建议司马懿趁机进攻,司马懿都没有采纳。司马陈珪感到很奇怪,就问司马懿说:"当初我们到上庸攻打孟达的时候,八路人马一起进发,昼夜不息,所以能够半个月的时间就攻下了坚固的城池,消灭了孟达。现在我们远道而来,却迟疑不进,这是为什么呢?我感到非常迷惑。"司马懿回答说:"孟达人马少但粮草可以维持一年,我军人马四倍于孟达而粮草维持不到一个月,用只能坚持一个月来对付可以坚持一年的敌人,怎么能够不迅速呢?用四倍的兵力攻击敌人,即使不能合围,也应当发起行动。这是不计死伤,从粮草方面考虑制定与敌人作战的策略。如今敌众我寡,敌饥我饱,天气又是这种情况,有力气也没处使,即使着急交战,又有什么用呢?我们从京师来到这里,不怕敌人攻击,就怕敌人逃跑。现在敌人粮食快吃完了,而没有完全包围他们,如果这时掠夺他们的牛马,截获他们的柴草,这是赶他们逃走啊。用兵作战要靠计谋取胜,要能够根据情况的变化采取不同的对策。敌人倚仗人多,凭借雨水,所以即使饥饿困窘,也不会甘心失败,我们应当向他们显示自己对他们无能为力。此时如果为了获取蝇头小利而惊扰他们,这样做不合适。"不久之后,大雨停了,司马懿完成了对襄平的包围。于是在城外堆起土山,挖掘通往城里的地道,利用各种攻城器具加紧攻打,只用了一昼夜的时间,就将城池攻克了。

北魏末年,万俟丑奴叛乱,魏将贺拔岳前往征讨,大军驻扎于汧水和渭水之间,下令说:"现在天气逐渐热起来了,不是打仗的季节,等到秋凉之后,我们再进攻。"万俟丑奴得到消息之后,信以为真,于是分散兵力,分遣诸军到岐州之北的百里平原上扎营,从事农业生产。大将侯伏、侯元进领兵五千,倚靠险要地势设立营栅。千人以下的营栅也有好多处,一边耕作一边防御。贺拔岳知道敌人的兵力已经分散,于是密令加紧准备进攻。一天下午,他派出轻骑先行截断了各条道路,随后命令全军出击。破晓时分,包围了侯元进的营栅,不久即攻克。贺拔岳将所有俘虏尽行释放,其余的营栅闻讯之后就都投降了。贺拔岳随即率军星夜杀奔泾州,刺史侯长贵开城投降。万俟丑奴见大势已去,弃平亭而逃走了。

除了军事领域之外,在政治斗争或者其他领域中,"无中生有"也是常常被使用的一条计策,并往往成为诡谲权诈之人陷害正直无辜之士的手段。《史记》中记载的骊姬除申生的故事,就是一个比较典型的案例。

骊姬本来是骊戎人,晋献公攻打骊戎,俘获了骊姬,将其纳为妃子,深受宠爱。几年之后,骊姬生下奚齐。献公于是有意废太子而立奚齐,骊姬就说:"曲沃是我们先祖的宗庙之所在,而蒲靠近秦国,屈靠近狄人,这些地方不派你的儿子们去治理,我很担忧啊。"于是献公派太子申生居曲沃,公子重耳居蒲,公子夷吾居屈。献公与骊姬的儿子奚齐居绛。此次变动之后,晋国人都知道太子的地位已经不稳固了。

又过了十几年,奚齐已经慢慢长大了。献公私下里对骊姬说:"我打算废掉太子,用奚齐来取代他。"此话虽然正中骊姬下怀,但是她还是假装哭着对献公说:"你立的太子,诸侯都已经知道了,而他又一直带兵作战,百姓们都很信服他,为什么因为我的缘故废掉正妻所生的嫡子而立小妾所生的庶子呢?你一定要这样做,我只有选择自杀了。"骊姬表面上把太子赞扬了一番,而背地里却令人诽谤诬陷太子,打算把自己的儿子立为太子。

骊姬派人对太子说:"君王梦见了你的母亲齐姜,你应该立即去曲沃祭祀你的母亲,回来后把胙肉献给君王。"太子于是祭其母齐姜于曲沃,并把祭祀的酒肉进献给父亲献公。当时恰逢献公外出打猎,于是就把酒肉放在了宫中。骊姬派人偷偷地将毒药放置在酒肉之中。过了两天,献公打猎回来了,宫中的人把太子送来的酒肉进献给献公,献公刚想吃,骊姬从旁边制止了他,说:"胙肉是从远方来的,应当先试试能不能吃。"把酒泼在地上,地上鼓起一个个包;把肉喂给狗吃,狗吃了之后就死了;把酒肉送给下面的人吃,吃过的人也马上死了。骊姬假惺惺地哭着说:"太子怎么如此残忍呢!竟然想将自己的父亲杀死取而代之,何况是对其他人呢?况且您现在已经老了,在世上已经没有多少时间了,太子竟迫不及待想要杀死您!"又说:"太子之所以这样做,不过是因为我和奚齐的缘故。我愿意我们母子逃到他国去,或者早早自杀算了,不要让我们母子落到太子手里。当初您要废掉他,我还反对您这样做;到了现在,我才知道自己犯了多大的错误。"太子听到消息之后,知道有口难辩,就逃到新城去了。献公大怒,杀了太子的师傅杜原款。不久之后,太子申生自杀于新城,公子重耳和夷吾也逃到了国外。最终,晋献公死后,骊姬的儿子奚齐如愿当上了国君。

在中国历史上,王莽的名声并不好,因为他靠篡权登上了皇位,又把国家搞得一塌糊涂,给自己留下了千古骂名。王莽的得势,就是从"无中生有"博取好名声开始的。

王莽出生时他的姑母已做了四年的皇后。汉成帝即位的时候,王莽刚刚十三岁。此时,由于是皇亲国戚,王氏家族已经掌握了朝中大权,好几个人都封了侯。王莽的父亲虽然也是太后的异母兄弟,但死得早,未能封侯,相比之下,王莽家就比较寒酸。但少年王莽志向远大,决心有朝一日位极人臣,让那些飞扬跋扈的族弟族兄们看一看。

王莽明白,他必须学到真正的知识,提高自己的名声,才能飞黄腾达。于是,他拜名儒陈参为老师,勤奋攻读,钻研经典。同时,他以封建礼教严格要求自己，约束自己的行为，以猎取好名声。

王莽的父亲和兄长死得早，留下了守寡的母亲和嫂嫂以及亡兄的儿子。王莽事母惟谨，对寡嫂也恭敬有礼，并精心培育亡兄留下的孩子。这样，王莽为人孝悌的名声便传开了。王莽还广泛结交名士，对他们礼貌周到，虚心谦恭，这些名士都夸赞王莽知书识礼、勤俭、朴素，是个难得的人才。

王莽的好名声逐渐引起叔父们的注意。他们认为，与王家其他不学无术的子弟相比，王莽正是王氏家族的希望所在。当时，恰好王莽的叔叔、掌握朝中大权的大司马王凤病危，王莽就细心地侍候王凤，亲尝汤药，一连几个月衣不解带，竭尽孝心。王凤在弥留的时候，将王莽推荐给皇太后和皇帝，称赞王莽是一个贤才。于是，汉成帝封王莽为黄门郎。王莽从这一侍从皇帝、传达诏命的小官，慢慢走上了发迹之路。

王莽的其他几位叔父也在皇太后面前盛赞王莽的德行，甚至情愿将自己的食邑分给王莽。朝中其他大臣，一则的确听到人们对王莽的赞誉，二则看到当权的王氏家族对他如此器重，也都纷纷举荐。

永始元年，汉成帝追封王莽的父亲为新都哀侯，由王莽袭爵为新都侯。同时，升王莽为骑都尉光禄大夫侍中，这是皇帝的宿卫近臣。对于王莽来说，这是迈出了极重要的一步。王莽时年三十岁。

王莽虽然升了官，却为人变得更加谦逊，不但继续结交贫穷但有才华的朋友，而且把所得的俸禄，送给生活困难的宾客，家无余财。此时，他的名声不仅高过了同宗兄弟们，而且高过了他的叔父们。

王莽具有很强的自制力，努力控制住自己的一切欲望。有一回，王莽买了一个俊俏的侍婢，准备留在身边。他的同宗兄弟们听说后，就来讥诮他。王莽随机应变，解释说，一位姓朱的将军没有儿子，我打听到这个女子适宜生子，是特意为朱将军买下的。当天，他就忍痛割爱，将侍婢送了过去。王莽这一做法，不但堵住了他的兄弟们的嘴，而且受到人们的赞扬。

王莽的侄子和嫂子由王莽供养，侄子从师读书，王莽曾经特地带了礼物去慰问老师，一同读书的同学也受到赠送。王莽身居高官，如此礼贤下士，令地位低贱，平时被人看不起的教书先生感激不尽。这样一来，先生、学生都成为了王莽美德的义务宣传员。

朝中继王凤任大司马的王根也是王莽的叔父。王根病重，多次请求卸任，王莽遇到再次升迁的千载难逢的时机，但王莽的表弟淳于长深得汉成帝宠爱，成为王莽最大的竞争对手。于是王莽就四处打探，寻探到淳于长的劣迹之后，立即向王根、太后、成帝告发。淳于长以大逆不道的罪名被杀死在狱中，王莽的一大政敌被除去了。

由于王根的极力保举，绥和元年，王莽被任命为大司马。做了大司马之后，王莽生活仍然十分俭朴，还聘请远近名士，作为幕僚，所得的赏赐，悉数分给他们，而自己则格外节俭，简直与平民无异。待人接物也依然十分谦逊，朝中士大夫无不对他交口称赞。

一次，王莽的母亲病了，朝中的公卿列侯们纷纷派自己的夫人和女儿前去探望，这些贵夫人们一个个绫罗绸缎，珠光宝气。当她们来到王府时，看到一个妇人衣不及地，套裙仅到膝盖，而且色泽素淡，质地粗糙，脂粉不施，出门来迎接。起初众人都以为是王家的仆人，问明白之后，才知道是大司马夫人。众人都大吃一惊，不由地慨叹：王家俭朴，实在是名不虚传。

为了获得更好的名声，王莽还上书愿意出百万钱，田三十顷，交给大司农官，用来救助贫苦农民。每逢发生了水旱灾荒，为了表示对灾区人民的同情，王莽就宣布改吃素食。

王莽的光明磊落之处，还表现在大义灭亲，逼死亲生儿子一事上。王莽的儿子杀了一名官奴，按国家法律来说，应受到处罚。但在当时社会里，权贵杀一名地位卑贱的官奴实在算不了什么，奴婢的性命连一头牲畜也不如，随便想个法子，都可以搪塞过去。但王莽为正国法，毫不容情，将宝剑扔到儿子面前，一言不发，满面痛楚。他的儿子没有办法，只得拿起宝剑，自刎而死。

大权在握，又奠定了舆论基础，后来，王莽很顺利地就废掉了幼帝，自己登上了皇位。

第八计　暗渡陈仓

示之以动,利其静而有主,益动而巽①。

按:奇出于正②,无正则不能出奇。不明修栈道③,则不能暗渡陈仓④。昔邓艾屯白水之北⑤;姜维遣廖化屯白水之南⑥,而结营焉。艾谓诸将曰:"维今卒还⑦,吾军少,法当来渡,而不作桥,此维使化持吾⑧,令不得还。必自东袭取洮城矣⑨。"艾即夜潜军,径到洮城。维果来渡。而艾先至,据城,得以不破。此则是姜维不善用暗渡陈仓之计,而邓艾察知其声东击西之谋也。

【译文】

故意把行动暴露给敌人,利用敌人被引诱而在一个地方固守的机会,偷偷地绕到另一个地方发起真正的行动。

按语:军事斗争中的奇计必然出于正理,如果不合乎正理,就不能施用奇谋。就如同如果不明修栈道,就不能暗渡陈仓一样。三国时期,魏将邓艾屯兵于白水之北,蜀将姜维派廖化屯兵于白水之南,并且扎下了大营。邓艾对手下的众将说:"姜维的大队人马突然到来,我军人少,按理说应当马上过河来进攻我们,但是他们却丝毫没有搭桥过河的意思,看来这是姜维派廖化来拖住我们,使我们不得回去。他自己一定领兵袭击洮城去了。"邓艾于是带领军队偷偷地连夜行军,赶回洮城。姜维果然前来渡河。由于邓艾先行赶到,做好了守城的准备,所以姜维攻城的计划落空了。这就是姜维不善于运用"暗渡陈仓"之计,而邓艾早已看透了他的"声东击西"之谋的结果。

【注释】

①益动而巽:出自《易·益》的彖传,原文说:"益动而巽,日进无疆。"巽,八卦之一,象征风。这里指像风一样乘隙而入,出奇制胜。

②奇出于正:所谓"奇",是指指挥作战所运用的"变法";"正",是指指挥作战所运用的"常法"。"奇正",是指指挥作战中常法与变法的灵活运用,奇兵与正兵的相互配合,其含义甚广,如先出为正、后出为奇,正面为正、侧翼为奇,明战为正、暗攻为奇,等等。"奇出于正",意思是说,军事斗争中的变法也应当从常法中来,不能主观臆想。

③栈道:在险绝处傍山架木而成的一种道路。

④暗渡陈仓:《史记·高祖本纪》记载:"正月,项羽自立为西楚霸王,王梁楚地九郡,都彭城。负约,更立沛公为汉王,王巴、蜀、汉中,都南郑。……汉王之国,项王使卒三万人从,楚与诸侯之慕从者数万人,从杜南入蚀中。去辄烧绝栈道,以备诸侯盗兵袭之,亦示项羽无东意。……八月,汉王用韩信之计,从故道还,袭雍王章邯。邯迎击汉陈仓,雍兵败,还走;止战好畤,又复败,走废丘。汉王遂定雍地。东至咸阳,引兵围雍王废丘,而遣诸将略定陇西、北地、上郡。"陈仓,古地名,在今陕西省宝鸡市东,是通向汉中的交通要道。后以"暗渡陈仓"指正面迷惑敌人,而从侧翼进行突然袭击的军事谋略。

⑤邓艾:三国义阳棘阳(今河南新野东北),因长期与蜀将姜维作战有功,被封为镇西将军,公元263年,率兵偷渡阴平,灭亡蜀国。后遭到陷害被杀。白水:河名,在今四川境内。

⑥姜维:字伯约,天水冀县(今甘肃甘谷)人。原为魏将,后归附诸葛亮。诸葛亮死后,他数次率兵伐魏,但均告失败。廖化:三国时蜀国将军,早年参加黄巾起义,后归降刘备,曾在关羽、诸葛亮、姜维等麾下为将,官至太守、刺史。

⑦卒(cù):突然。

⑧持:相持,对立,对抗。

⑨洮城:地名,今甘肃临潭。

【评解】

"暗渡陈仓",又作"暗度陈仓",源于楚汉战争中韩信"明修栈道,暗渡陈仓"的战例。鸿门宴之后,刘邦率部退驻汉中,退走时,将汉中通往关中的栈道全部烧毁,以示自己不再返回关中的决心。实际上,刘邦并非要老死关中,此举仅仅是为了麻痹项羽,积蓄力量以争夺天下。公元前206年,刘邦力量已经强大,觉得可以向项羽发动进攻了,于是派韩信出兵东征。关于从何处出征,韩信颇动了一番脑子。他派出了许多士兵去修复栈道,做出经过栈道杀出的假象。关中的守军得到消息之后,派出主力部队在这条路线的各个关口加强防守,并密切注视汉军修复栈道的进展,以随时迎击汉军的进攻。就在关中守军严阵以待的时候,韩信的大军却已经绕道陈仓(今陕西宝鸡县东),发动突然袭击,一举打败了章邯。后来,人们便把用明显的行动迷惑对方、使人不备的策略或暗地进行的活动称为"明修栈道,暗渡陈仓"。

从解语中我们可以发现,"暗渡陈仓"和"声东击西"有相似之处,都是假装要在一个地方采取军事行动而实际上行动却是在另一个地方发起的,以此取得出其不意的效果。然而,二者还是有区别的。"声东击西"是通过自己的行动使敌军的思维产生混乱,不能正确判断事情的发生和发展,从而趁着他们失去正常判断能力和行动能力这一有利时机将其消灭;而"暗渡陈仓"则是故意把行动暴露给敌人,利用敌人被引诱而在一个地方固守的机会,偷偷地绕到另一个地方发起真正的行动。也就是说,前者是使敌人"动",由动而乱,从而在乱中取胜;而后者则是使敌人"静",使敌人在判断错误而固守不动时,在其松懈的地方发起进攻。

姜维没有用"暗渡陈仓"的计谋使邓艾上当,而邓艾却最终用此计谋消灭了蜀国。姜维攻取洮城失利又过了几年之后,掌握了魏国实权的司马昭派邓艾和钟会率军伐蜀,在剑阁遇到了姜维顽强的抵抗。邓艾见剑阁一时很难攻破,便向司马昭建议说:"如今敌人刚刚被挫伤了锐气,我们应当抓住这个时机,从阴平经过小路通过汉时的德阳亭直取涪城,也就是从剑阁以西百里左右的地方绕道而出,离成都三百余里时,派奇兵直捣敌人的腹心区域。这样,剑阁的守兵必然要回援涪城,这时候钟会则可以从大路进兵;如果剑阁的守军不回援,那么敌人能够接应涪城的人马就很少了。兵书上说:'打击敌人没有防备的地方,从敌人意想不到的地方出击。'现在我们如果突袭敌人的空虚之处,蜀军一定能被我们击败。"司马昭采纳了偷渡阴平的计划,一方面命令钟会继续进攻剑阁,以吸引姜维的注意,同时派邓艾领兵暗中偷渡阴平。

这年10月,邓艾派自己的儿子邓忠为先锋,率五千精兵"凿山信道,造作桥阁",通过阴平小道向成都进发。一路上"山高谷深,至为艰险,又粮运将匮,濒于危殆"。将士们"攀木缘崖,鱼贯而进",邓艾甚至率领士兵身上裹着毡毯,从山上滚到山下。当魏军出现在江由城下时,蜀军守将马邈望风而降。邓艾接着又攻下了由诸葛亮的儿子诸葛瞻把守的绵竹。蜀汉皇帝刘禅见大势已去,而姜维又远在剑阁,被迫率众投降了。

"暗渡陈仓"是军事斗争中经常采用的战术,现再举几例。

东汉时,吴汉和岑彭讨伐公孙述。公孙述派其大将延岑等率兵在广汉和资中抵抗,又派侯丹率两万余人拒守黄石。岑彭于是采用疑兵之计,派护军杨翕和臧宫与延岑等对峙,自己则分兵沿江而下到了江州,又逆都江而上,袭击黄石的侯丹,结果大获全胜。紧接着又日夜兼程,一举攻克武阳。然后派精锐骑兵进攻广都,来到了离成都数十里的地方,一路上势如破竹,所过之处守军都望风而逃。开始的时候,公孙述听说汉军在平曲,所以派延岑等率大军防守。等到汉军到了武阳,绕到延岑大军的背后,整个蜀地都大为惊骇。

东汉时,马援为陇西太守,派步兵和骑兵三千人攻打先零羌。羌人将他们的妇女儿童和物资转移到允吾谷,马援于是偷偷绕道直奔他们的营地。羌人惊惶失措,又逃到更远的唐翼谷,马援紧追不舍。羌人将精兵屯聚在北山上,马援也在山下扎下大营呈对峙之势,而暗地里却派遣数百骑兵绕到了他们的背后,乘夜放起大火,击鼓呐喊,羌人秩序大乱,被击败。

东汉末年,黄巾起义爆发,汉将朱隽率兵镇压。起义军首领韩忠据守宛城抵抗朱隽,朱隽兵力薄弱难以取胜,于是扎下营垒,堆起一座土山来观察城内的动静。进攻的时候,派出一队人马锣鼓喧天地去进攻城池的西南面,起义军将城中的精锐全都调来防守。朱隽见敌人中计,自己亲自率领精兵五千,突袭城池的东北,破城而入。韩忠于是退守内城,慌忙派人请降。

东汉末年,曹操与袁绍相持于官渡,袁绍派郭图、淳于琼、颜良到白马攻打东郡太守刘延,自己则领兵到了黎阳,打算渡过黄河。曹操想要到白马去救刘延,荀攸建议他说:"如今我们人马少无法与袁军直接对抗,应当设法让他们分散兵力才可能取胜。您到了延津,如果率兵渡河袭击敌人后方,袁绍一定会回去救应,然后再派一支轻兵袭击白马,攻其不备,则颜良可擒。"曹操听从了他的建议。果如荀攸所料,袁绍听说曹军渡河,马上分兵回去救应。曹操于是率军兼程赶奔白马。来到离颜良十余里的时候,颜良才发觉,大惊,急忙来迎战。曹操派张辽和关羽为前锋,大破袁军,颜良被斩,白马之围遂解。

东汉末年,曹操击败马超,马超逃到凉州,关中平定。这时,诸将问曹操:"刚开始的时候,敌人据守潼关,渭北有路可走,我们不从河东去攻打冯翊,却坚持在潼关与他们对峙,过了一段时间才渡河北上,这是为什么呢?"曹操说:"敌人据守潼关,我们如果到河东,敌人一定会派兵把守各个渡口,那样我们就无法渡河了。所以我把大兵调到潼关,吸引敌人悉数前来,西河的防守就空虚了,所以徐晃等就能够轻易夺取西河;然后我们引军北渡,敌人不能与我们在西河较量,因为我们的军队已经站住脚了。连起车辆,竖起栅栏,做成甬道向南进军,这是向他们示弱。渡过渭河却建起坚固的营垒,敌人来了也不出战,这是为了使敌人骄傲松懈,所以敌人没有建立营垒而希望割地求和。我爽快地答应了他们的要求,是为了顺从他们的意思,让他们自己感到很安全而放松戒备,我们积聚士卒的力量,一旦进攻,就可以以迅雷不及掩耳之势取得成功。用兵作战之中的变化,是没有一定之规的。"

东汉末年,蜀将关羽将曹操手下大将曹仁围于樊城,又将吕常围于襄阳。曹操派徐晃前往救援曹仁,徐晃觉得难以与关羽争锋,于是先来到偃城,通过侧翼的小道,在城外挖掘壕沟,好像打算截断偃城守军的归路,蜀军守将吓得烧掉营寨逃跑了,徐晃占领了偃城。于是,徐晃来到离关羽的包围圈很近的地方,但没有马上发动攻击。蜀军一部屯扎在围头,另一部屯扎在四冢。徐晃扬言要攻打围头的蜀军,吸引了蜀军的注意力之后,却率领人马猛攻四冢。关羽见四冢吃紧,亲自率领步骑五千出战,被徐晃击退。接着,徐晃追击蜀军一直到了蜀军的阵地,大破蜀军,关羽撤围而去,损失惨重。此役之后,曹操下令褒奖徐晃,说:"敌人的壕沟、鹿角达十重之多,徐将军一战全胜,攻陷了敌人的阵地,消灭了敌人的有生力量。我用兵三十余年,以及所了解到的古代善于用兵的人,还从来没有能够长驱直入敌人的阵地的。"

东汉末年,田国让镇守马城,被鲜卑人重重包围。田国让首先派一支人马大张旗鼓地从南门而出,鲜卑人发现之后,都集中到南门。然后,他自己带领精锐从北门杀出,鼓噪而近,两头俱发,出其不意。敌人顿时陷入一团混乱之中,大败而逃,伤亡惨重。

三国时期,司马懿到辽东征讨反叛的公孙文懿,大军驻扎到了辽河岸边。公孙文懿派将军卑衍、杨祚等率人马数万在辽隧迎击,挖了二十余里的壕沟阻挡司马懿的军队。司马懿令军队冲破阻拦,大张旗鼓地从东南杀出,敌人尽遣精锐前来迎战。于是司马懿派人找来船只,偷偷地渡过辽河向东北的襄平杀去。卑衍害怕襄平失守,连夜逃走了。

三国时期,魏将郭淮讨伐叛乱的羌人。当时,羌人的军队屯驻在河关、白土两城,凭借着黄河天险对抗官军。郭淮采用了暗渡陈仓之计,首先派人在黄河的上游活动,好像要在这里渡河的样子,吸引了敌人的力量之后,暗地里却在下游渡过了黄河,一举占领了白土城,发起攻击,大败羌人。

三国时期,诸葛亮兵出斜谷,进攻卫国,司马懿屯兵北原迎敌。魏军得到消息,诸葛亮派一支人马大张旗鼓地向西而去,诸将听说之后,都主张前往迎击。这时,只有郭淮意见不同,他认为,这是蜀军虚张声势,以吸引魏军西去迎敌,蜀军的意图一定是打算攻打东面的阳遂,于是主张在阳遂重兵防守。当天夜里,蜀军果然前来偷袭,因魏军早有防备,只得无功而返。

十六国时,前燕将领慕容垂到滑台讨伐丁零人翟钊,大军驻扎在黎阳渡口处,与翟钊隔河相对。翟钊以为慕容垂打算在此渡河,于是相应地在南岸加强兵力防守。而慕容垂却又将大营转移到西津渡口,并且造了百余艘牛皮船,上面布满疑兵和旗帜,沿河逆流而上。翟钊本来将主力都布置到了黎阳进行防御,见慕容垂打算在西津渡河,于是又抛弃了原来的营帐向西进行防御。慕容垂见敌人中计,偷偷派其桂林王慕容镇、骁骑慕容国在黎阳渡口连夜渡过河,在南岸扎下了坚固的营垒。翟钊听说之后,又连忙率领人马返回。这时,士卒们又累又渴,纷纷逃回滑台去了。翟钊见大势已去,只得带着家眷和几百骑兵逃往白鹿。慕容垂派人追击,结果将他们全部擒获。

东晋末年,刘裕派朱龄石到四川去讨伐谯纵。刘裕分析:"刘敬宣攻打四川的时候,首先攻打的是黄虎,结果无功而退。我们正常情况下应当吸取教训,从岷江攻入四川。但是,敌人肯定会以为我们将出其不意,不会走岷江而走涪江。这样的话,他们一定会以重兵把守涪城,来防备我们从涪江发起进攻。因此，如果我军还是首先攻打黄虎，就会正中其计。我们所应当采取的战略，只能是派大军经岷江直取成都，而以疑兵从涪江进攻，这才是出其不意的制敌之计。"盘算好之后，刘裕害怕消息泄漏了，敌人如果了解了虚实，出其不意的效果就达不到了。因此，朱龄石大军出发的时候，刘裕并没有告诉他如何进攻，而是写了一封书信，密封之后交给朱龄石，信封的旁边写着："到白帝城之后才能开启。"所以，大军启程之后，虽然在向四川方向前进，但取哪条路进攻，谁都不知道。到了白帝城之后，朱龄石拆开书信，信上写着："大军主力从岷江直取成都，臧熹、朱林从绵水进攻广汉，派老弱残兵乘高舰十余艘，经涪江前往黄虎。"于是各路人马根据部署，倍道兼行。谯纵果然像刘裕分析的一样，派主力在涪江防御，派其大将谯道福以重兵守卫涪城，侯辉、谯诜等只率一万多人驻扎在彭模，夹水为城。朱龄石到了彭模之后，诸将都认为敌人江北的城池险阻众多，打算先攻其南城。朱龄石则不这样认为，他说："敌人主力在北城，我们即使拿下了南城，也不足对北城构成威胁；如果我们集中力量攻下北城，南城就可以不战而得了。"于是，晋军猛攻北城，早晨开始攻城，到了下午就攻下了。然后回师攻打南城，南城的守军此时已跑光了。

南北朝时，刘道济为刘宋的益州刺史，由于施政不当，境内群盗蜂起，围攻州城。刘道济派裴方明从东门而出，攻破了敌人的三座大营，杀死了几百人。但是，敌人虽然败了，可是官军回城之后，他们又聚合起来。于是，裴方明假装打开北门出城迎战，而人马却又杀向城东大营，结果杀死了敌人千余人。不久，天降大雾，裴方明又扬言从东门杀出，却偷偷地从北门出城，进攻城北、城西诸营，敌人大败，四散而逃。

南北朝时，岷州的羌族人据城而反，西魏将领独孤信带兵前往征讨。独孤信领兵杀奔万年，停在三交谷口，遭到敌人拼力死守。于是，独孤信偷偷地从小路来到敌人的另一处据点绸松岭。敌人没有想到魏兵会在这里出现，望风而逃。独孤信乘胜追击，直追到敌人城下。敌人知道无法抵抗，全都出城投降了。

独孤信征讨凉州刺史宇文仲和的叛乱，也是出其不意而取胜。凉州刺史宇文仲和不听从西魏的调遣，独孤信率兵征讨。宇文仲和据城固守，一时强攻不下。一天夜里，独孤信令诸将以冲梯攻其东北，而自己亲率精壮士卒袭其西南,将近天亮的时候就将凉州攻克了。

隋朝时,汉王杨谅叛乱,派其将余公理自太行进入河内。隋将史祥受命征讨,屯军于河阴,与据守河阳的余公理隔黄河相对,但很长时间没有能够渡过黄河。史祥对手下军吏说:"余公理没有什么本事,才能和职责一直不相称,现在又刚得志,认为自己人多势众。自认为强大的人一定骄傲,并且河北人先前一向不懂作战,他们不过是一群乌合之众,不值得一打。"于是,他令军中加紧制造攻打河阳的器具。余公理得知消息之后,屯重兵于河阳内城准备迎击史祥的进攻。史祥接着将船只都摆在黄河南岸,余公理则派全副武装的士兵加强防守。史祥见时机成熟,选拔精锐将士在下游偷偷渡过了黄河。余公理仓促率众迎战,队伍还没整理好,史祥就发起攻击。叛军大败。

(以上战例均见于《通典·兵典六》)

在人际交往中,迂回曲折的方式、暗渡陈仓的计谋也经常被使用,这往往比直接在打算结交或者讨好的人身上下工夫更能收到奇效。

清朝乾隆年间的和珅是有名的大奸臣,深受乾隆宠爱,掌握朝中实权。在当权期间,和珅收受的贿赂不计其数。有一年陕西抚台派人押送二十万两白银来到和珅的府第。和珅府上的人问道:"送的什么东西?"护送的人回答:"足色纹银。"和珅的家人连看都不看一眼,说道:"这样的粗货往哪里放!堆到外库去吧。"和珅府上听差的都不愿意收银子这样的"粗货",可见其贪赃的程度。有些抚台知道和珅喜爱各色珍宝,就广泛搜罗奇异珍宝,以讨好和珅,以致皇帝国库里没有的珍宝,他家的库里倒有。

有一次,七阿哥不慎打破了一个碧玉盘,怕父皇怪罪,急得没法,他的异母姐姐和孝公主根据别人的指点,来请和珅帮忙。和珅起初不管,后来七阿哥送来一串珍珠,和珅才把自己家的一个拿出来给他,让他换上。

和珅不但喜欢收礼,而且对送礼也有研究。他送礼只有送给皇上,可是皇上什么都不缺,在别人看来简直没有办法送礼。但这却难不倒和珅,他仍能曲径通幽,找出门路来。

和孝公主是乾隆第十个女儿,也是最小的一个,乾隆非常疼爱她。十公主性格和力气都不像一般的女孩子,她性格刚毅,据说十多岁就能拉开十石的硬弓。小的时候,她常常女扮男装,跟着父皇外出打猎。乾隆微服私访时,她也扮成男孩跟着去。乾隆对他这个小女儿特别喜欢,对她提出的要求百依百顺。和珅为了讨好乾隆,就想方设法讨好这位十公主。

有一次,乾隆去圆明园游玩,和珅随驾,十公主也女扮男装一起前往。乾隆年间,每到新年,圆明园中设有一条买卖街。这条街上,凡一切应用之物,应有尽有。和珅跟随乾隆和十公主来到买卖街,并一边走一边看小公主喜欢什么。走到一家店铺门前,见有一件大红呢夹衣摆在那里。十公主看了,微微露出些喜欢的神色。十公主脸上这细微的变化,一般人不会看得出来,可没有逃过和珅这双善于察言观色的眼睛。转眼之间,他就去以二十八两黄金的高价把那件衣服买了下来,进献给公主。和珅知道,博得了十公主的欢心,也就是博得了乾隆的欢心。

和珅还用小恩小惠,收买在乾隆身边的一些太监。太监虽然地位低下,但他们天天进出宫中,可以与皇帝皇后经常接触。他们无意间的几句话,有时也在皇帝和皇后面前会起很大的作用,工于心计的和珅深谙此道。

和珅这样的大贪官,之所以一直备受乾隆的宠爱,就在于他工于心计,头脑机敏,善于利用各种途径和渠道博取乾隆的欢心。

第九计　隔岸观火

阳乖序乱①，阴以待逆。暴戾恣睢②，其势自毙。顺以动豫，豫顺以动③。

按：乖气浮张，逼则受击，退而远之，则乱自起。昔袁尚、袁熙奔辽东④，尚有数千骑。初，辽东太守公孙康恃远不服⑤。及曹操破乌丸⑥，或说操遂征之⑦，尚兄弟可擒也。操曰："吾方使康斩送尚、熙首来，不烦兵矣。"九月，操引兵自柳城还⑧，康即斩尚、熙，传其首。诸将问其故，操曰："彼素畏尚等，吾急之，则并力；缓之，则相图，其势然也。"或曰：此兵书火攻之道也，按兵书《火攻篇》前段言火攻之法⑨，后段言慎动之理，与隔岸观火之意，亦相吻合。

【译文】

敌人内部分裂出现秩序混乱，我方坐待敌方出现暴乱。残暴凶狠，恣意横行，结果必然导致自我灭亡。这就是顺时以动，等待令人满意的结果，令人满意的结果的出现是因为能够顺时以动。

按语：敌人内部出现分裂争斗的迹象之时，如果过于逼迫就会受到他们联合奋力反击，远远地退开，他们内部就会发生混乱。例如，曹操击败了袁尚、袁熙之后，他们二人逃往辽东，还有几千人马。从前的时候，辽东太守公孙康曾经凭借地理位置距离中原比较遥远，不服从曹操的命令。等到曹操打败乌丸之后，有人劝说他趁势将公孙康一举消灭，同时也可以把袁氏兄弟抓获，免除后患。曹操却说："我正要让公孙康自己把袁尚和袁熙杀掉，将他们的首级送到我的营中，不用兴师动众。"当年九月，曹操从柳城退兵，不久之后，公孙康就把袁尚和袁熙杀了，把他们的首级送了来。众将问曹操其中的奥秘。曹操说:"公孙康平时对袁尚非常畏惧,如果我急着攻打他们,他们就会联合起来对付我;如果我给他们喘息的机会,他们必然就会发生内讧,自相残杀。这是形势使他们这样做的。"有人说,这就是《孙子兵法》中的火攻之道。《孙子兵法·火攻篇》的前半部分说的是火攻的方法,后半部分说的则是谨慎采取行动的道理,这与"隔岸观火"这一计谋,是相吻合的。

【注释】

①乖:违背,背离。

②暴戾恣睢:残暴凶狠,恣意横行。戾,暴虐,暴戾。恣,放纵,放肆。睢,恣意。

③顺以动豫,豫顺以动:出自《易·豫》的彖传,原文是:"豫,刚应而志行,顺以动,豫。豫顺以动。"

④袁尚、袁熙:袁绍的两个儿子,被曹操打败之后,投奔辽东太守公孙康,后被公孙康所杀。

⑤公孙康:东汉末年辽东太守,公孙度的儿子。

⑥乌丸:又作"乌桓"。我国古时北方少数民族名,原是东胡族的一支,西汉初年被匈奴所逼,迁移到乌桓山,因以为名。东汉建安十二年被曹操所破,于是衰落。

⑦说(shuì):劝说。遂:前进,前往。

⑧柳城:地名,在今辽宁朝阳。

⑨兵书:这里指《孙子兵法》。

【评解】

当发现敌人内部有出现分裂倾向和斗争可能时,利用"隔岸观火"的策略静待其变,可以用更小的损失赢得更大的利益。

推翻了王莽的新朝之后,刘秀开始率军镇压农民起义军。当汉军进入函谷关之后,将领们大多打算马上向控制长安的赤眉军发起进攻,只有主将邓禹一个人反对。他说:"我不认为直接攻打是上策。现在我们虽然在人数上占优势,但是真正能够作战的却不多,况且我们前无可以依靠的物资保障,后无可以作为接济的军需供应。而赤眉军刚刚打下长安,财物充足,士气正旺,锐不可当。但是,他们毕竟只是一群没有严格组织的乌合之众,没有长远打算,虽然粮食物资积聚充足,但可能引起变故的因素非常多,时间一长,肯定会发生分化。这样的力量是肯定不能长期坚守的。我们现在不如避开锋芒,静待其变。上郡、北地、安定三郡,地广人稀,粮食和牲畜等给养都非常充足。我们暂且北上三郡休养,借助那里充足的粮食使士兵得到休整。等到长安城里发生变化的时候,我们就可以一举成功了。"于是汉军引军北上。最终,赤眉军为汉军所败。

"隔岸观火"中所包含的道理,和"坐山观虎斗"、"鹬蚌相争,渔翁得利"等成语揭示的道理是一致的。

战国时期,韩国和魏国互相攻伐,打了整整一年,还没有分出胜负。秦惠王想做个中间人,劝说他们停止战争。他召来群臣问道:"我想使韩魏两国停火,诸位以为如何?"这时,有个楚国来的客卿,名叫陈轸,他没有直接回答秦王的问题,而是问他:"请问大王想统一天下吗?"秦王说:"当然想,您有什么妙计吗?"陈轸说:"妙计倒没有,我有一个'卞庄子刺虎'的故事,不妨讲给您听听,也许对您有所启发。"秦王说:"很好,你讲吧。"陈轸说,春秋时期,鲁国有个武艺高强的人,名叫卞庄子。有一天,他路过一个地方,听说当地有两只老虎,经常出来伤害禽畜,甚至曾经咬伤、咬死人。卞庄子决定为民除害,带了一把青铜剑,就要进山去打虎。他所住的旅店里的一个小伙计,也要陪他同去。两人走到一个山谷里,终于发现了一大一小两只老虎,它们正在吃一头牛。卞庄子拔剑就要冲上去。小伙计说:"您先不要性急。你看,它们正在津津有味地吃牛肉,吃到最后一定会相互争夺,一争夺就必定会互相厮咬起来。如果一只被咬死,一只被咬伤,这时你再冲上去,对付一只受伤的老虎,难道不比同时对付两只健壮的老虎容易得多吗?"卞庄子认为他说得有理,两人就在树丛里隐蔽了起来。过了一会儿,两只老虎果然争斗起来,打得石头乱滚,尘土飞扬。渐渐地,小老虎支持不住了,咽喉处被大老虎咬破,便死去了。大老虎也遍体鳞伤,倒在地上动弹不得。这时候,卞庄子猛扑过去,一剑刺中老虎的要害部位。老虎长啸一声,连反抗都没来得及就断气了。陈轸讲完故事后,对秦王说:"如今,韩国和魏国打作一团,已经一年了还没有停止。如果他们继续打下去,损伤必定都会很大。您如果想完成统一天下的大业,就让他们继续打下去,到他们元气大伤的时候,再派兵去征讨他们。这样就能像卞庄子刺虎那样,一举两得。"

秦惠王于是放弃了劝和的打算。最后,在魏国和韩国都损失惨重的时候,秦国的军队像潮水般地涌去,一下子就夺了两国的好几个城池。在这里,陈轸利用"坐山观虎斗"的故事向秦王所阐明的,就是"隔岸观火"的道理。

其实,这一类的例子在诸侯争霸的春秋战国时期也有许多。只不过有些是从正面说明了"隔岸观火"的道理,有的例子是从反面进行了阐述。

《战国策》中记载:赵国将发兵攻打燕国,苏代作为燕王的使者去游说赵惠文王,他向赵惠文王讲了一个"鹬蚌相争"的故事。苏代说:"我来贵国的时候路过易水,看见一只河蚌正在沙滩上张开壳晒太阳,正巧被一只鹬鸟看见了,就伸出长长的嘴去咬河蚌的肉。河蚌一下子闭上壳,夹住了鹬鸟的嘴。鹬鸟说:'有本事你就不要把壳松开。今天不下雨,明天不下雨,就会把你干死。'河蚌则说:'我今天不松开,明天不松开,就会把你饿死。'它们谁也不肯相让,结果一个老渔翁走过来,把它俩一起抓住放进了鱼篓里。现在赵国要去攻打燕国,假若两国相持不下,强秦就要坐收渔翁之利了!"赵王觉得他说得有道理,于是停止了攻燕。

如果随便问一个人"鹬蚌相争,渔翁得利"说了一个什么道理,几乎没有人不知道。但是,在军事领域和其他领域中,因为违背了这个道理而使他人乘势取利的事例仍然不少。

高明的战略家一方面运用"隔岸观火"的计谋伺机从敌人内部的混乱中获取利益,另一方面又尽量避免己方内部的纷争以免使敌人有机可乘。

战国时期,廉颇为赵国屡立战功,受到人们的尊重。蔺相如原来只是一个门客,后来因为完璧归赵和渑池之会立了大功,被拜为上卿,位在廉颇之上。廉颇感到愤愤不平,说:"我作为赵国的大将,有攻城野战这样的大功,蔺相如只是动动嘴皮子,而地位却居于我之上,况且他蔺相如本来是个地位低贱的人,我羞于地位在他之下。"并且扬言说:"我如果见到蔺相如,一定要羞辱羞辱他。"蔺相如听说之后,躲着不肯与廉颇见面。每次上朝的时候,他也一再称病,不打算与廉颇比较位置的高低。有一次,廉相如出门,远远看见了廉颇,连忙令人引车避匿。蔺相如的门客看不下去了，就纷纷说："我们之所以离开自己的亲人来到您的门下，就是因为仰慕您高尚的品格。如今您与廉颇位置相当，廉颇屡次对您说不恭敬的言语，您却一再退避，怕他怕得也太过分了吧，普通人都会为这样而感到羞耻，何况您位居将相呢？我们没有什么本事，还是让我们告辞回家吧。"蔺相如坚决地制止了他们，问："你们看廉将军与秦王谁更可怕？"门客回答说："廉将军不如秦王。"蔺相如说："以秦王那样的威风，而我却在朝廷上呵斥他，羞辱他的群臣。我蔺相如虽然无能，难道会偏偏怕廉将军吗？只是我考虑到，强大的秦国之所以不敢发兵攻打赵国，就是因为有我们两人在。现在如果我们两虎相争，势必不能共存。我之所以这样躲避，是因为先顾及国家的安危而后才考虑个人的恩怨啊。"廉颇听到蔺相如的这一番言论之后，恍然大悟，光着膀子，背着荆条，在别人的引荐之下来到蔺相如的门下谢罪，说："我这等浅薄低贱的人，不知道您竟然如此宽仁。"两个人最终成为了至交。

《史记·廉颇蔺相如列传》中记载的这段"将相和"的故事，不仅反映了蔺相如的顾全大局和廉颇的知错就改，而且反映出了他们两人的远见卓识。历史上许多组织甚至国家的衰落和灭亡，都是因为内部不团结而使敌人有机可乘。所以"隔岸观火"也可以从反面给我们很多启示。

在现实生活中，谁都不愿成为失火的一方，在自己受到损失的时候使别人从中得利，这就需要始终保持清醒的头脑，既不要轻信他人或制造矛盾，做那些亲者痛仇者快的事情，又要处理好各种关系，使周围的各种力量都能和自己齐心协力。

战国时，庞葱曾经是魏国的重臣。有一次，他与魏太子一同到赵国的邯郸做人质。庞葱知道魏惠王容易偏听偏信，怕自己离开魏国后有人中伤自己。因此，临行前，庞葱对魏惠王说："现在，如果有一个人告诉您说街市上有老虎，您会相信吗？"魏惠王说："不相信。"庞葱又问："如果两个人对您说街市上有老虎，您会相信吗？"魏王说："那我就要有些半信半疑了。"庞葱乘势又问："如果对您说街市上有老虎的增加到三个人，您会相信吗？"魏王说："我相信了。"庞葱说："街市上根本不会有老虎，这是人人皆知的道理。但是，只是因为三个人说有老虎，您就会信以为真。如今邯郸距离大梁，要比王宫距离街市远得多，而可能在您身边说我坏话的人肯定也会超过三人,希望大王能够明察。"魏惠王说:"我明白你的意思了,我不会轻易相信谗言的。"于是庞葱辞别魏惠王,陪公子一起前往赵国。他所担心的事情终究没能避免,不久,攻击庞葱的话纷纷传到魏王耳朵里,说庞葱怀有二心,企图拥立世子,图谋不轨。魏王轻信谗言,后来魏太子回国时,庞葱果然没能再回魏国与惠王见面。

俗话说:"众口铄金。"流言往往是挑拨关系的重要手段,如果要减少内部的矛盾和摩擦,就要对各种流言进行清醒的分析,且不可轻易相信,尤其是可能造成内部分裂或不和的流言。

有一年,秦国军队进攻齐国,齐威王命匡章为主将,率兵抵御秦国的进攻。匡章知道,秦军来势凶猛,只能智取,不能力敌。于是,他令齐军换成秦军的服装巧妙地混入秦营,混杂在秦军之中。有人不明白匡章的意图,就派人回去向齐王报告说:"匡章领齐军投奔秦军了。"齐威王没有相信。过了一段时间,又有人来报告说:"匡章已经率军降秦了。"威王还是不信。如此反复多次,威王始终不信匡章会降秦。一位大臣问齐威王:"许多人都说匡章已经降秦,大王您为什么不派兵去讨伐他呢?"齐威王回答道:"我知道匡章肯定不会背叛我,为什么还要攻打他呢?"没过多久,前方传来消息,说匡章大败秦军,秦王已经向齐王称臣谢罪。这时大臣们才知道齐威王识人用人的高明,问他:"大王您是怎么知道匡章肯定不会降秦的呢?"齐威王说:"匡章的母亲因为得罪了他的父亲,被他的父亲杀死,并且埋在了马厩之中。匡章率兵出征前,我对他说:'你到前方一定要勇敢作战,只要你能全胜而归,我就将你的母亲改葬在一个好地方。'匡章说:'我不是不想改葬我的母亲,但她得罪了我父亲,父亲临死前也没有留下话。我如果没有父亲的同意就改葬母亲,这是欺骗已死的父亲,所以我不敢有这种打算。'匡章作为人子,连已经死去了的父亲都不敢欺骗,他作为臣下,难道就会欺骗自己的君主吗?"齐威王的一番分析,大臣们都大为折服。他不为谣言所惑,坚持自己的判断,是因为他对匡章有深刻的了解。在中国古代,君因猜疑而杀臣,臣欲篡位而弑君之事屡见不鲜,齐威王能如此信任匡章,的确难能可贵,并且最终得到应有的回报。

第十计　笑里藏刀

信而安之，阴以图之，备而后动，勿使有变。刚中柔外也①。

按：兵书云："辞卑而益备者，进也；……无约而请和者，谋也。"②故凡敌人之巧言令色③，皆杀机之外露也④。宋曹武穆玮知渭州⑤，号令明肃，西人惮之。一日，方召诸将饮，会有叛卒数千，亡奔夏境。堠骑报至⑥，诸将相顾失色。公言笑如平时，徐谓骑曰："吾命也，汝勿显言。"西夏人闻之，以为袭己，尽杀之。此临机应变之用也。若勾践之事夫差，则意使其久而安之矣。

【译文】

使敌人相信我方而放松警惕，我方暗地里进行周密的谋划，准备充分之后采取行动，不要使计划出现意外的变化。这就是所谓的内心果决，外表柔和。

按语：《孙子兵法》有云："敌人言辞谦卑军队却又在加紧战备的，是准备向我进攻；……敌人没有陷入困境而来讲和的，是另有阴谋。"所以一般来说，凡是敌人花言巧语，都是内藏杀机的表现。北宋真宗年间，曹玮镇守渭州(今甘肃、宁夏境内)，与西夏对峙。由于他号令严明，军纪整肃，所以西夏人非常畏惧他。一天，曹玮正在与众将饮酒，恰好有一千多名士兵发动叛乱，逃到西夏一方去了。负责侦察的士兵进来报告了这一情况，众将都吓得大惊失色，面面相觑。只有曹玮仍然谈笑自如，慢慢地对侦察兵说："那是我命令他们去的，你不要把这消息传出去。"西夏人听到消息之后，以为这些人是来伺机袭击自己的，就都把他们杀了。这就是"笑里藏刀"之计在临机应变中的运用。而像勾践尽心竭力地侍奉夫差,他的意图则是为了使其长久之后失去戒备。

【注释】

①刚中柔外:指内心、暗中强硬,外表、表面柔顺。

②兵书云:"辞卑而益备者,进也;……无约而请和者,谋也":出自《孙子兵法·行军篇》。辞,言词。卑,谦恭、谦卑。益,加强。约,困穷、窘迫。陈皞注曰:"两国之师,或侵或伐,彼我皆未屈弱,而无故请和好者,此必敌人国内有忧危之事,欲为苟且暂安之计;不然,则知我有可图之势,欲使不疑,先求和好,然后乘我不备,而来取也。"一说"约"为质盟之约。李筌曰:"无质盟之约请和者,必有谋于人。田单诈骑劫,纪信诳项羽,即其义也。"今从前说。

③巧言令色:指用花言巧语和假作媚态来迷惑、取悦他人。

④杀机:指欲加杀害之心。

⑤曹武穆玮:曹玮,北宋名将,开国功臣曹彬的儿子,镇守边疆四十余年,屡立战功,死后谥"武穆"。渭州:今甘肃、宁夏一带。北宋时为与西夏作战的前线。

⑥堠(hòu)骑:专门从事侦察工作的骑兵。堠,古代用于瞭望敌情的土堡。

【评解】

"笑里藏刀"又作"笑中有刀",本来是用来形容唐代的奸臣李义府的。《旧唐书·李义府传》中说:"义府貌状温恭,与人语必嬉怡微笑,而褊忌阴贼,既处权要,欲人附己,微忤意者,辄加倾陷,故时人言义府笑中有刀。"《新唐书·奸臣传上·李义府》中也说:"义府貌柔恭,与人言,嬉怡微笑,而阴贼褊忌着于心,凡忤意者皆中伤之,时号义府'笑中刀'。"白居易《天可度》诗中则有"看不见李义府之辈笑欣欣,笑中有刀潜杀人"的句子。后来人们常用"笑里藏刀"比喻外表和善而内心阴险的人,或有害而不易察觉的事物。作为军事斗争的计谋,"笑里藏刀"则是指用伪装来麻痹对方,在对方放松警惕后采取果断的行动的行为。

西晋时,羯族人石勒起兵反晋,投奔到匈奴人刘渊手下,并逐渐掌握了军权。羽翼丰满之后,他便想自己成就霸业,统一北方,自立为王。

如果要统一北方,石勒必须要清除的两股力量就是西晋的并州刺史刘琨和幽州刺史王浚。当时,王浚虽然名义上是西晋的大臣,但自己却像朝廷一样设置百官,骄奢淫逸,石勒把吞并的矛头首先对准了他。于是,他与谋士张宾计议此事。张宾说:"王浚仗着自己的力量强大,虽然表面上自称是晋朝的地方大员,但实际上怀有叛逆之心。因此,他必然想有英雄豪杰与自己齐心协力,共图大业。将军您威声震于海内,就当今的形势看,您如果到哪个国家,哪个国家就能存;如果背离哪个国家,哪个国家就要亡;您所在的国家一定会强大,所离开的国家一定会削弱。王浚现在企盼您,就像当年楚霸王想要招韩信一样。如果咱们现在仅仅像一般人所做的那样派个使者到他那里去通好,看不出有诚心诚意的表现,反而会使他心生猜疑,暴露出想要对他有所图谋的意图,即使日后有奇略,也无所施展了。自古成就大事的人一定要先自甘卑下,我们应当向王浚自称藩属,推奉他为君主。即使这样做尚且怕难取得他所信任,更何况像当初晋朝和东吴对立时羊祜和陆抗一样只是互通书信呢?"石勒说:"您分析得很在理啊!就按您的意思办吧。"

　　于是,石勒便派舍人王子春和董肇等带着奇珍异宝等丰厚的礼物,上表推奉王浚为天子,说:"石勒我本来是个不值一提的胡人,是边远的戎族的后裔,正赶上晋朝朝纲废弛,天下饥荒战乱,流离困顿,为了活命流窜到冀州,不过想互相聚集以保存性命罢了。如今晋朝的福祚已经沦夷,远传吴、会,中原没有了主人,苍生失去了依靠。明公殿下您是地方上的显贵望族,四海推崇仰望,当今天下可以为帝王的,除了您还能有谁呢?石勒我之所以捐弃身家性命,兴义兵除暴乱的原因,正是为明公您驱除祸患障碍。希望殿下您能够应天顺时,践登帝位。石勒我愿意如天地父母般奉戴明公。明公您应当体察我的一片心意,像对待儿子一样慈爱地对待我。"在给王浚上表送礼的同时,石勒还给他手下的枣嵩等人都写了信并送了厚礼。

　　王浚接到石勒的表章,对王子春等人说:"石公是当今之世的英武豪杰,占据了赵国的旧都,与我成鼎峙之势,为什么贬低自己对我自称藩属呢?难道这可以相信吗?"王子春回答说:"石将军英才盖世,兵马强盛,确实如您所说。他所希望的是凭借明公您的高贵的声望,能够使自己代代都可以稳据一方,威名远播天下,让四方的胡、越、戎、夷等民族都敬仰他的风范,歌颂他的功德,难道他会为了占据了一块巴掌大的小地方而敢于不对您俯首听命吗?当初陈婴不称王难道是因为鄙视王位吗?韩信不称帝是因为菲薄帝名吗?都不是,只不过是他们知道帝王是不能够仅仅靠智慧和力量去争取的罢了。石将军与明公您比起来,就如同月亮之比太阳,江河之比海洋。项羽、子阳的前车之鉴还在。

这是石将军的见识超群的结果,明公您有什么可奇怪的呢?况且自古以来,身为胡人而成为名臣的人却是有的,但成为帝王的人从来没有过。石将军并不是因为厌恶帝王的位子而把它让给您,只是考虑到如果自己取得了天下一定不会得到上天和人民的许可罢了。请您不要有所怀疑。"王浚听后大喜,封王子春等人都为列侯,派遣使者回报石勒,并用地方土产报答石勒的厚礼。王浚的司马游统当时镇守范阳,暗地里打算背叛王浚,派遣使臣来向石勒请降。石勒杀掉了来使,并送给王浚,以表自己的诚意。王浚虽然没有惩罚游统,但更加相信石勒的忠诚,不再产生任何怀疑了。

王子春等与王浚的使者来到时,石勒命令把精锐的士卒和精良的武器都藏匿起来,向来使展示空虚的府库和羸弱的军队,向北面拜谒使者并接受了王浚的书信。王浚送给石勒一支麈尾,石勒假装根本不敢用手去碰的样子,将其挂在墙上,每天早晨和晚上都要对其叩拜,说:"我见不得王公,看见王公赐给我的东西就像看到了王公一样。"他又令董肇再一次奉表到王浚那里去,希望亲自到幽州去奉王浚为帝。同时给枣嵩写了一封信,请求担任并州牧、广平公,以显示对王浚的万分忠诚。

石勒将要吞并王浚,详细地向王子春询问幽州的情况。王子春说:"幽州自从去岁的水灾之后,百姓们的粮食颗粒皆无,王浚囤积了上百万石的粮食,却不拿出来抚恤百姓。他的刑罚严酷苛刻,赋税徭役繁杂沉重。他还残害贤良之士,驱逐进谏之臣,百姓不堪忍受,流离叛乱殆尽。鲜卑、乌丸在外离心离德,枣嵩、田矫在内贪暴蛮横,弄得人心沮丧纷乱,士兵羸弱疲敝。王浚不但看不到自己的内忧外患,反而仍然建造台阁,设置百官,自称汉高祖刘邦、魏武帝曹操都不足以和他相提并论。并且,幽州有一些谣言非常怪异奇特,听到的人都非常寒心,王浚却泰然自若,从来没有害怕的意思。这些都表明,他离灭亡不远了。"石勒听后抚几大笑,说:"王浚现在真的要被我擒获了。"王浚派到石勒处的使者回到幽州,把从石勒那里看到的形势衰弱,热情款待,毫无二心等情况向王浚一一禀报。王浚非常高兴,认为石勒很可信。

石勒集合士兵约定日期,准备袭击王浚,但由于害怕刘琨和鲜卑、乌丸等为其后患,一直处于犹豫不决之中。张宾进言说:"凡是袭击敌国这样的事情，都讲究出其不意。现在我军军令这么长时间还没有传达下去，难道您是对三方有顾虑吗？"石勒说："是这样，我们应该怎么办呢？"张宾说："王浚占据幽州，原本倚仗着三部的力量，如今三部都已经离叛了他，并且相互之间成为了寇仇，这样的话他们外面就没有什么援兵可以抵抗我们了。目前幽州正处于饥荒之中，人人都以野菜度日，王浚众叛亲离，士卒又少又弱，这样的话他们内部也就没有强兵可以与我们对抗了。我们的大军如果到达了他的郊外，他的势力必将土崩瓦解。如今三方不需平定，将军您就可以行军千里征伐幽州了。我们如果轻军往返幽州，用不了二十天。即使这期间三方有所行动，我们很快就能赶回来。军事行动应当抓住时机迅速出击，不要贻误了战机啊。况且刘琨和王浚虽然名义上都是晋朝的藩属，实际上却是仇敌。我们如果写一封信送给刘琨，送去人质向他请和，刘琨一定非常乐意能够与我们合作，庆幸王浚被消灭，不会为了救王浚而袭击我们。"石勒说："我所不清楚的事情，您都已经为我考虑清楚了，我还有什么可疑惑的呢！"

于是石勒率军轻骑袭击幽州，晚上也要执着火把行军。大军到了柏人，杀了主簿游纶，原因是他的哥哥游统在范阳，怕他泄漏了行军的计划。同时派张虑去给刘琨送信，信中说自己曾经犯过很深重的错误，现在要通过讨伐王浚这个行动来将功补过。刘琨因为平日里非常憎恶王浚，所以接到石勒的书信后就下令所属各州郡，说石勒翻然悔悟，改正了多年的错误做法，希望能够攻克幽都，为将来的出路立些功勋，现在我们要接受他的请求，各州郡要接受命令与他和解。石勒的大军到达易水，王浚的督护孙纬派人快马禀报王浚，并打算率兵抗击石勒，本来就想投靠石勒的游统阻截了他。王浚手下的将佐听说石勒前来进犯之后，都请求出去迎击，王浚却怒斥他们说："石将军这次前来，是为了拥戴敬奉我，谁再说迎击则斩首！"于是命人设下酒宴等待石勒的到来。

石勒早上到达了城下，喝令守门的士兵开门。大门打开之后，他害怕会有伏兵，先驱赶着牛羊数千头，声称作为见面礼，实际上是为了堵塞街巷，即使有伏兵也让他们出不来。王浚这时才开始害怕，紧张得坐立不安。石勒带兵进入王浚的府第，命甲士抓住王浚，押到了自己面前，让徐光责备王浚说："你身为晋朝的重臣，位列上公，占据着幽州这样的兵强马壮之地，跨越燕地这样的骑兵骁勇之乡，手握强兵，坐观京师倾覆,不去解救天子,还打算自己称帝。你又专门任用奸暴之徒,杀害忠良,放纵私欲,肆无忌惮,整个燕地备受你的荼毒。是你自己把你自己弄到了今天这个地步,并不能责怪天意不公啊!"

占领幽州之后,石勒命人把王浚押到他的根据地襄国,将其斩首示众。

石勒兵不血刃占领幽州,活捉王浚,正是采用了"笑里藏刀"之计,在敌军懈怠麻痹之际,出其不意将他擒获,以最小的代价取得了军事行动的胜利。宋朝时,杜杞擒获蒙赶,与石勒擒获王浚有异曲同工之妙。

1044年,广西思恩人区希范率众发动叛乱,扬言:"若得广西一方,当建为大唐国。"后来有一个算命的人告诉他"贵不过封侯",于是他推白崖山的少数民族首领蒙赶为帝,他的叔叔区正辞为奉天开基建国桂王,区希范自己为神武定国令公、桂州牧,区丕绩为宰相,设官分职,与北宋朝廷分庭抗礼,人马发展到几千人。

正月十三日,区希范率众五百攻破环州,夺走州印,焚毁积蓄,接着又占领带溪砦、镇宁州及普义砦,"岭外骚然"。朝廷派杜杞等人前去征剿。杜杞到了广西,先以书信的形式进行劝降,承诺只要反叛的人"改过自新",就免于追究,但没有一个人前来归顺。接着他派一些士兵和释放的囚犯深入少数民族居住的山区进行劝说,也没有能够达到目的。于是,杜杞下令派兵进攻,先后攻破白崖、黄圯、九居山砦及五峒,焚毁叛军的积蓄,斩首百余级,收复环州。区希范退守荔波洞,并时而出来进行骚扰,宋军一时没有好办法取得胜利。

1045年年初,杜杞派摄官区晔、进士曾子华、宜州校吴香等人深入叛乱的少数民族居住的地区,诱使他们出降。蒙赶被他们说动了心,带领几百人往宜州向杜杞投降。杜杞对手下将佐说:"叛贼因为处境艰难才来向我们投降,对于他们来说,用武力制不服他们,给他们恩德他们又不会感激,所以才屡次叛乱,不如把他们都杀掉算了。"于是,杜杞命人杀牛宰马,大排筵宴,装出对于蒙赶的来降非常高兴的样子,并郑重其事地与他们盟誓。暗地里,他让人将具有很强的麻醉作用的曼陀铃花放在酒中,投降的人喝过酒之后都失去知觉,昏醉过去,结果没有任何抵抗就都成了俘虏。经过这次失利,叛军的实力大为削弱,正月初七,区希范也被俘于荔波洞古绾寨。叛乱平定之后,所获俘虏绝大部分被处死。

杜杞运用"笑里藏刀"之计,麻痹对手之后出其不意给予了致命一击,从而取得了决定性的胜利。13世纪蒙古大军征伐钦察的过程中,也使用了此计,从而轻而易举地征服了钦察部落。

1219年,成吉思汗命令哲别和速不台征伐钦察。他们率军绕过宽田吉思海,越过太和岭,来到钦察的控制地区。钦察首领玉里吉听说成吉思汗的大军来了之后,急忙整顿人马御敌。蒙古军队虽然骁勇善战,但是,一来由于长途跋涉,人马疲惫,二来由于劳师远征,地形不熟,所以交战之初屡屡失利。

几次交战都没有占到便宜,哲别和速不台连忙考虑对策,打算进行智取。他们派人来到钦察军中,对玉里吉说:"我们和你们本来就是同族,所以没有伤害你们的意思。我们这次前来并不是想与你们为敌的,而是西征路过这里,听说这里有个强大的部落,所以打算过来通好,没有想到引起了误会。请不要怀疑我们,我们双方还是罢兵吧。"玉里吉信以为真,于是主动退兵示好,不再紧逼,挥兵退去。哲别和速不台见玉里吉退兵,赶紧带领人马逃出了危险的区域。他们二人登上高处,还可以隐约看到钦察的旗帜,他们商量说:"敌人听信了我们的假话,现在已经撤退了,我们何不乘其不备,挥军掩杀呢?这样一定会大获全胜。"于是,他们急忙集结军队,在后紧紧追赶。

钦察军队相信了哲别和速不台的军队对自己没有敌意,因此在退兵时毫无防备,蒙古军队从后面突如其来,他们顿时惊惶失措,死伤惨重,玉里吉也在此役中阵亡。

"笑里藏刀"之计,关键在于如何使敌人放松警惕,从而掩盖自己的意图。如果这一点做得好,就能够成功,反之就会失败。在政治斗争中,"笑里藏刀"也经常被采用,而且常常是李义府这样的奸臣的拿手好戏。

明朝嘉靖年间,夏言为朝廷的重臣,深为皇帝所器重。当夏言已经担任了礼部尚书时,严嵩还在翰林院任低级职务,他打听到夏言与自己是江西同乡,就想利用老乡这层关系,设法去接近夏言,用他作为自己往上爬的阶梯。但因为两人并不相识,严嵩几次前往夏府求见,都被轰了出来。

严嵩却不因此而死心,他准备了酒筵,亲自到夏府去邀请夏言。夏言根本没有把严嵩放在眼里,推辞不见。严嵩就在堂前跪下来,一遍一遍地高声朗读自己带来的请柬。夏言终于被感动了,开门将严嵩扶起,慨然赴宴。严嵩特别珍惜这次来之不易的机会,在宴席上使出浑身解数取悦夏言,给夏言留下了极好的印象。从此,夏言很器重严嵩,一再提拔他,一直把他提拔到礼部左侍郎,获得了可以直接接近皇帝的机会。几年之后,已升任内阁首辅的夏言又推荐严嵩继任礼部尚书,位达六卿之列。夏言甚至还曾经向皇帝提出,将来让严嵩为首辅位置的接班人。至此,严嵩仍然不露一点锋芒,对夏言还同原来一样俯首帖耳,耐心地等待时机。但是,他一直在暗中寻找、制造机会,企图将夏言一下子打倒。

　　嘉靖皇帝迷信道教。有一次,他命人制作了五顶香叶冠,分别赐给几位宠臣。夏言一向反对迷信活动,不肯接受。而严嵩却在皇帝召见时,不但把香叶冠戴上,还在外边郑重地罩上轻纱。皇帝对严嵩的这一举动非常满意,却对夏言大为不满。为了讨得上天的欢心,在嘉靖皇帝眼里,写青词竟然成了一件头等的政治大事。所谓青词,就是用朱笔把歌颂玉皇大帝的赞词,写在青色的符纸上,在祭坛上焚化,天上的玉帝接受了这些谄媚讨好后,就会发善心,降下福祉来。嘉靖皇帝对此特别重视,青词写得好坏,是他挑选大臣的重要标准之一。而严嵩与夏言比起来,在撰写青词方面也让皇帝颇为满意。于是严嵩抓住这个机会,在写青词方面大加研究;同时还迎合皇上心意,积极配合他的道教迷信活动。皇帝越来越满意严嵩而疏远夏言了。

　　严嵩看到皇帝对夏言越来越不满,知道时机已到,马上一改往日的谦卑,勾结皇帝所宠幸的道士陶仲文,一起在皇帝面前添油加醋地说夏言的坏话。一天,严嵩单独去见嘉靖皇帝,皇帝与他谈及夏言,并且询问起他们二人之间的关系。皇帝这一漫不经心的询问,似乎勾起了严嵩的满腹委屈,严嵩马上全身颤抖,匍匐在地,放声痛哭。皇帝见一个六十多岁的老头子哭得如此伤心,心想他一定有莫大的冤屈,于是连连催问。看见皇帝对自己产生了怜悯,严嵩反而哭得更厉害了。皇帝一见此情此景,一边好言安慰他,一边鼓励严嵩有什么话大胆说出来,自己替他做主。这时,严嵩才渐渐止住哭声,将平时所搜集到的所谓夏言的种种罪状,添枝加叶地一一列举出来。一直说到嘉靖皇帝勃然大怒,立刻下令,罢免夏言的一切官职,由严嵩取而代之。

在中国人的观念中,"笑里藏刀"是一个贬义词,都是阴险狡诈之辈采取的手法。的确,在军事斗争之外的领域,尤其是在人际交往之中,"笑里藏刀"的人确实可恶、可憎。然而,"笑里藏刀"作为军事斗争中的计谋,其含义与其原始意义又不完全相同,特别是其中包含的积蓄力量、寻找时机的思想,有着一定的可取之处。

顺治皇帝去世时,因为康熙皇帝年龄还小,所以遗诏要索尼、苏克萨哈、遏必隆和鳌拜等四位大臣辅政,协助处理国家大事,稳定朝中的局面。四位辅政大臣中,鳌拜虽然列于最后,但实际上最有实权。当时,索尼已经年老,虽列首位,但不能制约他人;遏必隆怯弱,追随依附鳌拜;苏克萨哈资历浅、威望轻,虽有心与鳌拜争权,但力不从心。鳌拜自以为战功最多,专横跋扈,言行无所顾忌,上欺幼帝康熙,下压朝中文武,军国大事由他一人独断,广植私党,残害异己。就连康熙也怨声叹道,鳌拜"上违君父生托,下则残害生民,种种劣迹,难以枚举",所以决心除掉他。

康熙即位时年仅八岁,但他十分聪明,对朝中的各种事情看得很清楚。他知道,鳌拜遍植党羽,控制着朝中大权,如果自己表现得聪明睿智,就可能引起鳌拜的不安,甚至有生命危险。只有故作软弱,麻痹鳌拜,使他放松警惕,自己才能在暗中积蓄力量,等待时机,铲除鳌拜。

1667年,康熙已经十四岁,依照规定,应当可以开始亲政了。这时候,他对鳌拜采取欲擒故纵的计策,给鳌拜父子分别加封为"一等公"、"二等公",以后又分别加了"太师"、"少师"的封号。然而,对于康熙来说,加封鳌拜父子仅仅是一时的权宜之计,不过是一种假象。康熙是不甘做傀儡皇帝的。到1669年,鳌拜自恃位高权重,经常借口有病不上朝。康熙就亲自去探望他,有一次,御前侍卫发现鳌拜神色反常,便迅速走到鳌拜床前,揭开席子发现一把匕首,鳌拜见此情景十分紧张,康熙却故作天真,装做若无其事地笑笑说:"刀不离身是满人的习惯,不值得大惊小怪!"当场稳住了鳌拜。

在对待鳌拜的问题上,康熙表现出很大的忍耐心。有时候,还做出一些出色的表演,以显示自己无能。其中,最典型的一件事就是"圈地事件"。圈地制度源于入关前太祖、太宗把战争中掠夺的土地、人口分给王公贵族的惯例。诸王、勋臣、兵丁任意圈占,圈到哪里,田主被逐出,就连室内的所有物品,都被圈地者抢占。这种制度不利于经济的发展及社会的稳定,破坏了农业生产的正常进行。顺治四年,清政府就下令废止圈地制度。多尔衮摄政时,曾把镶黄旗应分得的土地,给了正白旗,把保定、涿州等地较为贫瘠的土地分给了镶黄旗。现在镶黄旗的鳌拜掌权,不顾禁令,要求将两旗土地重新更换过来。鳌拜这种倒行逆施,不得人心。辅政大臣苏克萨哈、户部尚书苏纳海、直隶总督朱昌祚、保定巡抚王登联等大臣都认为这样做违反禁令,就是鳌拜所在的镶黄旗的旗民也不愿意离开生活了二十多年的故地。但是,鳌拜不顾大家的反对,倚仗权势,强行换地,结果使大批人民失去土地,生活无着,很多土地被抛弃撂荒。负责圈换土地的户部尚书苏纳海和朱昌祚、王登联因反对换地,引起鳌拜不满。鳌拜决心拔掉这几颗眼中钉,就对康熙说,这几个人"阻挠国事,统是目无君上,照例应一律处斩"。康熙于是在征求了其他辅政大臣的意见后,将三人交刑部议罪。鳌拜又矫旨将苏、朱、王三人斩首。苏、朱、王三人是忠臣,他们的意见正确,康熙帝对此是知道的。但此时鳌拜势力大,不能与他反目,只能强忍,使忠臣含冤。

在对待苏克萨哈的问题上,康熙同样采取了故意示弱的策略。索尼死后,遏必隆追随鳌拜,四大辅臣中只有苏克萨哈与鳌拜政见不合。鳌拜决心整倒苏克萨哈。为了达到目的,鳌拜首先到议政王处活动。当时议政王中,以康亲王杰书威望较高,但他对鳌拜也非常惧怕。鳌拜见了杰书,要他听自己的命令办事,康亲王杰书唯唯听命,马上给皇帝写了奏书。在奏书中,杰书写道:苏克萨哈身为辅政大臣,却欺藐主上,心怀奸诈,存蓄异心,按律应将官职尽行革去,凌迟处死,株连九族。按清朝惯例,凌迟处死,是大逆不道的处分,苏克萨哈有何罪可以凌迟处死,并且还要灭族呢?康熙帝看了,十分惊异,他召康亲王杰书及遏必隆、鳌拜等人入内计议。康熙帝表示不准奏。鳌拜大怒,攘臂向前,欲以老拳相向。康熙吓得惊恐失色,便支吾道:"就是要办他,也不应凌迟处死。"鳌拜说:"即使不凌迟,也应斩首。"康熙帝战栗不答,杰书同遏必隆参而未议,最后定了绞决。

这是一次很好的表演,鳌拜看康熙帝如此软弱无能,吓得惊恐失色,浑身战栗,觉得这个少年太容易控制了。因此使康熙帝生命受威胁的危险性小了。按理说,像康熙帝这样的人,看惯了上层斗争的刀光剑影,即使鳌拜攘臂向前,他也不会惊恐失色。只能说明,为了除掉鳌拜,他早已做好了准备,胸有成竹。

事实正是如此,不久,康熙帝就加封鳌拜为一等公,鳌拜更加放心了。康熙的计谋取得了成功,上上下下都认为康熙太软弱,难以与鳌拜抗衡。康熙知道,如今政权已被鳌拜控制,御林军也被鳌拜掌握,因此,康熙必须慎重。于是,他从侍卫中选取了一批身强力壮者,以练习摔跤的名义组织了一支能为皇帝拼死效忠的少年亲信卫队,每天在宫中进行练习,在鳌拜入朝奏事时也不回避。鳌拜不但没有起疑心,反而认为康熙贪玩,没什么大志,心里更加坦然,不加戒备了。

康熙八年的一天,康熙以下棋为名,召索尼的儿子吏部侍郎索额图入宫,谋划擒拿鳌拜之计。这时,练习摔跤的侍卫武艺日渐进步,已有足够的力量擒拿鳌拜。于是,康熙帝单独召鳌拜入见,事先已将侍卫埋伏在两侧。鳌拜毫无戒备,欣然前往,到了内廷,见了康熙皇帝,依然挺胸昂头、盛气凌人地走到康熙帝面前。康熙厉声喝道:"左右与我拿下!"一班少年侍卫一拥而上,将鳌拜擒获,押入大狱。皇帝命康亲王杰书等审问,列出鳌拜主要罪行三十款,并经康熙帝亲自过问,逐一落实。朝廷大臣议决应将鳌拜及其亲子兄弟革职、立斩,妻并孙为奴,家产籍没,其族人有官职及在护军者,均应遣退,各鞭一百。康熙帝则考虑到,鳌拜是顾命辅臣,且有战功又效力多年,不忍加诛。最后定为革职没籍,与其子俱予以终身禁锢,后来鳌拜死于狱中,儿子纳穆福获释放。

《鬼谷子》中说,要想排挤一个人,就要先纵容他为所欲为,然后再擒之灭之。分析康熙与鳌拜的较量我们可以发现:鳌拜虽出身将门,青年时代即驰骋沙场,技艺超群,勇武善战,多有战功,但他的确只不过是一介武夫,并不善于政治斗争。往往武夫出身的人,比较直爽,敢作敢为,但缺乏计谋,鳌拜正是这样的人。以他当时的势力,除去康熙易如反掌,但他没有这样做,他根本没把康熙放在眼里。与鳌拜相比,康熙少年天子,拼枪拼刀都不如鳌拜,鳌拜辅政八年,树大根深,要除掉他实在不易。中国传统哲学讲究以柔克刚,康熙正是利用这一道理。他利用自己年少,故意表现出好玩,政事无主见,胆怯等弱点,对鳌拜一再退让,以消除他的戒心,鳌拜果然上当受骗。

第十一计　李代桃僵

势必有损,损阴以益阳①。

按:我敌之情,各有长短②。战争之事,难得全胜,而胜负之决,即在长短之相较。乃有以短胜长之秘诀。如以下驷敌上驷,以上驷敌中驷,以中驷敌下驷之类③。则诚兵家独具之诡谋,非常理之可推测也。

【译文】

如果一定要有所损失,就要尽量通过局部的损失来使全局获得优势。

按语:敌我双方力量的对比,各有优势和劣势。通过军事斗争争夺利益这样的事情,很难达到一方完全压倒另一方的全胜状态,而双方的胜败的最终结果,就在于优势和劣势的较量。在较量中,也有以劣胜优的诀窍。就像孙膑赛马一样,用自己的下等马与对方的上等马比赛,用自己的上等马与对方的中等马比赛,用自己的中等马与对方的下等马比赛。这是兵家所独有的处理问题的谋略,不是一般的推理所能理解的。

【注释】

①损阴以益阳:"阴"、"阳"这里指局部和全局。

②长短:指优势和劣势。

③以下驷敌上驷,以上驷敌中驷,以中驷敌下驷:这里所举的事例是战国时期孙膑关于赛马的理论。《史记·孙子吴起列传》记载:"忌数与齐诸公子驰逐重射。孙子见其马足不甚相远,马有上、中、下辈。于是孙子谓田忌曰:'君弟重射,臣能令君胜。'田忌信然之,与王及诸公子逐射千金。及临质,孙子曰:'今以君之下驷与彼上驷,取君上驷与彼中驷,取君中驷与彼下驷。'既驰三辈毕,而田忌一不胜而

再胜,卒得王千金。"驷,古代一车套四马,因此以"驷"称驾一车之四马或四马所驾之车,也泛指马匹。上驷、中驷、下驷,分别指上等马、中等马和下等马。

【评解】

计名出自《乐府诗集·相和歌辞三·鸡鸣》:"桃在露井上,李树在桃旁,虫来啮桃根,李树代桃僵。树木身相代,兄弟还相忘!""李代桃僵"原指以桃李能共患难,比喻弟兄应能同甘苦。而作为军事斗争的计谋,则是指能够通过小的损失获取大的利益。

在中国,"赵氏孤儿"的故事家喻户晓,故事中,程婴和公孙杵臼就是利用"李代桃僵"的方法,从而在仇人严加搜查的情况下保存了赵氏的血脉。

晋景公三年,司寇屠岸贾打算诛杀相国赵盾的后代和家人。将军韩厥听到消息,急忙告诉赵盾的儿子赵朔,劝他赶快逃走。赵朔不肯,说:"只要你能替我保存下后代,我即使死了也没有什么遗憾了。"韩厥答应了他的要求。不久,屠岸贾果然下手了,率领大军包围赵朔的下宫,将赵朔、赵同、赵括、赵婴齐,以及赵家三百多口老老少少,全部杀死。

赵朔的妻子是晋国国君的姐姐,已经怀有几个月的身孕,赵家蒙祸时,她躲进了王宫,才幸而免祸。

赵朔有个门客,名叫公孙杵臼。赵朔被害之后,公孙杵臼对赵朔的好朋友程婴说:"赵朔生前和你的关系那么亲近,对我们那么好,现在他遇难了,咱们为什么不为他殉难而死呢?"程婴说:"赵朔的妻子有一个遗腹子,我想等孩子出生。如果是个男孩,我打算把他养大;如果是个女孩,我们再死也不迟。"过了不久,赵朔的妻子生下孩子,是个男孩。屠岸贾听说之后,带人到宫中搜查,打算彻底斩草除根。夫人将孩子藏起来,他们没有搜到。

屠岸贾走了之后,程婴对公孙杵臼说:"今天他没有搜到,肯定还会再来,这样迟早会被他找到,我们该怎么办?"公孙杵臼说:"将孤儿抚养成人和死比起来,哪个更难?"程婴说:"当然是死容易,将孤儿抚养成人难。"公孙杵臼说:"孩子的父亲对你非常好,那你就勉为其难吧;我来做更容易的事情,请让我先死。"

于是,两个人经过精心的谋划,找来一个和赵氏孤儿出生时间差不多的孩子,藏在山中。然后,程婴出来,对屠岸贾及其手下的众人说:"程婴我没有本事,不能将赵氏孤儿抚养成人。谁能给我一千两金子,我就告诉他赵氏孤儿的下落。"屠岸贾等人听了大喜,答应了他提出的要求,然后派了一支军队跟随程婴一起到山中寻找公孙杵臼和赵氏孤儿。程婴等人来到之后,公孙杵臼装出非常气愤的样子,大骂程婴,说:"程婴啊程婴!你真是个小人啊!当初下宫之难中你不肯一起殉难,与我一起谋划藏匿赵氏孤儿,现在你又出卖了我。即使你不能把他抚养成人,难道就忍心出卖我们吗?"接着,他又抱起孩子大呼道:"苍天啊!苍天啊!赵氏孤儿有什么罪过啊?请让他活下来吧,把我公孙杵臼杀了还不行吗?"屠岸贾一伙当然不会只杀掉公孙杵臼而留下赵氏,于是一拥而上,把他们都杀掉了。他们以为赵氏孤儿真的已经死了,都非常高兴。事实上,真正的赵氏孤儿被程婴带着,一起藏进深山里去了。

过了十五年,赵氏孤儿长大,取名赵武。韩厥借机把当初赵家的冤情和赵氏孤儿的情况都告诉了晋景公。晋景公与韩厥计划重新立赵氏孤儿为赵朔的继承人,于是派人把孩子找来,藏在宫中。然后,以进宫探望晋景公的病情为命,召集原来和屠岸贾一起攻杀赵氏的诸将来宫中,晋景公于是命令韩厥手下的将士控制了诸将,让他们拜见赵氏孤儿。诸将不得已,纷纷开脱说:"当初围攻赵家的下宫之难,都是屠岸贾指使。他假传君命,我们才和他一起去杀害赵朔一家。如果不是这样,谁敢做这种大逆不道的事情!现在我们愿意一起立这个孩子为赵家的继承人。大王您的命令,其实也正是我们愿意做的。"于是,这帮人又与程婴、赵武一起进攻屠岸贾,将他满门全部杀掉。晋君又下令将原来赵朔的封地全部交给赵武。

有句谚语说:谁笑到最后,谁笑得最好。在军事斗争中,最后的结果是最重要的,有时候尽管过程中会出现很多波折,或者不得不采取退让的态度,但只有取得了最后的胜利,才能说明军事行动成功了。否则,过程中再辉煌,如果最后功亏一篑,也是毫无意义的。而要取得最后的胜利,就不要拘泥于一时一事的得失。

武则天当政的时候,礼部尚书狄仁杰等五人被来俊臣诬陷控告。来俊臣是当时有名的酷吏,为了使被诬陷的人认罪,他不但善于使用各种酷刑,而且为了引诱被控告的人自己主动承认罪状,他规定,只要一审问就马上承认罪状的,就可以等同于自首,从而可以从轻判罪。

第一次提审狄仁杰,狄仁杰就马上招认说:"大周改朝换代,一切都是新的。但我因为是唐室的旧臣,所以甘心顺从他们反叛,反周是事实。"狄仁杰老老实实地就承认了自己的罪状,来俊臣对他的防范就松懈了。

狄仁杰承认了谋反的罪行,司法官将择日行刑,不再对他严加提防。狄仁杰趁机向准备自述罪状的人借来笔砚,写了一张诉状,缝在棉衣中,然后对看守的人说:"现在天气热了,我想让家人拿走棉衣,去掉里面的棉花。请大人恩准。"看守的人报告上去,没有人对此表示怀疑。狄仁杰很轻松地便将诉状交给了家里人。家中得到衣服中的诉状,狄仁杰的儿子马上拿着到武则天处告状,武则天召见了他。

武则天看了狄仁杰的诉状,心中产生了怀疑,就召来俊臣问道:"你说狄仁杰等已经认罪,现在他的子弟为什么又来喊冤呢?"来俊臣一听,回答说:"他们这种人怎么会主动伏法呢?但是狄仁杰确实已经认罪了,不过他现在在狱中,我对他非常关照,没有去掉他的衣帽,让他仍然穿着原来的衣服,在卧室里住得很安逸。"武则天又问:"全案所有的人犯都供认了吗?"来俊臣说:"只有魏元忠一人还没有招供。"武则天一面令人继续审问,一面派人暗中察访。

这时候,中书侍郎乐思海有个八九岁的儿子,他们全家都已经被抓了起来,因为上书陈述情况,得到了武则天的召见。这个孩子一见到武则天,就说:"我的父亲乐思海其实没有什么过错,而是受了来俊臣等人的欺弄。"武则天心想:"这么大的一个孩子,居然就知道来俊臣,其中一定有什么蹊跷。"于是,她一面命他暂退,一面命内侍到狱中,召见狄仁杰等人。

狄仁杰一见到武则天,就大呼冤枉。武则天问他:"既然你有冤枉,为什么还认罪了呢?"狄仁杰说:"如果我不承认,现在早已死在酷刑之下了。"武则天又问他:"那你为什么写了谢死奏章呢?"狄仁杰一听感到很奇怪,急忙说:"绝无此事。"武则天于是让狄仁杰看他写的奏章,才知道上面是有人代他签的名,奏章是来俊臣伪造的。于是,武则天下令,释放了狄仁杰等五家。

狄仁杰很了解武则天的心理,知道她一方面大杀李姓忠臣,另一方面又知人善任,对顺从自己的人加以保护。同时,他也了解酷吏审讯的一贯做法,所以采用了先保命,令其松懈,然后再寻找机会申诉的策略,终于使自己的冤屈得以洗刷。人总是有遇到挫折和危险的时候,当用强力无法扭转局面的时候,像狄仁杰这样先退一步,为长远的目标做打算的行为,是很有借鉴价值的。

"李代桃僵"这条军事斗争中的计谋对于现实生活来说,还有更深一层的意思。孟子曾经说过:"鱼,我所欲也;熊掌,亦我所欲也。二者不可得兼,舍鱼而取熊掌者也。生,亦我所欲也;义,亦我所欲也。二者不可得兼,舍生而取义者也。生亦我所欲,所欲有甚于生者,故不为苟得也。死亦我所恶,所恶有甚于死者,故患有所不辟也。"由于各种现实条件的约束,一个人在现实中不可能什么追求都能够实现,如果遇到必须选择一种同时又要放弃其他的时候,就应当知道哪种选择是更合理的、更符合自己的追求和目标,更具有全局意义和长远意义的。

吕不韦起初是战国末年的大商人,靠来往贩卖货物成为富豪,积累了上千金的家产。在古代,商人虽然有钱,但地位低下,被人看不起。吕不韦有了钱之后,便开始考虑提高自己的身份和地位。

公元前267年,秦国的太子死了。两年后,秦昭王的次子安国君被立为太子。战国时候,诸侯们虽然相互之间连年征伐,但为了假装信任,又常常交换公子作为人质。安国君有二十多个儿子,其中有一个叫子楚的,安国君平时不太喜欢他,子楚就被作为秦国的人质送往赵国。由于秦国多次进攻赵国,子楚在赵国也得不到尊重。

吕不韦在邯郸做生意时,见到了生活处境困窘的子楚,他想:"这可是个难得的奇货,现在囤积起来,以后一定可以卖个高价。"于是,他前去求见子楚,对他说:"我能打开你的成功之门!"

子楚知道他只不过是个商人,笑着说道:"你先打开你自己的门吧,却说什么打开我的成功之门!"

吕不韦说:"只有先打开你的门,才能打开我的门。"子楚明白了他的意思,便拉他坐下来密谈。

吕不韦说:"秦王现在已经老了,您的父亲安国君被立为太子。听说安国君宠幸华阳夫人,能立嫡出的继承人的,只有华阳夫人,而华阳夫人没有儿子。你们兄弟二十多人,你排行居中,又不受宠,长期被派往诸侯国做人质。即使有一天大王薨了,安国君被立为王,你也没有希望与在国内的其他兄弟争夺太子。"

子楚听了他的分析,伤感地说道:"正是这样,我应该怎么办呢?"

吕不韦说:"你客居于此地,又很穷,拿不出什么东西来结交宾客,我虽不富裕,愿用千金帮助您去游说安国君和华阳夫人,说服他们立你为继承人。"

子楚感动地道:"事成之后,愿意与君共享秦国。"

于是,吕不韦将五百金留给子楚,让他用此做费用结交宾客。再用五百金购买了一些奇珍异宝,自己带着它们西行进入秦国。

吕不韦到了秦国之后,先见到华阳夫人的姐姐,通过她引荐,把赏玩之物全部献给了华阳夫人。吕不韦见到华阳夫人,对她说:"公子子楚有德行有才智,结交的诸侯宾客遍及全国。常听他在人前说:'夫人在我眼中就像天一样尊贵,我在赵国日夜哭泣着想念太子和夫人。'"

华阳夫人听说子楚如此孝顺,非常高兴。吕不韦趁机让她的姐姐劝夫人道:"我听说,以姿色伺候别人,一旦容颜减弱,宠幸也就随之减弱。现在夫人受太子的宠爱,但没有儿子,不如早做打算,从诸子中选一个既贤能又孝顺的,作为自己的养子,立为嫡嗣。这样,丈夫活着时受到尊重,丈夫去世后,自己的养子登上王位,也不会失去权势。如果不在盛年时立下根基,等容颜减弱,不受宠爱时,即使想说句话,能办得到吗?现在既然子楚有德行,而自己排行居中,按次序不能立为嫡嗣,他生母又得不到宠幸,自愿依附于您,您如果真的在这个时候立子楚为嫡嗣,您便一生都可在秦国得宠。"

华阳夫人认为她说得很对,就着手进行这件事情。趁安国君闲暇时,她慢慢提起被送往赵国做人质的儿子子楚,说来往的人都赞扬他颇有德行。接着,她又流着泪说道:"我有幸受到太子宠幸,可不幸没有子嗣,希望把子楚立为嫡嗣,以便日后有个依靠。"安国君觉得她说得有理,答应了她的要求,并刻了一个玉符,作为凭证,立约以子楚为嫡嗣。安国君和华阳夫人又馈赠了子楚丰厚的财物,请吕不韦到赵国教导他。

吕不韦回到赵国后,在邯郸选了一个美女,自己留在身边,知道她已有身孕后,就请子楚来饮酒。子楚见了这个美女,一下子就喜欢上了她,于是起身为吕不韦敬酒,要求将这个美女赏给他。吕不韦起初装出非常生气的样子，但最后，还是把这个美女给了子楚。美女隐瞒了自己已有身孕的事实，后来生下一个男孩，这个男孩就是嬴政，后来的秦始皇。

公元前251年，秦昭王去世，太子安国君继承王位，华阳夫人成为王后，子楚被立为太子。赵国把子楚、夫人和儿子送回秦国。安国君只当了一年国王就死了，于是，太子子楚继承王位。公元前249年，子楚拜吕不韦为丞相，封为文信侯。

中国有句俗话，"放长线钓大鱼"，吕不韦正是采用了这种办法。他一看到子楚，就发现了他的潜力，并充分利用和挖掘了这种潜力。不但自己成为了一人之下万人之上的丞相，而且使自己的亲生儿子登上了王位。眼光不可谓不长远。但是，使用这种方法，由于有很长的周期，所以也存在巨大的风险，随时都有前功尽弃的可能。然而，正是由于它的投资多、周期长、风险大，所以回报也会格外优厚。因此，吕不韦为了获取长远的更大的利益，不惜金钱和美女等各种投入，最终达到了自己梦寐以求的目标。

如果在人才的使用上，"李代桃僵"中所涵有的以局部的损失换取全局的优势的原则就是对人才不要求全责备。每一个人都有自己的优势和劣势，存在小的瑕疵在所难免，因此在人才的使用中，关键看他有没有一技之长，不要过分追求完美。

卫国人宁戚听说齐桓公尊贤重士，于是便想到齐国投靠他。可是他生活困顿，不得不租了一辆牛车来到齐国，夜里便住在齐国国都临淄大城的城门外。这天晚上，恰好赶上齐桓公到郊外迎接客人，从者如云，火把通明。这时，宁戚正在车下喂牛，看见齐桓公，认为这是一个天赐良机。于是，他就扳着牛角唱起了很忧伤的歌。齐桓公听到之后，对仆人说："歌声不同寻常，歌手一定不是一般人。"便命令载他一起回朝。齐桓公回朝后，随从请示对宁戚的安排。齐桓公说："赏给他一身新衣服新帽子，我要接见他。"经过一席长谈，宁戚深得齐桓公的赏识。桓公便打算任用宁戚，群臣提出异议，说："这个人是卫国人，卫国距离齐国只有五百里，不如派人去了解了解他的情况，反正用不了多长时间。如果他的确是贤人，再任用也不晚。"齐桓公说："这种做法不对。去了解他，恐怕就会发现他有些小毛病。一旦发现别人有小毛病，就容易忘记他的大优点,这就是一个国君丧失天下贤士的原因。况且一个人本来就难以十全十美,应该灵活地利用他的长处才对。"于是果断地授予宁戚卿职。

俗话说:金无足赤,人无完人;寸有所长,尺有所短。每一个人都有缺点和优点。而在用人方面,不能要求所用的每个人都十分完美,明智的做法是根据每个人的情况,用其所长,不计小过,做到人尽其才。否则,便会因小失大,白白失去选择贤才的许多良机。

唐太宗李世民也是一个善于用人之长的开明君主。他手下有两位杰出的大臣:房玄龄和杜如晦。房玄龄,齐州临淄人。杜如晦,京兆万年人。二人在玄武门之变中都立过大功,并且各有特点。房玄龄善于谋划,杜如晦长于决断。贞观年间,唐太宗任命房玄龄为中书令、尚书左仆射,即总理百官的宰相。任用杜如晦为兵部尚书,尚书右仆射,兼管吏部选事。两个人优势互补、珠联璧合,辅佐唐太宗安国抚民,治军理政,创造了"贞观之治"的盛世局面,时人称之为"房谋杜断",获得了崇高的声誉。

战国四公子之一的孟尝君有一个门客,孟尝君不喜欢他,想把他赶走。这时,鲁仲连劝阻他说:"猿猴如果离开树木到了水中,还不如鱼鳖;千里马历险阻登高峰,还不如狐狸。曹沫举起三尺宝剑,数万大军抵挡不住;如果让他放下三尺宝剑拿起农具和农夫一起在田野里耕作,还不如一个普通的农夫。对于任何事物都一样,如果舍弃它的长处而使用它的短处的话,像尧这样的大圣人也有做不到的事情。现在差遣人而他不胜任,就说他无用;教诲人而他做不到,就说他愚笨。愚笨就驱逐,无用就抛弃。使人遭受被抛弃、被驱逐的厄运而受到伤害,这些人以后就会回来报复。这是世上应记取的最重要的教训啊!"孟尝君觉得他说得非常正确,深受启发,就打消了驱逐那位门客的念头。

在用人之长方面,曹操曾经有一段精辟的议论。他说:"当初伊挚和傅说都出身贫贱,管仲是齐桓公的仇人,他们被任用后,都创造了一番大事业。萧何和曹参都是县衙里的小官,韩信和陈平都曾经受人侮辱,被人耻笑,最后都能成为开国的功臣,名垂千古。吴起是个贪心的将官,杀死妻子树立威名,散尽家财托人买官,母亲去世也不回去,然而他在魏国的时候,强秦不敢东犯,在楚国的时候,三晋不敢南侵。现在天下难道就没有德行高尚,或者果敢勇武、奋不顾身、临危不惧、奋勇杀敌的人沦落民间？一些低层的小官吏,如果有过人的才华、超人的品质,或许可以成为出色的将相。有些人虽然背负着曾经受人污辱的不雅名声,做过被人耻笑的不好行为,或者不够仁义不够孝敬,但是他们也许有治理国家和运筹帷幄的过人才能。如果谁知道有这样的人才,一定要推荐上来,不要有所遗漏。"曹操在用人中"唯才是举",主张举贤勿拘品行,不拘泥于世俗传统的旧观念,不被门第的高低所限制,不顾及个人的小节细行,而主要看重在治国用兵方面的才能,这些都是有一定可取之处的。

第十二计　顺手牵羊

微隙在所必乘①；微利在所必得。少阴，少阳。

按：大军动处，其隙甚多，乘间取利②，不必以胜。胜固可用，败亦可用。

【译文】

敌方即使出现了微小的漏洞，也一定要乘机抓住；即使发现了微小的利益，也一定要尽量取得。敌方小的疏忽，也会给我方带来小的胜利。

按语：大军采取军事行动的时候，一定会有很多的漏洞，要善于利用敌人的疏忽和漏洞来进行攻击，只要是对己有利就可以，并不一定要等待取得全胜的机会。这一方法，胜利时可以使用，失败时也可以使用。

【注释】

①微隙：指地方小的漏洞。

②间：指敌方的漏洞或我方的机会。

【评解】

"顺手牵羊"一词源于《礼记·曲礼上》："效马效羊者右牵之。"郑玄注曰："用右手便。"后世因以"顺手牵羊"比喻顺便行事，毫不费力。作为军事计谋，"顺手牵羊"指善于发现敌人的小漏洞，顺势采取行动，积累小胜而成大胜。古代军事家对"顺手牵羊"都非常重视，《鬼谷子·谋篇》中说："察其天地，伺其空隙。"《唐太宗李卫公问对·卷中》说："伺隙捣虚。"《草庐经略·游兵》中说："伺敌之隙，乘间取利。"《登坛必究·叙战》中说："见利宜疾，未利则止。取利乘时，间不容息，先之一刻则大过，后之一刻则失时也。"说的都是这个道理。

春秋时代,周天子的权威在诸侯心目中逐渐丧失,诸侯国之间互相攻伐,进行争霸战争。春秋末年,随着秦国实力的增强,秦穆公成了霸主。为了维护他的霸主地位,秦穆公开始了对外用兵。有一年,秦穆公派孟明视、西乞术和白乙丙率军去偷袭郑国,大军行至晋国的边邑滑的时候,郑国的一个商人弦高正好走在这里,赶着十二头牛打算去卖。他看到秦兵后,急中生智,将自己的十二头牛全部献给秦兵,说:"听说贵国将要讨伐我国,我国国君做好了防御的准备,派我以十二头牛犒劳将士。"秦国的三个将军听说郑国有所防备,商量说:"我们准备偷袭郑国,郑国现在已经发觉,前往也不会有什么收获。"于是攻占了滑便返回了。

弦高遇到秦国的军队,顺势将自己的牛献给了他们,并告诉他们郑国有所准备,从而使郑国避免了异常刀兵之灾。这一顺便行事取得了意想不到的巨大回报。

军事斗争就是利益的争夺,因此,即使是微小的利益,如果不会对全局产生消极的影响,也要尽量争取。有时候,看似微不足道的利益不但容易取得,而且从长远来看还会获得意想不到的收益。

18世纪初,为了争夺霸权,英法两国展开了西班牙王位战争。在陆上的角逐中,英军连连获胜。1704年5月,英国派出一支强大的英荷舰队进入地中海。首先,他们面对的要塞就是从大西洋进入地中海的门户直布罗陀。当时,直布罗陀只是过往船只的落脚点,人们大多没有意识到它在战略上的重要意义,法国和西班牙都没有在这里建立严密的防御系统。因此,8月4日,英舰在一阵炮击之后,没有费太大的气力,就顺利占领了直布罗陀。从此之后,直布罗陀落入了英国人的控制之中,随着海上航运的发展和欧洲列强争夺海上霸权的加剧,直布罗陀日益成为一个世界瞩目的战略要地。对于直布罗陀的占领,为后来英国海上优势的取得奠定了一个坚实的基础。

在政治斗争领域,利用"顺手牵羊"之计寻找对手的破绽从而置其于死地,在历史上也是经常被采用的方法。

汉武帝时,外戚田蚡和窦婴始终在明争暗斗。由于窦婴和田蚡都推崇儒学,惹怒了掌权的窦太后,二人一起被窦太后免职。窦太后死后,汉武帝大权独揽,他马上重新起用了田蚡,任命他为丞相,而窦婴仍不得志。

田蚡得势后,看中了窦婴的一块肥沃田地,便派宾客籍福向窦婴索要。窦婴气愤地说:"我虽失势,你虽显贵,但是也不可以借势侵夺我田产啊!"窦婴的好友灌夫恰好来到,知道了事情的原委后,把田蚡大骂了一通。

籍福回去后,对田蚡说:"窦婴已年老快死了,丞相忍耐些日子,自可得到这块土地。"

田蚡气愤地说:"窦婴的儿子曾经杀人,应判处死罪,多亏我救了他一命。现在请求让他转让几项田地,他还这么吝惜!再说了,此事与灌夫有什么关系?我不稀罕这几项田地了,倒要看看他俩还能活几时!"

自此,田蚡不但与窦婴,而且和灌夫都结下了仇恨。

有一年夏天,田蚡娶燕王的女儿为夫人。太后下令,列侯和宗室都要去府上祝贺。窦婴前去拜访灌夫,要他陪自己一块儿去。灌夫说:"我因为醉酒失礼得罪过丞相,丞相现在又跟我有嫌隙,还是不去了吧。"

窦婴说:"现在已经没事了。"硬把灌夫拉了去。

大家喝得都很高兴。酒兴正浓的时候,田丞相起身向众人敬酒,客人们都离开座位,俯伏在地。可是到了窦婴敬酒时,只有老朋友离开座位,其余的人只是以膝跪席。灌夫看到眼里,很不高兴。

窦婴敬到田蚡时,田蚡双膝跪席,说:"我酒量小,不能喝满杯。"

灌夫大怒,讥讽说:"将军是贵人啊,一定要喝尽。"田蚡不肯。下一个轮到了临汝侯灌贤,灌贤正在与长乐宫卫尉程不识交头接耳,没有离开席位。灌夫一肚子气没地方发泄,就借题发挥骂灌贤道:"平日诋毁程不识不值一钱,现在长辈向你敬酒,你却像女孩子一样和他说悄悄话!"

田蚡对灌夫说:"程将军、李将军分别是东西宫的卫尉,今天你当众侮辱了程将军,难道不给李将军留有余地吗?"

灌夫说:"今天就是砍头,把胸膛穿透,也不管什么程将军、李将军了。"客人见势不好,纷纷找借口,悄悄地走了。窦婴离开时,挥手要灌夫出去,想借机把他带走。

田蚡大怒,说:"这都是我放纵了灌夫的罪过啊!"说着就下令手下扣留灌夫。籍福起身替灌夫道歉,又按着灌夫的脖子要他道歉。灌夫死活不肯道歉,并且更加愤怒。田蚡令人绑了灌夫,放在客房里,召来长史说:"今日召宗室来,是有诏书的。"于是弹劾灌夫此时出言不逊,犯了"大不敬"之罪,把他囚禁起来。又派遣官吏分头捉拿灌夫的亲属,都判了杀头示众的罪。

窦婴很后悔,决定为救灌夫挺身而出。他先到东宫,赞扬灌夫的长处,说他因为喝醉犯了过错,因此而判他死罪,实在冤枉。汉武帝让御史根据案卷的记载调查窦婴所说灌夫的情况,与事实有很大出入,又认为窦婴犯了欺君之罪。这样窦婴也被囚禁了。最后还是被判处杀头示众。

在军事斗争或者其他领域中,如果真正对"顺手牵羊"之计运用自如的话,就要既能够寻找敌人的破绽,通过"顺手牵羊"获取敌人的利益,又要注意自己的细节,不要让敌人有"顺手牵羊"的可乘之机。在中国人的观念中,"顺手牵羊"往往被看做不道德的事情,而防止被别人"顺手牵羊",却又被认为是每个人都应当注意的。

在中国戏剧史上,洪升写的《长生殿》具有重要的地位。这部戏剧描写的是民间流传的唐玄宗李隆基和杨贵妃的爱情故事。洪升在前人的基础上,重新进行了挖掘,十年磨砺,三易其稿,终于达到同类题材的最高成就。当时,北京的戏班子中,以内聚班名声最大。《长生殿》刚刚完成,就交给内聚班去演。演出取得巨大成功。康熙皇帝也在宫中看了这出戏,十分满意,赐给演员们白银二十两,并且向各亲王称赞和推荐这出戏。于是,京城中的诸位亲王及内阁大臣,凡有宴会,必召内聚班来演此戏,前前后后得到的赏赐不计其数。内聚班的演员们十分感谢洪升,对洪升说:"我们仰仗您的新作,获得很多赏赐。我们打算举行一场宴会对您表示庆贺,凡是您的好朋友,就都请来吧。"于是,他们选择了一个吉日大摆宴席,根据洪升拟的名单,把在京城中的名流,几乎全都请了来,偏偏有位叫赵征介的常熟县士子有一定的名气,却不在洪升邀请之列。那时候,赵征介一边在给谏王某家中教书,一边准备参加科考。洪升请了京中名流,唯独不请自己,这一下子惹恼了他,而恰好又有把柄可抓,于是掀起了一场轰动一时的大案。举行宴会的当天,正是皇太后的忌辰,按照规矩,是应停止一切娱乐活动的。赵征介将此事告诉了王某,让他去向皇帝禀告,说洪升等人在皇太后去世的忌辰大摆宴席,是不敬之罪,请按律治罪。康熙皇帝看了奏折,大为恼火,下令刑部严加惩处。凡参加这次宴会的士大夫和太学生,遭到除名的有五十多人,其中包括著名诗人、诗论家、书法家益都人赵执信,著名诗人、当时为太学生的海宁人查嗣连等。后来,查嗣连改名慎行,才又考中进士,而赵执信竟被终身废置不用。这是一场典型的因小疏忽酿大错的事件。首先在时间的选择上,洪升等人疏忽了当天是太后的忌辰。其次在客人的选择上,洪升也许根本不知道赵征介这个人,也许认为赵征介只是一个教书先生,不放在眼里而没请他。但就是这两个小疏忽,使几十个人受到连累,甚至误了一生的前程。

  一般来说,凡是成功人士,虽然都是目光长远,胸怀大志,但从来不会忽视小节,事事谨慎。

  北宋的吕夷简任宰相时,一天回家,发现走廊下摆了二十盒糟鱼,他就问夫人马氏要做什么用。他的夫人说,因为今天是节日,要进宫朝拜皇后。曹皇后问她:"今年很难得到糟鱼,不知夫人家中有吗?"马氏回答说:"有,我回家后送些来。"回家后,她就拿出家中所有的糟鱼,都放在了走廊下,一会儿准备送进宫去。吕夷简听罢,说:"只送一盒就可以了,其余的都留下。"夫人不解,说:"群臣或普通老百姓之间相互赠送,尚且要丰厚一些,送给皇后,怎么这样吝啬呢?"吕夷简说:"糟鱼虽是微不足道的东西,但如今宫中正缺,而我家却有这么多,这让皇帝皇后怎么想? 我这不是吝惜呀!"

  从这一件小事上,可以看出吕夷简的细心。官场上总是风云变幻的,身居要职更需如履薄冰。往往很小的一件事,就可能引起皇帝的猜疑,轻则失去宠爱和权势,重则可能招来大祸。糟鱼虽然不是名贵的东西,但皇上如果知道他家里比宫中还多,一定会怀疑他专权。这样他只送一盒,既了结了对皇后的人情,又不会惹来麻烦,是完全合情合理的。

  在前面所讲弦高犒师的例子中,之前还有一个小插曲。秦国攻打郑国途中,要经过周朝都城洛阳的北门。当时,周王的地位虽然衰落,但他毕竟还是名义上的天子。按照礼制的规定,诸侯国的军队经过天子的都城,都应当摘下头盔,下车步行。当大队人马经过洛阳的时候,秦国的三位将领只是让军队稍稍放慢了一下速度,象征性地施了个礼,然后急驰而过。当时,周襄王和王孙满正站在城头,看到秦军经过时的情景,王孙满对周襄王说:"这次秦军一定会打败仗。"周襄王问他:"你怎么知道的呢?"王孙满说:"因为我看到秦军轻狂放肆,不讲礼节。轻狂放肆,就会骄傲轻敌,不会用心筹划作战的策略;不讲礼节,就会纪律松弛,军队之间的协调和配合就会出现问题。如今他们远离国土,劳师远征,又要经过崤山天险。如此狂妄骄横的军队,能不打败仗吗?"事情的发展果然如王孙满所预见的一样。秦国的偷袭企图被郑国发现,秦军只能无功而返。当回师路过崤山的时候,又遭到晋军的伏击,孟明视等三个傲慢无礼的秦将也做了俘虏。

可见,一些事情尽管看起来是细枝末节的问题,但它既会成为决定成败的因素,又可能成为别人对自己进行评价的依据。所以,无论是对于军事斗争还是其他领域来说,细节绝对不容忽视。

第三套 攻战计

第十三计　打草惊蛇
第十四计　借尸还魂
第十五计　调虎离山
第十六计　欲擒故纵
第十七计　抛砖引玉
第十八计　擒贼擒王

第十三计　打草惊蛇

疑以叩实①,察而后动②;复者,阴之媒也③。

按:敌力不露,阴谋深沉④,未可轻进,应遍探其锋⑤。兵书云:"军行有险阻、潢井、葭苇、山林、蘙荟者,必谨复索之,此伏奸之所处也。"⑥

【译文】

如果有所怀疑,就要侦察清楚,完全了解清楚情况之后再采取行动。反复侦察和询问,是计谋实施的条件。

按语:在敌人力量没有暴露,敌方意图隐藏很深时,不要轻举妄动,而是应当全面摸清其锋芒之所在。正如《孙子兵法》中说:"军队两旁遇到有险峻的隘路、长满芦苇的湖沼低洼之地、山林和其他草木茂盛的地方,都必须仔细地反复搜索,这些都是敌人伏兵可能埋设和奸细可能隐伏的地方。"

【注释】

①叩:探问,询问。
②察:知道,理解。
③媒:条件,诱因。
④深沉:深刻周密。
⑤探:探测,探求,侦察。
⑥兵书云:"军行有险阻、潢井、葭苇、山林、蘙荟者,必谨复索之,此伏奸之所处也":出自《孙子兵法·行军篇》。曹操注曰:"险者,一高一下之地;阻者,多水也。潢者,池也;井者,下也。葭苇者,众草所聚也;林木者,众木所居也。蘙荟者,可屏蔽之处也。此以上论地形,以下相敌情也。"李筌注曰:"以下恐敌之可奇伏诱诈也。"潢,积水池,港汊。潢井,谓沼泽低洼地带。葭,初生的芦苇。葭苇,指芦苇,这里指杂草丛生之地。蘙,草茂貌。荟,草木繁盛貌。蘙荟,草木丛密。复索,反

复搜索。伏,隐藏。奸,奸细、伏兵。

【评解】

宋代郑文宝《南唐近事》卷二记载:"王鲁为当涂宰,颇以资产为务,会部民连状诉主簿贪贿于县尹,鲁乃判曰:'汝虽打草,吾已蛇惊。'为好事者口实焉。"《俚语证实·打草惊蛇》引《续常谈》作"汝虽打草,吾已惊蛇"。注云:"言汝诉主簿贪贿如打草,则我为蛇之被惊知戒矣。"后来人们常用"打草惊蛇"以喻泄露秘密而惊动对方。作为军事斗争的计谋,"打草惊蛇"一般指在敌情不明时,通过试探性进攻以摸清敌人虚实,然后采取军事行动。

隋朝末年,李世民围攻洛阳,据守洛阳的割据势力王世充向另一家割据势力窦建德求援。窦建德率军前来解救。李世民为了弄清窦建德军队的布置,就对手下的将军宇文士及说:"你带领三百骑兵从窦建德的阵地西南角纵马而过。如果他们没有什么反应,你就迅速退走;如果他们发觉你后有所行动,你就马上领兵向东。"宇文士及依计而行,带领骑兵刚从窦建德军队的阵前掠过,窦建德的阵势中就开始有所反应。李世民据此摸清了窦建德的兵力部署,于是发起进攻,一举将窦建德打败。

此役中,李世民通过"打草惊蛇"的办法,对窦建德的兵力部署有了一个大致的了解,从而知己知彼,增加了取胜的把握。"打草惊蛇"之计不但是具体的战役中摸清敌人虚实的好办法,而且在大规模的军事行动的决策中,也具有非常重要的意义。

伊尹是商朝的开国君主商汤的重要谋士,不但协助商汤灭夏,而且辅佐过商朝的几代君主,立下很大的功勋。夏朝末年,夏桀荒淫无道,人民不堪其苦,天下怨声载道,把夏桀比做毒太阳,老百姓都恨不能与他同归于尽。而商部落在商汤的治理下,力量不断壮大,于是,商汤打算顺应人们的需要,起兵讨伐夏桀。这时,伊尹向他建议说:"虽然我们现在已经逐渐强大了,但夏桀的力量有多大,他还有多大的号召力,很难直接看得出来。我们不如采取不缴纳贡赋的办法刺激刺激他,看他还有多大的军事实力和号召力。"商汤接受了他的建议,当年没有给桀进贡。夏桀果然非常生气,就征调了各个部落的人马一起来向商汤问罪。伊尹说,看来夏桀还有很大的号召力,我们现在还不宜和他作战,赶快赔礼道歉,把贡赋交给他,以平息他的怒气。第二年,商汤又故伎重演,没有给夏桀进贡,夏桀也像去年一样打算征调各个部落的兵马前来问罪,但最终只有三个部落愿意和他一起讨伐商汤,其他部落对夏桀连年用兵满腹怨言,已经不听他的调遣了。于是,伊尹对商汤说,夏桀已经没有多少号召力了,三个部落的兵马不足为惧,现在可以对桀作战了。商汤马上联合起反对夏桀的各路诸侯,将人马埋伏在鸣条(今山西省安邑境内),一举打败夏桀,建立商朝。

在鸣条之战之前,伊尹就是通过"打草惊蛇"的方法,摸清了夏桀的虚实。在现代的军事斗争中,"打草惊蛇"之计仍然经常被采用。

1956年7月,埃及政府发表声明,宣布将由英法两国控制的苏伊士运河收归国有。苏伊士运河是从地中海进入印度洋和中东的门户,具有非常重要的战略意义,埃及政府此举,引起了英法两国的强烈不满,决定对埃及进行军事报复。

英法联军军事行动的首先目标是埃及的重要港口塞得港。他们投入了八万部队,一千架飞机,一百条舰艇,来实施对埃及塞得港的打击。埃及对于英法两国的军事行动早就有所准备,进行了严密的部署。为了保证军事行动的成功,英法联军必须首先摧毁埃及的防御体系。为了摸清塞得港防御体系的状况,他们采用了"打草惊蛇"之计。

一天拂晓,英法联军的机群悄悄地飞到了塞得港的上空。埃及守军发现之后,立即进入战斗状态。进入埃及军队的防御区域之后,飞机上投下了一个个降落伞包,一大批空降兵的模糊身影在空中出现。埃及各火力点马上向"空降兵"发起猛烈的射击,火力防御体系一下子全部暴露出来。正当埃及防御力量在全力对付"空降兵"时,英法联军的轰炸机进行了准确的轰炸,瞬间将埃及的火力点几乎全部摧毁。随后几天内,英法联军连续多次空投部队,受到的抵抗大大减小。英法联军仅仅用了伤亡一百五十五人的代价,便攻战了防守严密的塞得港。

原来,英法联军最初从飞机上投下的"空降兵"都是用木头和橡胶做成的假人。他们趁拂晓天还没有完全亮时投放假人,埃及军队知道英法联军迟早要发动进攻,自己的力量又处于劣势,精神高度紧张,同时由于天色太暗分不清真假,因此只能火力还击,从而将防御体系暴露无遗。英法联军适时进行轰炸,使得埃及的防御体系受到毁灭性的打击。

在现实生活中,"打草惊蛇"往往是了解一个人的人品和态度的有效方法。

刘备落魄之时,曾经寄居荆州刘表篱下,被刘表安置在新野。一天刘表正骑马走在新野的街道上,忽见市上一人,葛巾布袍,皂绦乌履,长歌而来。他边走边唱道:"天地反覆兮,火欲殂;大厦将崩兮,一木难扶。山谷有贤兮,欲投明主;明主求贤兮,却不知吾。"刘备听到他的歌,心想:"这个人一定是个人才。"于是下马相见,邀入县衙,问其姓名。那人答道:"我乃是颍上人,姓单,名福。久闻使君纳士招贤,欲来投托,未敢辄造;故行歌于市,以动尊听耳。"刘备大喜,待为上宾。

单福说:"您刚才所乘之马,能否拉来一看。"玄德命人将马去鞍牵于堂下。单福说:"这不是的卢马吗?的卢虽然是千里马,但却妨主,不可乘啊。"并说:"我有一法,可以挽救。"刘备说:"什么办法。"单福说:"您意中如果有仇怨之人,可将此马赐给他;待妨过了此人之后,您再乘之,自然就可以无事了。"刘备闻言勃然变色说:"你刚到我这里来,不用正道教我,却教我做利己妨人之事,我不敢听从。"单福连忙笑着道歉,说:"我一向听说使君您有仁德,不敢轻易相信,所以用这话来试探试探。"刘备也改变了脸色,和颜悦色说:"我能有什么仁德呢,还是请先生多多指教吧。"单福说:"我自颍上来到此地,听到新野的老百姓有人唱'新野牧,刘皇叔;自到此,民丰足'。可见使君之仁德。"

于是刘备拜单福为军师,调练本部人马,积蓄力量,意图东山再起。

其实,单福乃是当时著名的谋士徐庶,单福乃其化名,此次来到刘备之处,由于不敢轻易相信别人关于刘备仁德的传言,就用"打草惊蛇"之计进行试探,从而了解了实情。

在军事斗争中,通过"打草惊蛇"来探知敌人的虚实具有非常重要的意义,否则,如果不知虚实而贸然行动,必然要遇到危险。

公元537年,东魏高欢率军进击西魏的宇文泰。当时双方力量悬殊,高欢率领二十万大军,而宇文泰手下则不足万人。如果想以弱胜强,必须利用奇谋妙策,宇文泰经过认真考虑后认为,如果让高欢的二十万大军围城,势必非常被动,因此必须出城主动迎击。他初步决定把战场设在都城之外,但是在高欢进攻的路途上,哪里设战场最好呢?最后,宇文泰决定在沙苑(今山西高陵)东背水列阵。他把自己的设想与部将们讨论,大家都大惑不解,平日多智的宇文泰为何要冒险背水列阵呢?莫不是想仿效韩信的"背水一战"?但是现在的情势与韩信当初不同,根本用不着用这种办法啊!最终还是宇文泰解开了大家的困惑,他解释道:"我今天想背水列阵,并不是像当初韩信一样为激励士气,而是为了埋伏兵力,出奇兵击败高欢。此河东岸芦苇遍地,是正可伏兵的好地方。我与高欢拼杀时,伏兵杀出,高欢一定会大惊败走。"大家都觉得这个办法可行,同意了他的计划。于是,宇文泰亲率部下来到沙苑,让六千名兵卒埋伏在芦苇丛中,自己则带三千人马背水列阵,等待高欢。

高欢大兵到来,见宇文泰亲自带了区区三千人马出战,并且还是背水列了个一字长蛇阵,既不便进攻又不便防守,把弱点全部暴露给对方,犯了兵家大忌中之大忌,心里不仅暗笑。高欢部将们也以为此战必胜,所以不等高欢下令,就呐喊着冲将过来。两军刚接战,宇文泰一声信号,埋伏在芦苇中的六千甲士一起杀出。高欢大军见了,不知芦苇丛中还有多少兵马,以为中了敌人埋伏,吓得回头便跑,而后面的人怕前面的人抢了功劳,正向前涌来杀敌争功。于是前军后军自相践踏,伤亡惨重,大败而逃。二十万大军收不住脚,一下子退出六十里方才停下。高欢清点人马,损失了八万兵马,只得撤兵而回。

"打草惊蛇"在现实中又往往表现为"投石问路",即通过试探性的举动来了解事情。上文中徐庶通过与刘备谈论坐骑来探测刘备的为人,其实就具有"投石问路"的性质,战国时侯嬴在与信陵君的交往中,也曾经利用过这一方法。

信陵君是战国四公子之一,他是魏昭王的儿子,魏安釐王的异母弟。战国时期,由于各诸侯国之间激烈的军事和政治斗争,对于人才的争夺也非常激烈,为了笼络人才,各国的贵族中盛行养士之风,许多没有政治地位的人也乐于在他们门下做食客。信陵君为人宽厚,礼贤下士,对于士人无论才能大小均能以礼相待,因此各诸侯国前来投奔他的食客众多,相传达到三千多人。

当时,魏国都城大梁(今河南开封)的夷门有位守门人,名字叫做侯嬴,年龄已经七十多岁了,家中很穷。信陵君听说他是一位隐士,就亲自去拜访他,送给他丰厚的礼物。但是,侯嬴并没有领他的情,说:"臣修身絜行数十年,终不以监门困故而受公子财。"于是,信陵君就大摆宴席,请来许多尊贵的客人。客人们都坐定之后,信陵君却带着车马,空着作为上位的左边的位置,亲自到夷门去迎接侯赢。侯赢穿着破旧的衣服,戴着破旧的帽子,毫不客气地直接坐到车子的上座上,想以此来看看信陵君的反应。信陵君见他大模大样地上了车子,不但没有感到惊奇,拉着缰绳却越发显得恭敬了。侯赢又对信陵君说:"我有一个朋友现在在市场上卖肉,请委屈一下您的车驾让我顺路过去拜访他一下吧。"信陵君领着车子,载着侯赢来到卖肉的市场中。侯赢下车见了他的朋友朱亥,也不正眼看一下信陵君,只是和朋友聊天,拖延了很长时间,并悄悄地观察信陵君的态度有无变化。信陵君不但没有烦躁或者生气,反而变得越来越和悦了。这时候,魏国的勋戚贵胄坐满了信陵君的大厅,等着宴会的开始;市场上的人们都在好奇地看着信陵君谦恭地牵着马等候侯赢;信陵君的随从们等得不耐烦了,都在偷偷地骂侯赢。侯赢看到信陵君的脸上始终没有不耐烦的表情,于是辞别了他的朋友朱亥,上了车子。回到家之后,信陵君请侯赢坐上座,并一一向客人介绍。宴会进行到高潮的时候,信陵君又亲自为侯赢敬酒。从此之后,侯赢成了信陵君的高级门客,并在窃符救赵等事情上给了信陵君很大的帮助。

第十四计　借尸还魂

有用者，不可借；不能用者，求借。借不能用者而用之，匪我求童蒙，童蒙求我①。

按：换代之际，纷立亡国之后者，固借尸还魂之意也。凡一切寄兵于人②，而代其攻守者，皆此用也。

【译文】

凡是自身可以有所作为的，就不能够加以控制和利用；自身不能有所作为的，往往需要依赖和求助于别人。控制自身不能有所作为者而加以利用，这不是我有求于幼稚愚昧者，而是幼稚愚昧者有求于我。

按语：每逢改朝换代的时候，各方力量大都纷纷拥立亡国之君的后代，这其中就包含着"借尸还魂"之意。所有假借别人的兵力攻击他人的行为，和利用其他力量替自己攻守的行为，都是这一计谋的应用。

【注释】

①匪我求童蒙，童蒙求我：出自《易·蒙》。匪，同"非"。童蒙，幼稚愚昧。

②寄兵：指利用别人的力量发动战争。

【评解】

中国古代民间认为，人死了之后灵魂不会死去，可以附在别人的尸体上重新复生。这就是"借尸还魂"。如元代岳伯川《铁拐李》杂剧有岳寿借小李屠之尸还魂的故事。"借尸还魂"用在军事斗争中，就是借助和控制外部条件或者外部力量，以实现自己的军事意图。

在中国历史上，许多有雄心大志的人想称霸天下而又实力不够，或者社会舆论不倾向于自己时，喜欢用"挟天子以令诸侯"的办法，这其实就是"借尸还魂"的方法。最早的如齐桓公的"尊王攘夷"，当然，最著名和最成功的还是东汉末年的曹操。

第十四计　借尸还魂

经历了董卓之乱以后,东汉王朝其实已经名存实亡,失去了对地方的控制力。各地官僚和豪强趁机争夺地盘,形成了大大小小的割据势力。他们相互混战,朝廷的命令几乎对他们失去了约束力,成千上万的百姓在混战中遭到屠杀,许多地方出现了"白骨露于野,千里无鸡鸣"的荒凉景象。

相对于袁绍、袁术、刘表等人来说,曹操本来势力很小。后来,他在青州和兖州打败了黄巾军,才建立了一个据点。他在兖州积极招贤纳士,又从黄巾军的降兵中,挑选一部分精锐力量,扩大了自己的武装。以后,他又打败了先后盘踞徐州的陶谦和吕布,成为一个强大的割据力量。

而此时,汉献帝正在流离失所、辗转颠簸之中。董卓的残余势力李傕和郭汜在都城长安发生火并,一批大臣带着献帝逃出长安,回到洛阳。洛阳的宫殿,此前已被董卓烧光了,只剩下了一片废墟。汉献帝到了洛阳,没有宫殿,只好住在一个官员的破旧住房里。一些文武官员,则只能在断墙残壁旁边搭个草棚,遮风避雨。最大的难处是没有粮食供应。汉献帝下诏要各地官员输送粮食,但他们正在忙着抢地盘,根本不把皇帝放在眼里。没有办法,朝廷大臣只好自己去挖野菜。这些平时养尊处优的官员,有的吃了几顿野菜,就倒在破墙边上饿死了。

当汉献帝还在长安时,曹操便多次遣使通好,以加强联系。这时候,曹操正驻兵许城,听到这个消息,就召集部下的谋士商量,要不要把汉献帝迎过来。

谋士荀彧说:"从前晋文公发兵把周襄王送回洛邑,成为霸主;汉高祖为义帝发丧,天下人都归附他。现在皇上在洛阳困苦不堪。您如果能把皇上迎来,这正是顺从人们的愿望。要是现在不及时去接,一旦让别人抢先迎去,我们就错过机会了。"

曹操听了,觉得有道理,立刻派出一支人马到洛阳去迎接汉献帝。后来,曹操亲自到了洛阳,向皇帝和大臣们陈以利害,说现在洛阳缺少粮食,而许城有粮食,但是运输不便,只好请皇上和大臣们暂时搬到那边去,免得在这里受苦。

汉献帝和大臣们也想早日结束这种挨饿受冻的日子,听说许城有粮食,都一致同意迁都许城。公元 196 年,曹操把汉献帝迎到了许城,并改称为许都。

曹操在许都给汉献帝建立了皇宫,曹操自封为大将军,开始用汉献帝的名义向各地州郡豪强发号施令。

他打着献帝的旗号下诏书给袁绍,谴责他地广兵多,却只管攻打别的州郡,扩大自己的势力,不把朝廷放在眼里。尽管袁绍势力大,但名义上还是汉献帝的臣子。接到诏书以后,只好上个奏章给自己辩护。

许都的情况稳定下来之后,曹操又发布命令,在许都附近实行屯田。许都附近的荒地很快就开垦出来了。一年下来,光是许都的郊外就收到公粮一百万斛。接着,曹操又在他管辖的州郡都推行了屯田制。

曹操用皇帝的名义号令天下,又采用屯田的办法,解决了军粮问题,还吸收了荀攸、郭嘉、满宠等一批有才能的谋士,他的实力就更加强大起来了,为统一北方奠定了坚实的基础。

由于采取了"挟天子以令诸侯"的策略,曹操在与自己的军事对手的较量中处于极为有利的地位。汉献帝虽然被迫东流西徙,居无定所,身上除了一件褴褛的皇袍已是所剩无几,但他毕竟是皇室最高权力的象征,正如袁绍的谋士沮授指出的:"挟天子而令诸侯,畜士马以讨不庭,谁能御之!"汉室统治天下四百余年,人民普遍对汉室有深厚的感情,对汉室仍有一定的支持。曹操利用广大士大夫阶层对于汉廷的传统感情,又能广泛招纳天下贤士俊杰,以扩充自己的政治势力。"挟天子以令诸侯"的决策,表明曹操目光远大。

就像按语中所说,在改朝换代之际,各种力量纷纷立亡国之后为王,就是为了通过他们号召天下人,同时便于接受自己的控制。

秦朝末年,项梁、项羽叔侄在会稽起事,人马迅速发展到六七万人,屯军于下邳。这时候,秦嘉已经立景驹做了楚王,驻扎在彭城以东,想要阻挡项梁西进。项梁对将士们说:"陈王最先起义,仗打得不顺利,不知道如今在什么地方。现在秦嘉背叛了陈王而立景驹为楚王,这是大逆不道。"于是进军攻打秦嘉。秦嘉的军队战败而逃,项梁率兵追击,直追到胡陵。秦嘉又回过头来与项梁交战,打了一天,秦嘉战死,部队投降。项梁听说陈王确实死了之后,就召集各路别将共议大事。这时,有一个居鄛人名叫范增,七十岁了,一向隐居不仕,喜好思考一些奇计,他前来劝说项梁说:"陈胜失败,肯定是在情理之中的。秦灭六国,楚国是最无罪的。自从楚怀王被骗到秦国没有返回，楚国人至今还在同情他。所以有人说：'楚国即使只剩下三户人家，最后灭亡秦国的也一定是楚国人。'如今陈胜起义，没有立楚国的后代却自立为王，一定不会长久。现在您在江东起事，楚国有那么多将士蜂拥而来，争着归附您，就是因为项氏世世代代做楚国大将，一定能重新立楚国后代为王。"项梁认为范增的话有道理，就到民间寻找楚怀王的后代，结果找到一个楚怀王的嫡孙，名叫熊心。这时熊心正在给人家牧羊，项梁找到他以后，就袭用他祖父的谥号，立他为楚怀王。项梁自己号称武信君。项梁叔侄立了楚王之后，迅速赢得了人心，势力迅速壮大，并最终灭亡了秦朝。秦亡之后，项羽便把这个放牛娃楚王丢在了一边。

"借尸还魂"之计在政治斗争中也经常被采用，中国历史上，经常出现权臣、外戚、宦官等打着皇帝的旗号攫取权力、排斥异己的现象。

秦始皇病死之后，宦官赵高因使用阴谋诡计帮秦始皇的小儿子胡亥夺得帝位有功，胡亥即位成为秦二世之后，就任命赵高为郎中令。因为赵高一向为人阴险狠毒，被他杀害和他借机报私愤整治的人很多，他一直担心大臣们借上朝奏事的机会说他的坏话。上台后，他便劝秦二世说："天子之所以尊贵，是因为天子处于深宫之中，只发出一些命令，群臣都不能见到天子的面目，所以天子号称为'朕'。现在陛下您这么年轻就登上了王位，不可能通晓一切事情，如果坐在朝廷上亲自当面处理大臣们禀奏的国家大事，处罚、提拔工作有不妥当的地方，缺点就会被暴露在大臣们面前，这不是向天下人显示陛下圣明的办法。如果您深居皇宫之中，我和侍中以及熟悉程序规范的人等待下面报告各种事情，事情报告来后可以有充分的时间考虑它。这样做，大臣们就不敢奏那些情况不实的事情，您也一定会被天下人称赞为圣明的君主。"秦二世采用了赵高的计策，深居简出，不再到朝廷上亲自处理政事，国家一切大事的决断权都落到了赵高的手里。赵高则趁机将自己的敌人一个一个地除掉。

在现实生活中，"借尸还魂"的含义已经不限于暂时利用愚昧幼稚的人来完成自己的意图，更不仅仅限于拥立亡国之后，而是可以泛指运用一切可以利用的条件。在生物界常常有这样的现象，一些弱小的生物常常会凭借外部的力量来保全自己。《吕氏春秋》中记载了两种动物:一种名叫蹶,它的前腿像老鼠一样短,后腿像兔子一样长,走快了就绊脚,跑起来就要跌倒;一种野兽名叫蛩蛩距虚,腿脚利落,跑得很快。为了获得蛩蛩距虚的帮助,蹶常常采新鲜美味的草给蛩蛩距虚吃。当蹶遇到祸患时,蛩蛩距虚一定会背着它一起逃跑。

苍鹰虽然有一双善于飞翔的翅膀,但它如果想在天空中自由翱翔,还必须依靠空气的支持才能升上天空。所以说,在一定的情形下,借助有利的外部条件是至关重要的。在现实生活中,恰当地分析各种条件并且有效地利用各种条件,对于事业的成功来说,都是非常重要的。

第十五计　调虎离山

待天以困之,用人以诱之。往蹇来返①。

按:兵书曰:"下政攻城。"②若攻坚③,则自取败亡矣。敌既得地利,则不可以争其地。且敌有主而势大④:有主,则非利不来趋;势大,则非天人合用,不能胜。汉末,羌率众数千⑤,遮虞诩于陈仓崤谷⑥。诩军不进,宣言上书请兵,须到乃发。羌闻之,乃分抄旁县⑦。诩因其兵散,日夜进道,兼行百余里,令军士各作两灶,日倍增之,羌不敢逼,遂大破之。兵到乃发者,利诱之也;日夜兼进者,用天时以困之也;倍增其灶者,惑之以人事也。

【译文】

等待对敌方不利的天时来使他们受到困顿,主动运用人为的方法来使敌人受到诱骗。如果我方主动进攻可能遭受挫折,就想办法让敌人反过来主动进攻我方。

按语:兵书中说,强力攻城是最低等的选择。如果主动攻打防守坚固的敌人,这是自取败亡。敌人已经占据了地利,就不要再去那里与其争夺了。况且敌人有所依托并且具有很大的优势:敌人有所依托,所以如果不是有利可图就决不会离开有利的地势;敌人具有很大的优势,所以如果不能够天时和人和两个因素兼用,则不能取胜。比如,东汉末年,几千羌人把虞诩堵截在了陈仓的崤谷。虞诩当时停止进军,扬言上书请求救兵,救兵到来之后再起兵进发。羌人听到这个消息,于是四散到周围的各县进行劫掠。虞诩看到他们已经分散开了,于是命令军队日夜兼程,每天行军一百多里,并让每个士兵做两个做饭用的灶,每天增加一倍,羌人以为援兵到了,不敢主动发起进攻,虞诩趁机将他们打得大败。虞诩说援兵到了再进军,这是诱使他们去抢劫财物;日夜兼程,是为了争取时间上的优势;每天增加一倍的灶坑,是为了在人员数量上迷惑敌人。

【注释】

①往蹇来返:《易·蹇》中说:"蹇,难也,险在前也。见险而能止,知矣哉!"蹇,六十四卦之一,《易·蹇》说:"象曰:山上有水,蹇。"王弼注曰:"山上有水,蹇难之象。"这里指困难、困境、危险。

②兵书曰:"下政攻城":《孙子兵法·谋攻篇》有:"故上兵伐谋,其次伐交,其次伐兵,其下攻城。"意思是说,利用强力夺取城池在军事行动中是最低等的选择。

③攻坚:指攻击坚固的防御工事或强大的守敌。

④有主:这里指有地利优势作为依托。

⑤羌:我国古代民族名,主要分布地在今甘肃、青海、四川一带,以游牧为主。后来逐渐与西北地区的汉族及其他民族融合。

⑥遮,遏止,阻拦。虞诩:字升卿,东汉末年陈国武平(今河南鹿邑西北)人,曾历任武都太守、尚书令等职。陈仓崤谷:即大散关,在今陕西省宝鸡市西南的大散岭上。

⑦抄:掠夺,袭击。

【评解】

"调虎离山"本来是一个成语,比喻为了便于乘机行事,设法引诱对方离开原来的地方。作为军事斗争的计谋,则是指通过各种手段引诱和调动敌人,以创造有利于自己的斗争形势。

"调虎离山",关键是运用策略调动敌人,从而使局势按照自己想像的方向发展,以在军事行动中占据优势。"兵不厌诈",在战争中充分利用各种手段调动敌人,从而掌握主动权,无疑将会极大地增加自己的胜算。以下几个战例就充分说明了"调虎离山"之计的作用。

战例1:诱敌出击,寻机决战

公元427年,北魏太武帝拓跋焘决定率军攻打大夏。他只带了轻骑三万,渡过了君子津,倍道兼行,直奔大夏的国都统万城。群臣见拓跋焘只带了这么少的兵,纷纷谏曰:"统万城非常坚固,不是一天两天能够攻得下来的。现在我军不带步兵和辎重,日夜兼程前去征讨,如果一时不能成功,后退时连支援和凭借都没有。不如带着步军和攻城的各种器械,一同前往。"拓跋焘却说:"用兵之术,强力攻城是最低等的选择,不得已的时候才使用。如果我们带着攻城的器具浩浩荡荡前去讨伐,敌人一定会感到害怕而坚守不出。如果不能很快攻克,那么就会面临粮食吃光,士兵疲惫的窘境,城外又没有什么东西可以拿来充饥,因此这不是上策。我现在以轻骑至其城下,他们知道攻城需要步兵,却只看到骑兵前来,心理上一定会产生懈怠麻痹的情绪。我再用一支老弱残兵把他们从城里引出来,如果能够交战,定能一战成功。我之所以这样做,是因为我们此次讨伐,军士要离家两千里,后面还有黄河之险阻隔,这就是所谓的'置之死地而后生'的境地。这种情况下决战是可以的,但攻城面临这种情况就不可以了。"

于是,拓跋焘率军继续进发,到了黑水驻扎下来。他先分出大部分军马埋伏于山谷之中,自己只带了一小部分人来到统万城下。刚到城下,大夏国王赫连昌的部将狄子玉就前来归降,并带来了一条令拓跋焘非常失望的消息。他说:"赫连昌派人去让正在长安作战的弟弟赫连定回师救援,赫连定说:'统万城坚固高峻,一时不会被攻破,等到我抓住北魏的奚斤等人之后再回师也不迟。那时候我们内外夹击,还愁不能取胜吗?'赫连昌认为他说得对,决心死守统万城。"拓跋焘听到这个消息之后,非常担心,一旦赫连昌死守不出,自己的战略部署就会落空。因此,他只能想尽一切办法把赫连昌从城中引出来。于是,他将人马退到城北,装出一副弱小的样子,并派人到四处寻找粮食物资,以为原定计划万一落空做好准备。

这时,恰好有北魏的士兵因为犯法,逃入统万城,告诉赫连昌北魏营中缺乏粮食,士卒只能以野菜度日。魏军的辎重在后,步兵未至,现在打击正是时候。赫连昌相信了他的话,率领步兵和骑兵三万人杀出城来。司徒长孙翰等人都对拓跋焘说赫连昌的步兵阵势很难打乱,应当避开他们的锋芒,等到自己的步兵到了之后,再进行决战。拓跋焘却说:"不是这样。我们远道而来,就是为了和敌人决战,怕的是敌人不出来。如果我们今天避而不战,他们的士气将会更加旺盛,而我方的士气就会低落,不能这样做。"于是他带领军队装作向北逃跑的样子,引大夏的骑兵和步兵前来追赶,以此来拖垮他们。

赫连昌以为魏军真的逃跑了,鼓噪着前来追赶,并把阵势疏散开分出两翼。跑了五六里,拓跋焘停下来反攻,无法冲乱敌人的阵势,又继续向北退却。这时,突然刮起了大风,军中的方术官赵倪认为这是不祥之兆,劝拓跋焘改日再战,被拒绝。拓跋焘将骑兵分为左右两支,夹击夏军。战斗中,拓跋焘掉下了马,敌人围了上来。危急之下,他奋起跳到马上,刺杀了大夏尚书斛黎文,杀骑兵十余人。不久,他又被流矢射中,仍然奋勇冲杀,没有停下来。大夏军队大败,赫连昌来不及逃入统万城,只得投奔到上邽去了。

战例2:占据地利,诱敌来攻

公元910年,后梁大将王景仁率七万人马,准备进军伐晋。而此时,与其对峙的晋王和周德威率领的士兵却不足一万人,两军隔河相对。晋王求胜心切,打算渡河决战。周德威阻止了他,他认为,梁军人多势众,装备也好于己方,但多为步兵,优势是防守;晋军以骑兵为主,善于在平原地区冲杀,而进攻无法发挥自己的优势,反而会受制于人,因此只能用"调虎离山"之计将敌军引诱到对己方有利的地形上来。

晋王认为周德威分析得有道理,便同意按照他的计划行动。周德威首先命令军队到地形平坦开阔的高邑附近埋伏起来,然后派出三百名骑兵隔河挑战,而他自己则亲自率领三千人马在后面严阵以待。

王景仁倚仗自己人多势众,丝毫没有把晋军放在眼里,见晋军竟然前来挑战,立即亲自率领几万人马,用船在河上搭起浮桥,指挥军队渡河,向晋军冲杀过来。周德威带领骑兵假装略做抵抗之后,就迅速向后撤退。王景仁不知是计,率领几万人马紧追不舍,一直追到高邑南面一望无际的旷野之上。

这时,晋军突然停止了撤退,周德威掉转马头,一声令下,早已等候多时的埋伏人马如同潮水一般,迅速涌了过来,摆开阵势。王景仁见有埋伏,急忙下令停止追击,也摆开阵势准备应战。然而一来由于猝不及防,人心慌乱;二来因为地势不利于步兵作战;三来由于已经追赶几十里,疲惫不堪,梁军虽然人多,但在气势上已处于劣势。两军相持到中午,周德威见时机已到,下令发起总攻,顷刻间把梁军杀得大败。

战例3:引蛇出洞,中途邀击

公元696年,李尽忠和孙万荣领导契丹人民起义,武则天派出左鹰扬卫将军曹仁师、右金吾卫大将军张玄遇、左威卫大将军李多祚、司农少卿麻仁节等率大批官兵进行镇压,两军在西峡石黄獐谷(今河北省昌黎县境内)遭遇。李尽忠用诱敌深入之计,引曹仁师孤军突进,将其杀得溃不成军,并缴获了他的印信。然后,李尽忠写了一封书信,逼被俘的敌将签上名字,盖上军印,派人送交营州兵马总管燕匪石和宗怀昌等人,要他们速来接应,否则将严惩不贷。燕匪石接到书信之后急忙领兵前去接应,李尽忠将人马埋伏在中途,官军措手不及,契丹人大获全胜。

战例4:调动敌人,以长击短

五代时,周世宗柴荣亲率十万大军进攻南唐,将寿州重重包围。但是,一连攻打了许多天,都没有能够攻克。这时,南唐派出何延锡前去救援,一百余艘战舰浩浩荡荡,排列整齐,绵延数里。周世宗命时为殿前都虞侯的赵匡胤领兵前往截击。赵匡胤认为,敌军为水师,己方为陆军,双方各有优势,如果直接攻击展开水战自己肯定没有制胜的把握,只能把敌人引到陆上来,在陆上决战,这样才能充分发挥自己的长处,增加胜算。于是,他挑选出一百多名老弱残兵,让他们到江边挑战,自己却率领五千精兵埋伏在涡口。

看到周兵前来挑战,何延锡急忙引兵前往迎敌。他见对方只是一百多名老弱残兵,便率军鼓噪着冲杀过去。周兵见唐军杀来,急忙后退,何延锡领兵在后追赶。追了一程,他也怕中了对方的诱敌之计,因此收住脚步,打算回军。周兵见诱敌计划要落空,就设法要激怒他。一百多人在后面笑骂嘲讽,说:"你们这群胆小鬼,料你们也不敢追赶。我们在前面不远处就埋伏了十万大军,你们如果追来,准叫你们有来无回。"何延锡受不了被人如此嘲弄,便继续追赶,为了以防万一,命令五十艘战舰驶至涡口待命,如果遇到埋伏可乘船迅速撤离。

何延锡率众追到涡口,前面出现了一大片芦苇荡。周兵逃到芦苇荡中,何延锡也一马当先追了过去。他正在一门心思地追赶敌兵,突然马失前蹄,从马背上摔了下来。原来芦苇荡中设置了绊马索。这时,后周的伏兵四起,赵匡胤上前一棍打在何延锡的脑袋上,当时毙命。唐军大败。

从以上战例可以充分发现,用"调虎离山"之计调动敌人是取胜的法宝。在军事斗争中,能够做到不被敌人所调动,也显示出一个军事指挥员临阵时的清醒的判断能力和沉着稳定的心态,否则,就极易被敌人所利用。

公元前204年，楚汉战争进入白热化的程度。项羽挥师攻克荥阳，把刘邦包围在了成皋。刘邦突围后，北渡黄河，一面采纳郑忠的"高垒深堑勿与战"的建议，一面派刘贾、卢绾率军两万，从白马津渡河，深入到项羽的后方，协助彭越烧毁了楚军的粮草等物资，破坏项羽的后勤供应。而楚军如果攻击刘贾，刘贾则与彭越相互支援，坚壁不出，闹得楚军的后方很不安宁。彭越又率军乘隙攻陷梁地，先后占领了睢阳、外黄等十七座城池，搞得项羽很被动。

在这种情况下，项羽决定亲率大军消灭刘贾和彭越的势力，安定后方。临行前，他对大司马曹咎说："你的任务就是谨守成皋，就算汉军百般挑战，你也不要出战，只要挡住汉军向东攻击的道路就可以了。我十五天就可以平定梁地，你要等到我回师之后再一起出战。"

汉军在项羽率军东攻彭越之后，果然南渡黄河，包围了成皋。开始时，曹咎按照项羽的告诫，汉军多次挑战，只是坚守不出。汉军派人不停地在阵前叫骂，曹咎后来终于忍受不了了，盛怒之下，率军出击。汉军乘楚军半渡汜水之际，迅速发动攻击。楚军大败，曹咎等楚将也都因兵败而自杀。接着，刘邦又引大军渡河，再次攻占了成皋，夺取了大量军粮，为取得楚汉战争的胜利创造了条件。

综观曹咎的失败，就是因为他在汉军的羞辱下丧失理智，盲目出战，争一时之短长，从而中了汉军的"调虎离山"之计，落了个兵败身死的下场。

第十六计　欲擒故纵

逼则反兵,走则减势。紧随勿追,累其气力,消其斗志,散而后擒,兵不血刃①。需,有孚,光②。

按:所谓纵者,非放之也,随之,而稍松之耳。"穷寇勿追"③,亦即此意。盖不追者,非不随也,不迫之而已。武侯之七纵七擒④,即纵而蹑之⑤,故展转推进⑥,至于不毛之地⑦。武侯之七纵,其意在拓地,在借孟获以服诸蛮⑧,非兵法也。故论战,则擒者不可复纵。

【译文】

如果被逼得走投无路,敌人就会疯狂反扑;如果给他们机会让他们逃跑,就会削减他们的气势。紧紧跟随着敌人不要追赶,以消耗他们的有生力量,逐渐消减他们的斗志,等到他们人心离散之时再来消灭他们,这样不用经过艰苦的战斗就能取得胜利。这就是自己迟疑不进,并且使敌人相信,就会取得胜利的结局的道理。

按语:所谓的"纵",并不是完全放掉敌人,而是尾随他们,只不过稍微放松些罢了。对于陷入绝境的敌人不可过分逼迫,说的就是这个道理。所以不追赶并不是不跟随,只不过不要过分逼迫而已。三国时期诸葛亮对孟获七擒七纵,就是在放走孟获之后又紧跟着他,所以这样一步步推进,最后深入到了荒凉的不毛之地。诸葛亮七次放走孟获,意图在于开拓土地,在于借助孟获来收服各少数民族的人心,这是政治策略,而不是军事斗争中应当采用的原则。所以就军事斗争来说,已经捉住了的敌人就不要再放跑他。

【注释】

①兵不血刃:兵器上没有沾血,比喻战事顺利,未经交锋或激战而取得胜利。

②需,有孚,光:出自《易·需》。需,迟疑,不进。孚,信服。光,指前途光明。

③穷寇勿追:《孙子兵法·军争篇》有"穷寇勿迫"。四库本"迫"作"追",樱田本"迫"作"逼"。穷,困窘;窘急。迫,困厄,窘迫。此句意思是说,陷入绝境中的敌人,不可过分追赶或逼迫。

④武侯:即诸葛亮。诸葛亮死后谥为忠武侯,后世称之为武侯。七纵七擒:指三国时诸葛亮七次生擒孟获,又七次释放,终于使孟获心悦诚服的故事。《三国志·蜀志·诸葛亮传》"亮率众南征,其秋悉平"裴松之注引《汉晋春秋》说:"亮至南中,所在战捷。闻孟获者,为夷、汉所服,募生致之。既得,使观于营阵之间,问曰:'此军何如?'获对曰:'向者不知虚实,故败。今蒙赐观看营阵,若祇如此,即定易胜耳。'亮笑,纵使更战,七纵七禽,而亮犹遣获。获止不去,曰:'公,天威也,南人不复反矣。'"

⑤蹑:追踪,追击。

⑥展转:指反复。

⑦不毛:不生植物,形容荒凉贫瘠。

⑧孟获:三国时期西南少数民族的首领。蛮:我国古代对长江中游及其以南地区各少数民族的泛称。

【评解】

"欲擒故纵",意思是想要捉住对方,就故意先放开他,以更好地控制局势。

十六国时,前燕将军慕容恪率兵讨段龛于广固。慕容恪的大军将广固重重包围,诸将建议应当速战速决。慕容恪说:"军势有宜缓以克敌,有宜急而取之。若彼我势均,且有强援,虑腹背之患者,须急攻之,以速大利。若我强彼弱,外无救援,力足制之者,当羁縻守之,以待其弊。兵法'十围五攻',此之谓也。龛恩结贼党,众未离心,今凭固天险,上下同心。攻守势倍,军之常法。若其促攻,不过数旬,克之必矣,但恐伤吾士众。当持久以取耳。"于是下令大军就地建造房屋,开垦耕地,加强防守。最终段龛被围日久,众叛亲离之后,慕容恪轻松地将广固攻克。

南北朝时,高齐将领段韶与右丞相斛律光率师伐后周,五月,攻克秦城。周人于姚襄城南另建起一座城镇,东接定阳,又挖了很深的壕沟,阻断了道路。段韶于是偷偷抽调壮士从姚襄城北攻城,又派人渡河潜入姚襄城中,打算形成内外相应之势。渡河的人有一千多,后周人发觉了,将其击退。诸将都要攻打城南筑起的新城,段韶说:"此城一面阻河,三面地险,不可攻。就令得之,一城地耳。不如更作一城,壅其要路。破服秦城,并力以图定阳,计之长者。"将士都以为这个办法可行,于是转而攻打定阳,定阳守将杨范经过了精心的布置,防守非常坚固,一时难以攻下。段韶登上山顶居高临下考察了整个城市的布局之后,下令士兵加紧攻打。七月,攻克了其外城。段韶对斛律光说:"此城三面重涧险阻,并无其他逃脱之路,只能考虑从东南突围。我军放松东南的包围,敌人如果突围,必从此出。我们派精兵在此埋伏,一定能够全歼。"斛律光命令士兵埋伏在城东南的峡谷口。当天夜里,果然像段韶所分析的那样,敌人从东南出城。进入埋伏圈之后,伏兵四起,敌人大败。杨范等将领投降。

在《左传》中,记载了一个"郑伯克段于鄢"的故事,讲述的是郑庄公假装糊涂,不露声色,等到共叔段完全放松了警惕,并且胡作非为到天怒人怨之后,一举将其除掉。这可以说是"欲擒故纵"之计在政治斗争中的一个比较典型的例子。

春秋时期,郑武公的妻子武姜生了庄公和共叔段两个儿子。庄公降生的时候难产,脚先出来头后出来,这让姜氏很惊讶,因此给他取名叫"寤生",并且很不喜欢他。姜氏喜爱自己的小儿子共叔段,武公在世的时候,她就屡次向武公请求,想立共叔段为太子,但武公没有答应。武公去世之后,寤生即位为郑国国君,是为庄公。

庄公即位之后,姜氏请求将制这个地方作为共叔段的封邑,庄公说:"制地是个形势险要的地方,虢叔曾经死在那里,所以还是不要封给他的好,其他地方都可以听命。"姜氏又请求把京城封给共叔段,让共叔段住在那里,庄公答应了她的请求。共叔段到了京城,就称他为京城太叔。

共叔段到了京城之后,积蓄粮草,招兵买马,并加高加厚了城墙。祭仲听到这个消息,就对庄公说:"一般来说,国都城墙的周长如果超过三百丈,就会给国家带来祸害。先王制定的制度是,大都邑的城墙不超过国都的三分之一,中等都邑的城墙不超过国都的五分之一,小都邑的城墙不超过国都的九分之一。现在京城的城墙已经不合制度了,这不是应该的,您对此能够忍受吗?"庄公说:"我的母亲姜氏要这样做,我又有什么办法呢?"祭仲回答说:"姜氏怎么会得到满足？您不如及早做安排,以防他们滋生事端,一旦野心蔓延就难以对付了。蔓延的野草尚且不能铲除掉,何况是您的亲弟弟呢?"庄公说:"多行不义必自毙,您暂且等着吧!"

不久之后,共叔段下令,让西部和北部边境的军民既听庄公的命令,又听自己的调遣。公子吕听说了这种情况,就对庄公进谏说:"国家不能忍受这种两面听命的情况,您究竟是怎么打算的呢？您如果真想把君位让给您的弟弟,我们这些做臣下的就去侍奉他;如果您不想让位,那就请除掉他,不要让老百姓产生其他想法。"庄公又说:"用不着着急,他会自食其果的。"

共叔段又得寸进尺,把本来要求两方听命的地方兼并为自己的封邑,并扩大到了廪延这个地方。公子吕又进谏说:"现在可以动手了吧。如果他势力一大,自然会争得民心。"庄公还是不慌不忙地说:"不遵循正义就不能号召人民,势力越大,越容易崩溃。"

共叔段以为庄公软弱可欺,在京城加紧修理城郭,储备粮草,补充武器装备,充实步兵车兵,准备与姜氏里应外合,袭击郑国的都城,夺取君位。庄公打听到共叔段起兵的日期,说:"现在可以动手了。"于是,命令公子吕率领二百辆战车进攻京城。京城的人听说庄公派出的人马来了,都背叛了共叔段,公子吕轻易地占领了京城。共叔段逃到鄢地。庄公又赶到鄢地进攻他。共叔段不得已,远逃到了共国。

"欲擒故纵"之法不仅是军事斗争和政治斗争中常用的计谋,而且在社会生活的其他领域也能产生意想不到的效果。北宋年间,包拯出任天长县知县。有一天,一个当地的农民来报案说,自己家的耕牛被人割掉了舌头,现在满嘴是血,奄奄一息。包拯对他说:"你先回家吧,把牛杀掉,把肉卖了。"过了不久,又有人来报案说,有人私宰耕牛,正在卖牛肉,让包拯去查办。包拯一听,不但没有奖赏他,反而把脸一沉,说:"你为什么偷偷地割了人家的牛舌,而现在又来告他？从实招来。"那人见包拯这样说,吓得大惊失色,连忙承认了自己的罪行。

原来,按照宋代的法律,私宰耕牛是重罪,盗割牛舌之人与耕牛的主人有矛盾,就想出了这么一个损招。他以为,自己先把他家的牛舌割掉,而一头活不了多久的耕牛,牛的主人只能将它杀掉,以减少更大的损失,然后自己再到官府告一状,治他个私宰耕牛的罪行,以解自己满腹的怨气。没想到包拯早看透了事情的原委,将计就计,没有对事情直接进行严格追查,而是欲擒故纵,让盗割牛舌之人自己找上门来。

唐宪宗时,裴度被任命为中书令,封为晋国公。有一次,裴度正在举行酒宴歌舞,忽然有随从来报告说,官印丢了。在场的人听到后,都惊慌失措,而裴度自己却依旧神色怡然,告诉随从不要声张此事。谁都不明白他为什么这样做,私下认为他很奇怪。夜深了,酒宴正进行到热闹处的时候,随从们又报告说官印还在,并没有丢失。裴公听了,还是毫无反应,宴饮尽欢而散。

事后有人问他,印都丢了,你当时为什么还这样镇定?裴度说:"我猜准是书办们偷印去私盖书券了,如果不急着寻找追查的话,他们用完后自然就会再放回原处。如果追得太急,他们怕事情败露,肯定会将印丢到水里、火里,就再也没有办法找到了。"

从这件事情中,我们固然佩服裴度的镇静,但他处理事情的策略也是难得的。正像他所分析的那样,如果他沉不住气,令人严加追查的话,官印肯定找不回来。在这种情况下,只有运用"欲擒故纵"的方法,才是完全之策。

在用语言进行辩论或者劝谏时,欲擒故纵也往往能够收到比正面交锋更好的结果。

据《战国策》记载:齐国的靖郭君田婴与齐貌辨的关系很好。可是齐貌辨平时做事不拘小节,得罪了不少人,别人都不喜欢他。有人曾劝靖郭君赶走他,靖郭君坚决不同意。

过了几年,齐威王驾崩,齐宣王即位。宣王是田婴同父异母的哥哥,可是两个人的感情很不好。于是,靖郭君就带着门客,离开京城到封地薛邑去了。

没过多久,齐貌辨就向田婴提出,要回临淄去晋见宣王。田婴说:"大王既然讨厌我,那你去见他岂不是找死!"

齐貌辨说:"我根本就没想到要活,所以一定要去。"田婴见无法阻止,就同意齐貌辨去见宣王。

当齐貌辨回到齐都临淄时,宣王早就知道了他要来的消息,满怀怒气地等着他。齐貌辨拜见过宣王后,宣王问他:"听说靖郭君很宠信你,他是不是所有事情都听你的呢？"

齐貌辨回答说："我的确深蒙靖郭君的错爱，但他并非什么都听我的。比如说，当大王您还是太子时，我曾对靖郭君说：'太子长着一副没有仁爱之心的相貌。他的下巴太大，看起来像猪一样。让这种人当国君，施政必然违背正道，所以不如把太子废掉，改立卫姬的儿子郊师为太子。'可是靖郭君一听此话，竟然哭着对我说：'不能这样做啊，我怎么忍心这样做呢？'如果靖郭君一切都听我的，那么他也不会遭受今天这样的迫害了，这是一件事。还有一件事，当靖郭君到了薛城之后，楚相昭阳要用几倍的土地来换薛，那时我建议靖郭君说：'同意他的要求吧。'靖郭君却说：'薛是先王封给我的，现在即使与当今的大王关系不好，如果把薛地交换给别人，将来死后我向先王如何交代呢？况且，先王的宗庙就在薛地，我又怎么能把先王的宗庙交给楚国呢？'结果也没有听从我的建议。"

齐宣王听了齐貌辨的这番话后，长叹了一口气，很严肃地说："靖郭君对寡人的感情竟然如此深厚！只因我太年轻了，一向没注意到这些事情。您能不能替我把靖郭君请回来呢？"

齐貌辨回答说："遵命。"

于是靖郭君田婴穿上齐威王赐给的衣冠，佩戴上当年威王赐给他的剑，回到临淄。齐宣王亲自到郊外迎接，远远地看到靖郭君来了，就开始落泪。靖郭君一进到朝廷上，宣王就请他出任相国，靖郭君再三辞谢，最后不得已才接受相印。可是仅仅七天之后，靖郭君就以有病为由坚决要求辞职，但是宣王不同意，每三天就要向他请教一次。

齐貌辨没有辜负靖郭君的器重和信任，为了消解靖郭君与齐宣王之间的矛盾，不顾个人的安危，不仅表现出了非凡的胆识和勇气，而且显示了卓越的口才与谋略。他通过丑化自己，污损自己来换取信任，从而衬托出靖郭君的忠心和伟大，深深打动了齐宣王，达到了自己此行的目的。

王斗也是齐宣王时候的人。有一天，他登门求见齐宣王，宣王让侍者请他进见。

王斗说："我赶上前去见大王，证明我趋炎附势；而大王如果主动来见我，则证明大王敬重贤士，不知大王怎样认为？"侍者把这些话回报给齐宣王,宣王赶紧说:"让先生稍等,寡人要亲自来迎接!"于是,齐宣王快步到宫门口,迎接王斗入宫。

齐宣王对王斗说:"寡人不才,有幸得以守护先王的宗庙,管理社稷,我听说先生能直言进谏,这次不要有所忌讳。"

王斗答道:"大王您听到的传闻错了,我生逢乱世,臣事昏君,怎么可能直言进谏呢?"宣王听了此言,极为不快,绷着脸没有说话。

过了一会儿,王斗又说:"昔日先君桓公有五样爱好,后来九合诸侯,匡扶周室,天子亲封疆土,立为太伯,承认他为诸侯中的霸主。现在大王您有四种爱好与先主相同啊。"

齐宣王一听这话,心里很高兴,但嘴上仍极力谦辞,说:"寡人愚笨无知,治理齐国唯恐力有不及而发生过失,怎会有先君的四样爱好?"

王斗说:"大王不必谦虚。先君喜欢马,大王您也喜欢马;先君喜欢狗,大王您也喜欢狗;先君喜欢酒,大王您也喜欢酒;先君喜欢美色,大王您也喜欢美色。只是先君喜欢贤士,而大王您却不喜欢。"

齐宣王说:"当今世上根本就没有贤士,寡人如何喜爱?"

王斗说:"当世并没有骐骥、騄耳这样的骏马,但是大王拉车的马都齐备了;当世并没有东郭逡、卢氏那样的良犬,可是大王的猎犬和玩赏狗都够多了;当世并没有毛嫱、西施一类的美女,可是大王后宫已经住满了嫔妃。大王只是不喜欢贤士而已,怎么能说没有贤士呢?"

齐宣王说:"寡人忧国忧民,从心底里想得到贤士来一起治理国家。"

王斗说:"我认为大王的忧国爱民,还比不上您爱一尺绉纱。"

齐宣王问道:"先生此话是什么意思?"

王斗回答说:"大王做帽子,并不是命身边的宠臣去做,而是去请能工巧匠,这是为什么呢?是因为他们手艺高超,能把帽子做好。可是现在大王治理齐国,不管才德如何,除了左右宠臣,就一概不重用。所以我私下以为,大王的忧国忧民,还不如爱一尺绉纱。"

齐宣王听了王斗的话,恍然大悟,谢罪道:"寡人对不起国家啊!"于是选拔了五位贤士,提拔到重要的位置上,齐国因而大治。

在齐貌辨和王斗对齐宣王的劝谏中,都采用了"欲擒故纵"的策略。齐宣王以为知道齐貌辨是靖郭君的心腹,猜想他前来是为了劝说自己请回靖郭君,因此想直截了当地戳穿他的意图。齐貌辨知道如果直接说明自己的目的无济于事,于是就采取了"欲擒故纵"的方式,说靖郭君根本不听自己的劝告,从而借机表达了靖郭君对齐宣王的深厚感情,让齐宣王终于悔悟。王斗在劝谏时虽然开始时直言不讳,但他为了达到进谏的目的,还是用把齐宣王和曾经称霸诸侯的齐桓公对比的方式,让齐宣王感到欣喜,然后再一步步阐明自己的主张。试想,如果他们不是采用"欲擒故纵"的方法,说话过于莽撞或者不恰当,不但达不到自己的目的,甚至会引起齐宣王的不快,给自己带来灾难。

第十七计　抛砖引玉

　　类以诱之,击蒙也①。
　　按:诱敌之法甚多,最妙之法,不在疑似之间②,而在类同③,以固其惑。以旌旗金鼓诱敌者④,疑似也;以老弱粮草诱敌者⑤,则类同也。

【译文】
　　用相类似的东西引诱迷惑敌人,以使敌人懵懵懂懂上当。
　　按语:诱敌的方法有很多,最巧妙的方法,不是用似是而非的方法进行引诱,而是用非常类似的举动来造成假象,从而使敌人坚信这种假象是真的而上当。用虚张声势的旌旗金鼓等来诱惑敌人,这是似是而非的方法;用老弱兵士和粮草物资来引诱敌人,就是用非常类似的举动造成的假象。

【注释】
　　①击蒙:《易·蒙》中有"击蒙,不利为寇,利御寇"之语。击,犹治也。
　　②疑似之间:指似是而非,令人半信半疑。
　　③类同:相像。
　　④旌旗:旗帜的总称。金鼓:四金和六鼓。四金指錞、镯、铙、铎。六鼓指雷鼓、灵鼓、路鼓、鼖鼓、鼛鼓、晋鼓。金鼓用以节声乐,和军旅,正田役。见《周礼·地官·鼓人》。亦泛指金属制乐器和鼓。这里指指挥军队的号令器具,擂鼓则进,鸣金则退。
　　⑤老弱:指没有战斗力的老弱士卒。

【评解】
　　据清代西厓的《谈徵·言部·抛砖引玉》记载,唐朝时,相传赵嘏以诗闻名于世。另一位诗人常建听说他将要来苏州,于是想见识见识他的诗究竟如何。常建猜想赵嘏到苏州来必游灵岩寺,就先题诗二句在灵岩寺的墙壁上。赵嘏果然前来游览，看见墙壁上没有做完的两句诗，于是就补续了二句使其成为一首绝句。常建的诗才不及赵嘏，因此人们说常建此举乃是"抛砖引玉"。事实上，常建是玄宗开元年间的进士，赵嘏于武宗会昌二年才进士及第，当时常建早已去世。常建题句待赵嘏补成之事，只是一种传说而已。"抛砖引玉"作为军事斗争的计谋，是指通过巧妙的伪装引诱敌人，以完成自己的军事意图。

公元前700年，楚国发兵攻打绞国。绞国是楚国邻近的一个非常弱小的国家，楚国很快就攻到了绞国都城的南门之下。绞国自知敌不过楚国的大军，因此四门紧闭，楚国一时也攻不下来。楚国的大夫屈瑕献计说："绞国虽然弱小，但是全国上下却很轻躁，轻躁者必然就会缺少谋略，因此我们可以智取。请不要对进山采樵的人实行保护，诱使绞国人出来抢夺木柴，然后我们趁机歼灭他们。"楚王采纳了他的建议。这时，绞国已经被围一月有余，城中柴薪匮乏，城上的士兵看到城下有来来回回的樵夫，又没有楚军的保护，于是就试探着出城来夺取一些。第一天，绞国派出一支人马，对背着柴从山中出来的樵夫发动袭击，结果抓获了三十个樵夫，缴获了大量木柴。尝到了甜头之后，第二天，绞国军民竞相出城抢夺柴薪，把楚国打柴的人一直追到了山里。楚军见绞国上当，就将人马守在绞国都城北门外回城的路上，埋伏起来。等到绞国人抢夺了柴薪高高兴兴地回城的时候，楚国的伏兵四起，绞国人大败，只得请降。两国签订了城下之盟之后，楚军胜利回国。

通过"抛砖引玉"的计策来诱敌的方法有很多，有利用旌旗金鼓、粮草兵士来诱敌的，也有利用假投降、假消息等来诱敌的。

元朝末年，陈友谅占据江州，为了争夺天下，他率所有兵力顺江而下，攻打朱元璋，先后攻占采石（今安徽省马鞍山市长江东岸）和太平（今安徽当涂），进逼应天（今江苏南京）。由于陈友谅的兵力数倍于己，大兵压境，朱元璋听取了刘基的建议，决定诱敌深入，打伏击战。

朱元璋召来元朝降将、陈友谅的老友康茂才，让他写一封诈降信给陈友谅。康茂才欣然答应，修书一封，信上建议陈友谅兵分三路进攻应天，并说自己所部把守应天城外江东桥，愿为内应，打开城门，活捉朱元璋。为了确保万一，康茂才派一名陈友谅熟识的老仆去送信。

陈友谅读了康茂才的信，虽然心里非常高兴，但也害怕康茂才诈降,于是反复盘问老仆人,老仆应对如流,言辞恳切,陈友谅深信不疑,并问老仆康茂才所守之桥是木桥还是石桥。老仆告诉他是木桥。他当即回信,决定第二天分兵三路取应天,并约定以"老康"为暗号。

第二天,陈友谅亲率数百艘战船顺江而下,直趋应天。前哨到达城外大胜港时,遭到朱元璋手下将领的抵御,无法登岸,又见航道狭窄不便行动,于是下令直奔江东桥,去和康茂才会合。陈友谅到了江东桥,见此桥是一座石桥,心中不免起疑。其实,江东桥本来的确是一座木桥,朱元璋为了防备康茂才的假投降假戏真唱,借机真的投降了陈友谅,已于当天夜里连夜把木桥改造成石桥了。陈友谅急命部下高喊"老康",但喊了多时,竟无人答应,方知中计,急忙命令修筑工事,强攻应天城。此时,突然战鼓齐鸣,伏兵四起,朱元璋的大将徐达、常遇春率军分别从左右杀来,修筑工事的一万精兵顿时大乱,纷纷逃到江边,蜂拥登船。陈友谅急令开船,哪料正当退潮之际,战船全部搁浅。徐达与常遇春追上船来,陈友谅只好跳进小船逃跑了。

在现实生活中,对于"抛砖引玉"之计还有另外一种理解,就是通过自己了解别人的需要,满足别人的愿望和需求,使他们和自己一起完成自己的目标。

在战国七雄中,燕国只能算是一个小国。燕王哙时,因被人所惑,效仿尧舜禅让的故事,把国家让给子之,引起国内大乱。齐国乘机伐燕,杀死子之和燕王哙,残暴燕民,太子平逃亡到国外。

后来,赵武灵王护送太子平回国,立为燕国国君,是为燕昭王。燕昭王即位后,卑身厚礼广招贤才,虚心求教,以求富国强兵,报仇雪耻。

刚开始的时候,很多人认为燕昭王仅仅是沽名钓誉,并不是真的求贤若渴。燕昭王始终寻觅不到治国安邦的英才,整天闷闷不乐。有人向他出主意,让他去求教于燕国有名的贤人郭隗先生。

于是,燕昭王亲自去拜访郭隗,向他请教怎样才能得到贤才。郭隗说:"成帝业者把贤者当老师,成王业者把贤者当朋友,成霸业者把贤者当臣子,亡国之君把贤者当下人。能够屈身事贤,虚心请教,才能超过自己百倍的人就会来到;能够问学不倦,勤于求教,才能超过自己十倍的人就会来到;别人怎么做他就怎么做,才能跟自己差不多的人就会来到;只会高高在上,指挥别人,供其驱使的差役就会来到;如果态度暴戾，随便辱骂别人，甘当奴才的人就会来到。这是历史事实所证实的求士的基本规律。您如果想广泛选拔贤才，可以先亲自到国内贤者的门下去拜访。只要这个消息传开，天下的贤才一定都会踊跃到燕国来。"

燕昭王问："那么请问先生，我应该先去拜访谁呢？"

郭隗说："我给你讲个故事吧。古代有一个国君愿意出千两黄金购买千里马，可是时间过去了三年，始终没有买到。他的一个侍臣说：'请让我去找找看吧。'这位国君便派他去了。过了三个月，派出去买马的人回来了。国君问他：'你见到千里马了吗？'侍臣说：'见到了。'国君又问：'把它买来了吗？'侍臣回答：'买来了。'国君一听，十分高兴，急忙下去观看，可是见到的只有一只马头。国君大怒，说：'我要的是千里马，为什么只给我带来一只死马的马头。'侍臣说：'我好不容易发现了一匹千里马，可是当我见到它的时候，马已经死了，我就用五百两黄金买了马头带回来。天下人都知道您在买千里马，如果听到这个消息，一定会想，死马还用五百两黄金买，何况生马呢？天下人知道您这么喜欢千里马，活的千里马很快就来到！'果然，不到一年，就有人送来了三匹千里马。大王您果真想招纳贤士，就把我郭隗当做那只死千里马的马头，先从我开始吧。天下人得知像我这样的人尚且被您重用，何况比郭隗更贤明的人呢？即使远在千里之外，一定也会前来燕国的。"

燕昭王采纳了郭隗的建议，拜郭隗为师，并为他专门建造了宫殿，责成他在易水岸边建造黄金台，重金延揽天下有才能的人。没过多久，乐毅从魏而来，邹衍从齐而来，剧辛从赵而来，天下有才能之士都争先恐后来到燕国，燕国一下子便人才济济了。从此以后，一个本来内乱外祸、满目疮痍的弱国，逐渐成为一个富裕兴旺的强国。

人们常说："重赏之下必有勇夫。"燕昭王给郭隗以优厚的礼遇，盖漂亮的宫殿，并建黄金台，置千金于其上，广招人才，才形成了"士争趋燕"的局面。《管子》中说：知道给予就是取得，是为政的秘诀。一个人对他人的给予与获取，是一种对立的矛盾。如何看待及处理两者之间的关系，不但可以看出一个人的胸怀与见识，而且也可以从中判断他的处世艺术。有的人急功近利，竭泽而渔，虽然得到了眼前利益，却埋下了失去人心的祸根；有的人着眼于长远，与人分利，虽然目前所得不多，却能赢得了人心而为做大事获大利打下了基础。燕昭王正是接受了郭隗的建议,采取了"欲想取之,必先予之"的策略,才招来了乐毅、邹衍等贤才,使燕国得到复兴。

《管子》中说:饮食、侈乐都是人民的正常需求和愿望,满足他们的这些欲求和愿望,就可以让他们和自己一起建设国家。如果只让他们穿兽皮,戴牛角,吃野草,喝脏水,怎么能够让他们听从自己的指挥呢?心情不舒畅的人是永远做不好工作的。

曹操就特别注意满足人民和手下将士的需要。他不但在受灾的时候主动减免赋税,而且作为军事统帅,每次取得重大胜利,都没有把功劳归于自己。他把胜利看成是全军将士共同奋战的结果,自觉地以历史上的名将为榜样,奖赏有功将士,抚恤烈士遗孤,并且把自己封地里的田租都分给了别人。他说:"当年赵奢、窦婴为将的时候,因有功被赏赐千金,不到第二天就全部分散给了手下将士,所以他们都能深受爱戴,屡战屡胜,名垂青史。我读了他们的事迹,很佩服他们的为人。回头想想我自己,我与诸位文官武将一起四处平定叛乱,安抚国家,幸亏有各位贤人不爱其谋,众位将士不遗余力,因此才做成了一些事情,而我却因此而受到封赏,得到了有三万人口的封地。有感于窦婴散金的故事和品格,现在我把自己封地所得的地租都分给诸位将官、各位参谋以及当年驻守陈、蔡的将士,虽然东西不多,聊以表达我的答众之情。对于在战争中阵亡的烈士的亲属,也用我的地租来周济他们。如果来年收成好,地租收上来之后,一定会再多分一些给大家。"治国能体谅灾区人民的苦难,治军能与兵士同甘共苦,从而真正为他们办好事、办实事,这大概就是曹操能够统一北方,平定四方的秘诀之一。

第十八计　擒贼擒王

摧其坚,夺其魁,以解其体。龙战于野,其道穷也①。

按:攻胜则利不胜取。取小遗大,卒之利、将之累、帅之害、攻之亏也。全胜而不摧坚擒王,是纵虎归山也。擒王之法,不可图辨旌旗,而当察其阵中之首动。昔张巡与尹子奇战②,直冲贼营,至子奇麾下③,营中大乱,斩贼将五十余人,杀士卒五千余人。巡欲射子奇而不识,剡蒿为矢④,中者喜,谓巡矢尽,走白子奇⑤,乃得其状,使霁云射之⑥,中其左目,几获之,子奇乃收军退还。

【译文】

摧毁敌人的主力,控制敌人的主帅,这样就会瓦解敌人的力量。就好像龙来到陆地上作战一样,将会没有什么办法可以施展。

按语:战争胜利之后,利益取不胜取,但如果满足于小的利益的取得而丧失了大的利益,这就是士卒的胜利、将军的累赘、主帅的祸害、战争的损失。即使大获全胜,但如果没有摧毁敌军的主力,制服敌人的首脑,这也等于是纵虎归山。制服敌人的首脑有诀窍,不要看到旌旗在哪里就认为主帅一定在那里,而应当通过仔细查看军队的一举一动判断主帅所在的位置。唐朝时,张巡与安禄山的部将尹子奇作战,张巡率军直冲敌营,一直杀到尹子奇的帅旗之下,营中大乱,唐军斩杀叛军的大小将领五十余人,士卒五千多人。张巡想要射死尹子奇,可是不知道哪一个是,于是他想了一个办法,削了一根蒿草秆,当做箭射了出去。被箭射中的人没有受伤,非常高兴,认为张巡的箭已经射没了,跑到尹子奇面前把这个情况告诉他。张巡于是记住了尹子奇的模样,命令神箭手南霁云射他。南霁云一箭正中尹子奇的左眼,并差一点抓住了他。尹子奇身受重伤,只得撤兵。

【注释】

①龙战于野,其道穷也:出自《易·坤》的象辞。

②尹子奇:唐朝时安禄山叛军的将领,曾经率领十万大军包围睢阳(今河南商丘),与张巡对峙。

③麾:古代用以指挥军队的旗帜。

④剡(yǎn):削,削尖。

⑤白:告诉,报告。

⑥霁云:即南霁云。唐朝魏州顿邱(今河南清丰西南)人,曾为张巡部将,与张巡一起守睢阳,以善射著称。城破后,与张巡一起遇害。

【评解】

"擒贼擒王"出自唐代伟大诗人杜甫的《前出塞》诗中的第六首,原诗是:"射人先射马,擒贼先擒王。"后来"擒贼擒王"成为了一个成语,比喻做事要抓住要害,这样才能取得事半功倍的效果。"擒贼擒王"用在军事上,要求军事斗争中首先打垮敌人的主力,制服敌人的首脑,这样就能够使敌人迅速瓦解。

王莽统治末期,王郎在河北起兵,任命王饶为钜鹿郡太守,据城抵抗刘秀。刘秀包围数十日,连攻不克。耿纯建议说:"我们在这里和王饶长期对峙,时间长了将士必然疲惫,不如用我们的主力和精锐军队,去进攻邯郸的王郎,如果王郎被消灭了,王饶就会不战自降。"刘秀接受了他的建议,留下一部分人马继续包围钜鹿,自己率兵进军邯郸,驻扎在邯郸北门外。王郎数次出战,都没有占到便宜,于是回城死守。攻打了二十余日之后,刘秀利用城内的反间里应外合,将邯郸攻克,王郎的其余部下就都不战而降了。

东汉时,将军耿秉与窦固合兵一万四千骑,进攻西域的车师。车师有后王、前王,前王即后王之子,其庭相去五百余里。耿秉打算先攻打后王,认为只要把后王打败,则前王自服。窦固犹豫不定。耿秉挺身而出,众军不得已,只好随他前进。汉军过处,斩首数千级,俘获马牛羊十余万头。后王闻讯大惊,领着数百骑出城来迎接耿秉,表示愿意投降。车师国就这样平定了。

在政治、外交等领域中，控制住关键人物，也能够大大提高胜算。

公元前260年，秦国大将白起率军攻打赵国，长平一役，赵军大败，数十万人投降后被活埋。赵国元气大伤，闻秦丧胆。两年后，秦国又大举进攻赵国，秦军将赵国都城邯郸团团围住，情况十分危急。赵王决定派平原君出使楚国，向楚国求救。

平原君临行之前，决定从门客中挑选出二十名文武双全的人随同前往。可是挑来挑去，只挑出了十九个比较满意的，还差一个人却怎么挑也挑不出来了。平原君正伤脑筋，毛遂主动站了出来，凑齐了二十人的数。平原君带着他们二十人连夜赶往楚国。

平原君一行人到了楚国，游说工作非常不顺利，从旭日初升一直商谈到正午，向楚王阐述联合抗秦的重要，却都无法说服楚王。

正当大家不知道该怎么办才好的时候，毛遂手按佩剑，对平原君说："合纵抗秦这件事，利害得失一句话就说清楚了，怎么会从日出谈到中午还不能决断呢？"

楚王见一个随从竟然如此倨傲无礼，怒斥说："你是什么人？我和你主人讲话，哪有你插嘴的份？"

毛遂毫无惧色，按着佩剑一直走上台阶，来到楚王前面，说："大王斥责我，无非是仗着楚国人多势众。但现在咱们相距不到十步，大王的性命现在掌握在我的手中！"

接着，毛遂话锋一转，说："楚国兵多将广，地大人多，有精兵几百万，即使称霸诸侯，也没有什么令人惊奇的。然而白起一个鼠辈，率领区区几万人攻打楚国，占领了你们大片土地，一举夺去鄢、郢两座城池，火烧夷陵，毁了楚国的宗庙，羞辱了楚国的祖先，这是百世难解的怨仇，连我们赵国都替你们感到羞愤，大王却不以为耻。赵国提议两国联合抗秦，也是在替你们楚国报仇啊！"

毛遂一席话，说得楚王哑口无言，终于决定同意两国结盟，订下和约，并立刻发兵支援赵国，解了邯郸之围。

在对敌作战或谈判中控制了敌人或者对方的首脑就能够很容易地取得胜利，在做其他事情时，关键人物的支持也是获得成功的重要外在条件。王安石变法的成败就充分说明了这一点。

王安石（1021～1086）是北宋著名的政治家、文学家和思想家。年轻的时候,王安石随父亲到过南北很多地方,目睹官僚、豪绅、地主肆无忌惮地兼并土地和对农民的欺凌压榨,使大批农民失去土地,生计艰难。加上北宋王朝对外采取屈辱妥协的政策,阶级矛盾、民族矛盾日趋尖锐,国防和财政出现严重危机。这些情况促使他立志改革政治,实行变法。

1042年,王安石考中进士,在江、浙一带做了十六七年的地方官。他在管辖的地区,初步推行革新措施,取得了积极的效果,显示了出色的政治才能。1058年,王安石回京城任职后不久,就向仁宗呈奉了一篇万言书,陈述了他的变法主张。万言书中畅论政事,陈述富国强兵的计划,但未被仁宗皇帝采纳。

宋神宗即位后,看到国家不景气的情况,决心进行一番改革。可是他周围的人,都是仁宗时期的老臣,就是像富弼这样支持过庆历新政的人,也变得暮气沉沉了。宋神宗心想,要改革现状,一定得找个得力的助手。恰好此时有人向他推荐了王安石,他对王安石的变法主张十分赞赏,决定召见他。

此时王安石已经辞职在家,他接到宋神宗召见的命令,又听说神宗正在物色人才酝酿变法,就高高兴兴地应召上京。

王安石一到京城,宋神宗就请他单独进宫谈话。一见面,神宗问他:"你看要治理国家,该从哪儿着手?"

王安石此时早已胸有成竹,从容不迫地回答说:"先从改革旧的法度,建立新的法制开始。"

宋神宗听了王安石的计划,非常满意,要他回去写个详细的改革意见。王安石回去以后,当天晚上就写了一份详细的计划,第二天送给神宗。宋神宗认为王安石提出的主张都很有道理,也符合自己的心意,就越加信任王安石。1069年,宋神宗把王安石提升为参知政事,即副宰相,次年升任同中书门下平章事(即宰相)。那时候,朝廷里名义上虽然有四名宰相,但病的病,老的老。有的虽然不病不老,但是一听见改革就叫苦连天,一肚子的不痛快。王安石知道,依靠这批人,改革肯定没指望。经过宋神宗批准,他提拔了一批年轻的官员,并且设立了一个专门制定新法的机构:三司条例司,把变法的权抓了来。这样一来,他就放开手脚开始了改革。

王安石从"理财"和"整军"两个方面着手，颁布了一系列新法。属于"理财"范围的有农田水利法、青苗法、免役法、方田均税法、市易法、均输法。在这些新法中规定：政府鼓励地方兴修水利，开垦荒地；官府的各种差役，民户不再自己服役，改为由官府雇人服役，民户按贫富等级，交纳免役钱，原来不服役的官僚、地主也要交钱，这样既增加了官府收入，也减轻了农民的劳役负担；为了防止大地主兼并土地，隐瞒田产人口，由政府丈量土地，核实土地数量，按土地多少、肥瘠收税；政府每年的正二月和五六月青黄不接的时候以极低的利息贷钱或粮食给农户，收获以后再偿还；等等。

属于"整军"方面的有保甲法、保马法、置将法和设军器监，规定农民按住户为单位，每十家是一保，五十家为一大保，十大保为一都保，家里有两个以上成年男子的，抽一个当保丁，农闲练兵，战时编入军队打仗；在边境诸军中设立专门负责操练的军官，选任武艺精良的将官担任；废除原来的牧马监，把原来占领的牧场归还农民，推行民户代养官马的办法；设置专门制造兵器的作坊，按制作的精良程度进行考核。

新法推行的结果，在一定程度上限制了豪强兼并势力，缓和了国家财政和军事危机。对巩固宋王朝的统治、增加国家收入，起了积极的作用。但是，也触犯了大地主的利益，遭到许多朝臣的反对。

有一次，宋神宗问王安石说："外面人都在议论，说我们不怕老天的警告，不顾人们的舆论，不守祖宗的规矩，你看怎么办？"

王安石回答说："陛下只要认真处理政事，这就可以防止上天降下的灾变了。陛下积极征询下面的意见，这就是照顾到舆论了。再说，人们的议论也不一定都正确，只要我们做的合乎道理，又何必怕人议论呢？至于祖宗的老规矩，本来就没有固定不变的。"

王安石虽然很坚决，但是宋神宗并不像他那么无所顾忌，听到反对的人不少，就动摇起来。

1047年，河北大旱，一连十个月没下雨，农民到处逃荒。宋神宗正为这个发愁的时候，有一个反对变法的官员趁机画了一幅"流民图"，献给宋神宗，说旱灾是王安石变法带来的报应，要求神宗把王安石撤职。

宋神宗看了这幅流民图，晚上睡不着觉。他的祖母和母亲也在神宗面前鼓噪，说天下被王安石搞乱了，让神宗停止新法。

王安石虽以坚韧不拔的意志推行新法,终究寡不敌众,在反对派的竭力诽谤和攻击下,只得被迫上书辞职。宋神宗迫于内外压力,也只好让他暂时离开东京,到江宁府去休养。

　　第二年,宋神宗再度把王安石召回当宰相。刚过了几个月,天空中出现了彗星,这在当时被认为是不吉利的预兆。宋神宗又慌了,要大臣对朝政提意见。一些保守派又趁此机会攻击新法。王安石竭力为新法辩护,但宋神宗还是犹豫不定。

　　由于神宗对继续改革失去兴趣,变法派内部又发生许多矛盾,没办法继续贯彻自己的主张,加上其子王雱病死,使他受到很大打击,身体又多病,1076年春天,王安石再一次辞去宰相职位,回江宁府去了。

　　从王安石推行新法到变法失败的过程中可以发现,如果一项事业取得成功,得到有最终决策权的领导人的鼎力支持是至关重要的。得到上司的支持,事业就可顶住其他压力顺利开展,失去上司的支持,一有风吹草动,本来可能会成功的事情就有流产的危险。了解这一规律,比学会在军事斗争中运用"擒贼擒王"的计谋,对于每一个人来说,都具有更现实和更普遍的意义。

第四套 混战计

第 十 九 计　釜底抽薪
第 二 十 计　混水摸鱼
第二十一计　金蝉脱壳
第二十二计　关门捉贼
第二十三计　远交近攻
第二十四计　假途伐虢

第十九计　釜底抽薪

不敌其力,而消其势,兑下乾上之象①。

按:水沸者,力也,火之力也,阳中之阳也②,锐不可当;薪者,火之魄也③,即力之势也,阳中之阴也④,近而无害。故力不可当而势犹可消。《尉缭子》曰⑤:"气实则斗,气夺则走⑥。"而夺气之法,则在攻心。昔吴汉为大司马⑦,尝有寇夜攻汉营,军中惊扰,汉坚卧不动,军中闻汉不动,有倾乃定⑧。乃选精兵夜击,大破之。此即不直当其力而扑消其势力也。宋薛长儒为汉州通判⑨,戍卒开营门⑩,放火杀人,谋杀知州⑪、兵马监押⑫。有来告者,知州、监押皆不敢出。长儒挺身出营,谕之曰⑬:"汝辈皆有父母妻子,何故作此?然不与谋者,各在一边。"于是不敢动,惟主谋者十三人突门而出,散于诸村野,寻捕获⑭。时谓非长儒,则一城涂炭矣⑮!此即攻心夺气之用也。或曰:敌与敌对,捣强敌之虚以败其将成之功也。

【译文】

不直接与敌人锋芒正盛时相对抗,而是设法消减它的气势,用以柔克刚的办法战胜它。

按语:水能够沸腾翻滚,是由于它具有了力量,这种力量源于火的力量,这样一种显而易见的强大的力量,是锐不可当的;木柴干草,是火的精气之所在,也是力量产生的条件和依托,这是一种隐含着的力量,即使靠近它也不会产生危害。因此,强大的力量虽然不可阻挡而其条件和依托却是可以消除的。《尉缭子》中说:"气势如果旺盛就会奋力争斗,气势如果丧失就会消极败退。"而使气势丧失的办法,就在于对敌人实行攻心战术。东汉时,吴汉为大司马,有一次,敌人于夜间进攻汉营,军中一片混乱,只有吴汉躺着不动,军中将士听说自己的主帅如此镇定,过了一会儿也都安定下来。于是吴汉开始挑选精兵于当夜进行反击,把敌人杀得大败而逃。这就是不直接面对敌人强大的力量而设法消减其气势的方法。宋代时,薛长儒担任汉州的通判,有一次,守卫汉州的士卒数百人发生了叛乱,他们打开了营门,到处杀人放火,打算谋杀知州和兵马监押。有人前来报告,知州和兵马监押都吓得不敢出门。这时,薛长儒挺身而出,走出大营,劝诫叛乱的士兵说:"你们都有自己的父母妻儿,为什么要做这种大逆不道的事情呢?不过,凡是没有参与谋划的,都站在一边去。"于是士兵大多不敢再轻举妄动,只有主谋叛乱的十三个人夺门而出,跑到了外面的村子里和田野中分头躲藏起来,不久之后就都被抓到了。当时的人们都说,如果没有薛长儒,整个汉州城就都遭殃了。这就是通过攻心战术使敌人丧失气势的具体运用。有人说,"釜底抽薪"就是在两军作战之时,打击强大敌人的虚弱之处,以挫败他们将要取得的胜利。

【注释】

①兑下乾上之象:兑和乾是八卦中的两卦,兑代表泽,乾代表天。兑下乾上为"履"卦。《易·履》象传曰:"履,柔履刚也。"有以柔克刚之意。

②阳中之阳:指强大力量中的显著者。前一个"阳"指强大的力量,后一个"阳"是非常显著、极为明显的意思。

③魄:原指依附于人的形体而存在的精气、精神。泛指事物的精神、精气。

④阳中之阴:指强大力量中的隐藏者。

⑤《尉缭子》:我国古代兵书名,相传为战国时期大梁人尉缭所作。

⑥气实则斗,气夺则走:出自《尉缭子·战威第四》。意思是气势如果充盈就会争斗,气势如果丧失就会败退。

⑦吴汉:东汉开国功臣之一,字子颜,南阳宛(今河南南阳)人。东汉建立之后曾任大司马,被封为舞阳侯。大司马:中国古代官名,不同朝代职属有所不同。东汉初年大司马为三公之一,后改为太尉,末年又别置大司马。

⑧有顷:一会儿,一段时间之后。

⑨薛长儒:宋代绛州(今山西省侯马市)人,字元卿,曾历任汉、湖、滑等州通判。汉州:地名,今四川广汉。通判:官名。北宋初年始置,于诸州府设置,地位略次于州府长官,但握有连署州府公事和监察官吏的实权。"通判",即共同处理政

务之意。

⑩戍卒：戍守边疆或城池的士兵。

⑪知州：官名。北宋建立之后，鉴于五代藩镇之乱，留居诸镇节度于京师，而以朝臣出守各郡，称"权知某军州事"，意思是暂行主管某军州兵政、民政事务。后来文武官参为知州军事，总理郡政，省称曰知州。

⑫兵马监押：五代和宋朝掌诸州兵马的武官。

⑬谕：教导，教诲。古代常用于上级对下级。

⑭寻：不久，接着，随即。

⑮涂炭：蹂躏，摧残。也指陷入灾难的人民。

【评解】

"釜底抽薪"出自《汉书·枚乘传》："欲汤之沧，一人炊之，百人扬之，无益也，不如绝薪止火而已。"意思是说，想要使热水凉下来，如果有一个人在不停地烧火，即使派一百个人扬汤止沸，也不会有什么效果，还不如直接把釜底的柴草拿走，让火熄灭。后来人们常用"釜底抽薪"比喻要从根本上解决问题。例如明代戚元佐的《议处宗藩疏》中也说："谚云：扬汤止沸，不如釜底抽薪。""釜底抽薪"作为军事斗争中的计谋，指抓住主要矛盾，攻击敌人的关键部位，从而消减敌人的气势。

消减敌人的气势是"釜底抽薪"之计成功的关键之所在，也是此计的灵魂之所在。春秋时期吴楚柏举之战中，吴国就运用这一策略，将楚军彻底击败。

柏举之战是吴国最终破楚入郢的关键一役。这场战役，起于蔡、唐两国因楚国的囊瓦索要财物并监禁蔡昭侯和唐成公而叛楚。楚国以蔡灭沈为由出兵围蔡，蔡侯求救于吴。吴王阖闾为此征求伍子胥和孙武的意见，二人认为，楚国霸道蛮横，"贪而多过于诸侯"。对于楚伐蔡这件事来说，"蔡非有罪也，楚人为无道"。在二人的鼓励下，吴王决心"悉兴师"，联合唐、蔡，与楚决战。对于这场战役的全过程，《左传·定公四年》中有着详细的记载。

鲁定公四年(公元前506年)冬，吴国联合蔡国、唐国伐楚。联军沿淮河西进，进抵淮汭(今安徽凤台附近，一说今河南潢州西北)后舍舟登陆，迅速通过楚国北部大隧、直辕、冥厄三座关隘，一直打到了汉水东岸。楚昭王急派令尹囊瓦和左司沈尹戌等率军赶至汉水西岸，抵御联军的进攻。

楚军在汉水西岸扎下营寨之后,主将们便一起来到汉水岸边隔岸观察敌情,以确定退敌之策。沈尹戌对囊瓦说:"您在汉水西岸坚守,正面牵制吴军,我北上集结兵力,迂回到吴军的侧后,毁坏吴军的船只,堵塞三关,断绝他们的退路,然后我们前后夹击,一定可以大败吴军。"囊瓦觉得他的这一主张可行,便率主力在汉水西岸驻守,沈尹戌则带领楚军一部,沿汉水向方城(今河南方城县境内)方向进发,以对吴军形成迂回包抄之势。

沈尹戌奔赴方城后,汉水西岸的楚军坚守了数日,并不见吴军强渡。这时,楚国的武城大夫黑沉不住气了,向囊瓦建议道:"吴军用的是木栈车,我们驾的是皮革车,不利于持久,不如速战速决吧。"大夫史皇随声附和,说:"楚国上下都与您疏远而拥护沈尹戌司马。如果他毁坏了吴国的船只,又把三座关口堵住,大功就属于他的了。您应当立即进攻,否则,您不但不能立功,恐怕连您现在的位置也保不住了。"囊瓦听从武城大夫黑和史皇的挑拨怂恿,贪功心切,于是一改原先商定的作战计划,不待沈尹戌军完成迂回包抄行动,决定单独率领楚军主力渡过汉水向吴军进攻。

孙武鉴于楚军势盛,建议吴王避其锐气,统率大军沿汉水东岸后退,后退疲敌,寻机决战。囊瓦企图速战速决,见吴军不战而退,错误地认为对方怯战,于是率领楚军紧追不舍。从小别山(山名,今湖北汉川东南)至大别山(今湖北境内大别山脉)之间,吴楚三次交锋,楚军都没有占到什么便宜,锐气大大受挫。吴军边打边退,退到柏举(今湖北省麻城东北)时突然停了下来,抢先布好阵势,准备迎击楚军。囊瓦率军赶到,不及休整,仓促布阵,投入战斗。吴王阖闾见楚军势大,也不敢贸然进攻。

吴军先锋、阖闾的弟弟夫概建议说:"囊瓦在楚国一向不得人心,部下肯定不会为他死战。我们如果抢先进攻,楚军士卒必定会逃跑,这样我们就可以乘胜追歼。"吴王没有听从他的建议,认为楚军势大,坚持固守,等待时机。夫概不愿放弃这个求胜的机会,心想:"做臣子的只要做得对,不一定非得等待君王的命令。"于是,他当机立断,率领自己的部众,冲向楚军中间的方阵。囊瓦下令楚军反击。楚军将士抵挡了一阵之后,便四散溃逃了。夫概率领吴军勇猛突击,楚军中间方阵片刻之间即告瓦解。吴王阖闾见夫概的中间突击取得成功,马上放弃观望,迅速指挥大军投入战斗。楚军抵挡不住吴军的全线进攻,全线溃逃。囊瓦惊慌失措,知道败局已无法挽回,不敢回国,只身逃到郑国去了。大夫史皇率部殊死决斗,掩护楚军主力撤退,最后战死。武城大夫黑带领楚军残部向西逃跑,一直退到清发河(今湖北涡水)边,眼见吴军迫近,他便一面命前军备船渡河,一面令后军布阵势掩护。

吴王追至河边,阖闾就要马上发起攻击。夫概建议道:"敌人现在深陷死地,必然会拼命作战。不如让他们先渡河,等他们渡过一半的时候,渡过河的争于逃命,没有渡河的一心渡河,自然就无心抵抗了。"阖闾采用了他的"半渡而击"的计谋,再度给渡河逃命中的楚军以沉重的打击。楚军残部逃至雍巫(今湖北京山西南),终于与由息地(今河南息县西南)回救的沈尹戌部会合。楚军决定重整旗鼓,同追击而来的吴军再次决战。

吴军连战连胜,士气大振,愈战愈勇。楚军连受重创,将士无心恋战。经过反复激烈的拼杀,楚军再次战败,沈尹戌阵亡,楚军彻底失败。吴军势如破竹,一直进攻到楚国的都城郢(今湖北江陵)。楚昭王丢弃建都两百年的郢城,仓皇出逃。

在两军对阵中,使敌人士气消减的方法有很多,既可以用消耗、打击等办法,也可以使用谋略和各种诡诈的手段。

公元395年,后燕的统治者慕容垂命太子慕容宝率军八万进攻北魏。面对来势汹汹的敌人,魏军主动后撤,将部落和军队转移一千余里,远远地避开。同时,魏国派人深入到燕军的后方,断绝燕军和燕都中山(今河北省定县)之间的联系,使燕军得不到来自都城的音信。接着,北魏向燕军散布慕容垂已死的消息。燕军闻讯,非常恐惧,军心动摇。尤其是太子慕容宝,不知道都城的消息,害怕慕容垂死后他人即位,更是忧心如焚。这样相持数十天之后,燕军士气低落,慕容宝只得率军后退。魏军见燕军打算逃跑,乘势追击。燕军退至参合陂(今内蒙古凉城境内)时,安营于陂东河边,魏军则秘密占领了陂顶高地,并绕到敌后,截断了敌人的退路。魏军居高临下冲击燕军的营地,燕军惊惶失措,纷纷渡河逃命,魏军乘势奋击,燕军大败。

北宋初年,张齐贤在代州抵抗辽军。有一次,他派人约潘美率领并州的军队前来会战。没想到,送信的使者在路上被辽兵抓住。张齐贤闻讯后,一直担心约定的时间已经泄漏,潘美中了敌人的计谋,被敌人所调动。不久之后,潘美的使者来张齐贤的营中送信,说潘美的军队本来也想前来并州会师决战,人马已经出了并州,到达了北井,这时却得到了朝廷的密诏,东路军在君子馆战败,命令并州的军队不许出战。现在潘美已经带兵又回到并州了。这时候,辽兵的人马众多,满山遍野都是。张齐贤想:"敌人肯定已经知道潘美从并州来了,但不会知道他们会马上又回去。"于是他把信使安置在密室之内,不让消息泄漏出去。半夜时分,他派出二百名士兵,每人拿着一面旗子,背着一捆柴草,在距离州城西南三十里的地方,摆开旗帜,点燃柴草。辽兵远远看见火光中有旗帜,以为是并州的人马赶到了,惊惶失措,向北逃窜。张齐贤事前已经将步兵二千埋伏于土磴砦,在辽军逃跑的途中趁机掩击,辽军大败,擒其北大王之子一人,帐前舍利一人,斩首数百级,俘获马匹二千、各种武器铠甲等一大宗。

"釜底抽薪"用在军事斗争中,往往表现为通过断绝敌人的物资供应等方式来使敌人失去基本保障,从而失去战斗力。这样的例子在中国历史上有许多。

东汉末年,曹操与袁绍在官渡相持。随着时间的推移,曹军粮食越来越少而袁绍的军粮却从邺城源源运来。袁绍专门派大将淳于琼带领一万人马送运军粮,并把离官渡四十里的乌巢作为军粮囤积之地。袁绍手下有一个叫许攸的谋士,向袁绍献计,劝袁绍派出一支兵马去偷袭许都,袁绍很冷淡地拒绝了。这时,正好有人从邺城给袁绍送来一封信,说许攸家里的人犯了法,已经被当地官员抓了起来。袁绍看了信,把许攸狠狠地骂了一通。许攸又气又恨,就连夜逃出袁营,投奔曹操去了。许攸到曹营的时候,曹操在大营里刚脱下靴子,听说许攸来投降他,高兴得光着脚就跑了出来,欢迎许攸。一番寒暄和相互试探之后,许攸说,我知道您的情况很危险,特地来给您出个主意。现在袁绍的粮食、军械,全都囤积在乌巢。淳于琼的防备很松,您只要带一支轻骑前去袭击,把他的粮草烧光,不出三天,袁绍必然不战自败了。曹操听罢大喜,立刻把曹洪等人找来,吩咐他们守好官渡大营,自己带领五千骑兵,连夜向乌巢进发。他们伪装成袁绍的军队,打着袁军的旗号,沿路遇到袁军的查问，就说是袁绍派去增援乌巢的，因此很顺利地就到了乌巢。曹军围住乌巢粮屯，放起大火，把一万车粮草，烧得一干二净。乌巢的守将淳于琼仓促应战，被曹军杀了。正在官渡的袁军将士听说乌巢起火，都惊慌失措。曹军乘势猛攻，一举击溃袁绍。

建元六年（公元370年）六月，前秦的王猛奉苻坚之命，统领杨安等十将，战士六万人，进攻前燕，前燕慕容评率精兵二十万抵御秦军。王猛攻下壶关（在今山西黎城东北太行山口）和晋阳（今太原市南）之后，挥师南下，直趋潞川（今山西东流入河北、河南交界的浊漳河），与慕容评两军对垒。这时候，由于秦军有相当数量的军队留下来占领新夺取的地方，王猛所率部队与慕容评的数十万大军相比，相差悬殊。慕容评认为，王猛孤军深入，粮草不济，想以持久战拖垮秦军。王猛也明白自己的处境，因此想速战速决。于是，他派人探听到慕容评囤积辎重和粮草的地点，派将军郭庆带领五千骑兵从一条秘密的小道越过慕容评的防线，放火将燕军的辎重全部焚烧。据说当时火光冲天，连居住在邺城（今河北临漳县西南邺镇）的军民都能够看见。消息传到邺城，慕容玮派人严责慕容评，促令出战。慕容评内外受迫，不得不放弃原来拟定的持久战略，下令全军出击，结果被王猛打得大败。王猛率军乘胜长驱直入，不久就攻下邺城，灭了前燕。

"釜底抽薪"之计在政治和外交领域也经常被采用。鲁定公十四年（公元前496年），孔子五十六岁的时候，由大司寇代理国相职务。孔子参与国政三个月，鲁国被治理得井井有条：贩卖牲口的商人不再敢漫天要价；男女行人走路的时候各走一边；有东西掉在路上也没人捡走；外地的旅客来到鲁国的各个城邑，也不用再向官员们求情送礼，就都能得到满意的照顾，好像回到了自己的家中一样。

齐国的国君听到这个消息之后，就害怕了起来，同大臣们商量说："孔子在鲁国这样执政，鲁国迟早会称霸，一旦鲁国称霸，我们齐国离他们最近，必然会首先被他们吞并。我们还是先送些土地给他们巴结巴结他们吧！"一个叫黎钽的大臣说："我们先试着阻止他们一下吧，如果阻止不成，再送给他们土地也不晚。"于是，齐国挑选了八十个美貌的女子，都穿上华丽的衣服，教她们学会了跳舞，并连同好马一百二十匹，一起送给鲁国的国君。齐国的使者先把美女和马匹安置在鲁国都城南面的高门外。鲁国职掌实权的季桓子身着便服偷偷地前往观看了好几次,打算接受下来,就告诉国君自己外出到各地周游视察,乘机整天到南门观看齐国的美女和骏马,连国家的政事也懒得去管理了。子路看到这种情形,知道鲁国君臣难成大器,便对孔子说:"老师,我们可以离开这里了吧。"孔子说:"鲁国马上就要在郊外举行祭祀了,如果能够按照礼法把典礼之后的祭肉分给大夫们,那么我们还是可以留下不走的。"季桓子终于接受了齐国送来的美女,一连三天不处理政务;在郊外祭祀结束后,又违背礼法,没把祭肉分给大夫们。孔子见鲁国的实际掌权者如此沉迷于女色,于是率领弟子们离开了鲁国,开始了周游列国的生涯。

　　齐国因害怕鲁国的强大,于是就用女乐来迷惑鲁国的执政者。孔子深知,一个国家的执政者如果沉迷女色而不理政事,是无法与其共事的,因此只好出走,另寻可以接受并实行他的政治主张的"明主"。齐国没费多大的力气就将鲁国的贤人逼走,削弱了它的力量,所使用的正是"釜底抽薪"之计。

第二十计　混水摸鱼

乘其阴乱,利其弱而无主。随,以向晦入宴息①。

按:动荡之际,数力冲撞②,弱者依违无主③,敌蔽而不察,我随而取之。《六韬》曰④:"三军数惊,士卒不齐,相恐以敌强,相语以不利,耳目相属,妖言不止,众口相惑,不畏法令,不重其将:此弱征也。"⑤是鱼⑥,混战之际,择此而取之。如:刘备之得荆州⑦,取西川⑧,皆此计也。

【译文】

敌人内部发生混乱之际,要利用它力量削弱没有主事之人这一有利条件。这时候敌人顺从于我,就像人顺从天时,到了晚上要睡觉一样自然。

按语:在社会动荡的时候,各种力量相互角逐,弱小的势力在该依附哪一方、背离哪一方的问题上举棋不定,而与我方敌对的势力对此又没有觉察,这时候就要抓住机遇让这个弱小的力量依附自己。《六韬》中说:"如果军队屡次遭受惊扰,军卒就难以步调统一,会以敌人力量的强大相互恐吓,将己方不利的形势相互传播,相互间交头接耳,怪诞不经的邪说无法禁止,大家相互蛊惑,不再畏惧法令,不再尊重将领:这些都是军队力量削弱的征兆。"军队陷入这种境地之后,就像混水中的鱼一样,在军队之间相互混战的时候,就应当抓住机遇吞并它。比如,东汉末年刘备取得荆州和西川,采用的都是这一计策。

【注释】

①随,以向晦入宴息:出自《易·随》的象辞,原文为:"随,君子以向晦入宴息。"随,有人随天时之意。晦,晚上、夜。高亨注引翟玄曰:"'晦者,冥也。'冥谓暮夜也。向晦犹今言向晚也。"宴息,即休息。

②冲撞:相互冲击碰撞,这里指不同力量间相互角逐、相互争斗。
③依违:迟疑,举棋不定。
④《六韬》:我国古代兵书名,旧题周吕望(即姜太公)撰。全书分文韬、武韬、龙韬、虎韬、豹韬、犬韬六卷,故称"六韬"。
⑤三军数惊,士卒不齐,相恐以敌强,相语以不利,耳目相属,妖言不止,众口相惑,不畏法令,不重其将:此弱征也:出自《六韬·龙韬·兵征》。耳目相属,指相互之间交头接耳、窃窃私语。妖言,怪诞不经的邪说。征,预兆,迹象。
⑥鱼:这里指作为各方力量争夺对象的弱小势力。
⑦荆州:古代"九州"之一,在荆山、衡山之间。汉代时为十三刺史部之一,辖境约相当于今天的湖南、湖北二省及河南、广西、广东、云南的一部分,汉末以后辖境逐渐缩小。
⑧西川:今四川西部一带。

【评解】

"混水摸鱼"原意是在水混浊的时候,鱼儿分辨不清方向,如果乘机摸鱼,就会收获颇丰。后比喻乘混乱之机捞取利益。作为军事斗争中的计谋,"混水摸鱼"则是指乘敌人内部混乱或者不同力量相互角逐难分难解之时,把握住机会,获得军事上的优势或者利益。

唐朝开元年间,张守珪镇守幽州,防范契丹的侵略,数次出击,每战皆捷。契丹首领屈剌与可突干自知不是张守珪的对手,于是使出了诈降计,派使臣来向张守珪请降。张守珪知道他们不可能真心投降,就将计就计,派足智多谋的部下王悔随同使者到契丹营中,并告诉他要见机行事。王悔到了契丹首领屈剌的营帐,契丹人本来就没有投降的诚意,于是就想设计杀掉王悔。这时,王悔打听到,契丹将领李过折与可突干因为争权夺利产生了过节,于是他就偷偷溜到了李过折的营帐中,对他晓以利害,并答应只要他除掉契丹中与大唐作对的屈剌和可突干,并且归顺唐朝,就保举他在唐朝封侯拜爵。李过折听从了他的诱导,杀掉了屈剌和可突干,并将其余党全部消灭,率众归降。李过折因功被封为北平王,统帅契丹人马,但不久就被可突干的余党所杀。事见《旧唐书·张守珪传》。张守珪和王悔之所以取胜,他们所用的策略,就是利用敌人内部的矛盾,挑起混乱,然后乘机从中取利。

"混水摸鱼"还有一种形式,就是所利用的并不是不同的敌人之间由于产生冲突造成了敌人内部的混乱,我方乘机取利,而是利用敌人内部由于其他原因造成的困难或者混乱,设计大败敌人。东汉末年,镇守西凉的马超为了报杀父之仇,联合韩遂起兵反叛,大军直逼长安。长安郡守钟繇一面飞报曹操,一面死守长安。长安乃是西汉建都之处,城郭坚固,壕堑险深,一时难以攻下。一连围了十天,也没有攻破。这时,马超麾下的大将庞德进谏说:"长安城中土硬水碱,甚不堪食,更兼无柴。现在围了十日,军民饥荒。不如暂且收军,只须略施小计,长安唾手可得。"马超接受了他的建议,命令大军撤退,自己亲自断后,各部军马渐渐退去。第二天,钟繇登城,看到马超的军队都已经撤退了,只恐其中有诈,于是派人打探。哨探回来报告说,马超的大军的确已经撤走了,他才放心,命令军民出城打柴取水,大开城门,放人出入。到了第五天的时候,马超的兵马又杀了回来,出城打柴取水的军民竞奔入城,钟繇仍然闭城坚守。当天夜里,大约到了三更的时候,西城城门里突然着起了大火。把守西门的是钟繇的弟弟钟进,闻讯急忙带人来救火。这时,城边突然转过一人,举刀纵马大喝道:"庞德在此!"钟进措手不及,被庞德一刀斩于马下。庞德打开城门,放马超的军队入城。钟繇从东门弃城而走。原来,庞德乘长安开城打柴取水之际,偷偷地混入城中埋伏下来,等到马超的大军到来之后,里应外合,夺取了长安城。这里庞德所使用的方法,就是他了解到城中缺水少柴,于是设计引诱城中守卫开城,然后偷偷混入城中,乘机夺取城池。

东晋时期,晋军在敌我力量对比悬殊的形势下,以少击多,打败前秦,很大程度上就在于淝水之战中扰乱了敌人的秩序,使用了"混水摸鱼"之计。

东晋时期,北方的匈奴、鲜卑、羯、氐、羌等少数民族展开了混战,先后建立起十多个政权。前秦的统治者苻坚在王猛的辅佐下,使前秦成为一个强大的国家,灭了前燕、前凉和代,夺得巴蜀,进入西域,一举统一北方。但是,虽然在王猛生前苻坚对他言听计从,可是王猛一死,苻坚狂妄自大、一意孤行的毛病就暴露出来了,把王猛临死时留下的不要进攻东晋的忠告抛在了脑后,把东晋当做唯一的敌人,决定非把它消灭不可。王猛死后不到三年,苻坚就派十几万大军,分兵几路进攻东晋的襄阳,花了将近一年时间,终于把襄阳攻了下来。襄阳守将朱序被俘。接着,他又派兵十几万从襄阳东进,攻打淮南,东晋兵将在谢石、谢玄率领下,把秦兵打得一败涂地。

虽然遭到了沉重打击,但苻坚并没有放弃进攻东晋的打算。公元383年8月,苻坚亲自带领八十七万大军离开长安,一路浩浩荡荡向南进发。过了一个月,苻坚率领的主力部队到达项城(在今河南沈丘南),益州的水军也沿江顺流东下,黄河北边来的人马也到了彭城(今江苏徐州市),从东到西一万多里长的战线上,前秦水陆两路进军,向江南逼近,并一举攻破寿阳。

苻坚赶到寿阳,准备先派一个使者到东晋劝降,以尽快瓦解晋军。于是他想到了此前投降前秦的前襄阳守将朱序。他要求朱序到东晋去劝告晋军赶紧投降,不要与强大的秦兵对抗。朱序虽然襄阳被俘后投降了苻坚,但他始终没有忘记晋朝,这次苻坚让他去劝降,他知道立功补过的机会来了。朱序到了晋营,不但没有劝降,反而将他了解的前秦的许多情况都告诉了晋军的将领。他说:"苻坚这次入侵,发动全国的兵力,共有九十多万,如果军队全部赶到,将会非常难以对付。但是,现在前秦的大部分人马都还在路上,苻坚只带了八千骑兵秘密来到寿阳。因此,这支前锋部队的力量并不强大。晋军只要派出一支精兵打败秦军的前锋,挫伤了他们的锐气,他们自然就会崩溃。"朱序没有在晋营多停留,很快就又回到寿阳去了。

东晋大军由谢石、谢玄指挥,虽然兵力远远少于前秦,但非常精干。可是他们本来觉得力量悬殊,打算采取守势,接到朱序的密报之后,决定转守为攻。谢石、谢玄首先派北府兵的名将刘牢之率领精兵五千人,先对苻坚派出进攻洛涧的秦军发起突然袭击。北府兵强渡洛涧,个个勇猛非凡,秦军大败,秦将梁成也被晋军杀了。洛涧大捷大大鼓舞了晋军的士气。谢石、谢玄亲自指挥大军,乘胜直逼淝水(今淝河,在安徽寿县南)东岸,把人马驻扎在八公山边,和驻扎在寿阳的秦军主力形成隔岸对峙之势。

谢玄派人给苻坚送去一封信,要求秦军能把阵地稍稍往后撤一点,腾出一块地方,让晋军渡过淝水,以便双方决战。苻坚没看透晋军的计划,答应后撤。谢石、谢玄一得到回信,迅速整好人马,准备渡河进攻。

约定渡河的时刻到来,苻坚一声令下,苻融开始指挥秦军后撤。他们万万没有料到,秦兵早就厌恶了战争,再加上由于害怕晋军,一听到后撤的命令,马上后退,当时就失去了秩序。谢玄率领八千多骑兵,趁势迅速渡过淝水,向秦军发动猛攻。这时候,朱序看到机会来了,在阵后叫喊起来:"秦兵败了!秦兵败了!"后面的兵士不知道前面的情况,看到前面的秦军往后奔跑,又听到晋军的喊杀声和"秦兵败了"的喊声,顿时大乱,纷纷转过身跟着逃命。苻坚再也控制不住秩序了,只好骑上一匹马拼命逃走。秦军大败。

东汉末年刘备利用荆州刘表去世、曹魏和东吴冲突激烈的时机取得荆州,也是"混水摸鱼"之计成功的一个典型例子。

在诸葛亮为刘备提出的隆中对策中,诸葛亮就建议刘备,应当取得荆州作为自己的根据地。他认为,荆州处于南北要冲,是一个军事要地,可是刘表做事优柔寡断,这块地方迟早会落入他人之手。如果刘备能够占据荆州,再伺机进占益州,然后对外联合孙权,对内整顿内政,群策群力,积蓄力量,一旦有机会,就可以派人从荆州、益州两路发兵,讨伐曹操。到那时,就可以成就功业,恢复汉室了。刘备对诸葛亮的分析深表赞同。

荆州包括现在的湖南、湖北等省的部分地区,管辖长江南北二十多个郡,是个四通八达的地方,地理位置极为重要。同时,这里又是鱼米之乡,经济、文化发达,人口比较集中。因此,各方力量都对这块肥肉垂涎三尺。早在孙权的父亲孙坚在世时,就为了与刘表争夺荆州,战死在这里。刘表死后,鲁肃又提醒孙权说:"荆州与我们连在一起,地势险要,土地肥沃,人民富足。如果占据了这块地方,对于您的帝王之业来说,将会有极大的帮助。"然而,还没等到孙权行动,曹操就抢先一步,吞并了荆州。

不久之后,赤壁之战爆发,曹操大败而归,结果只保有了八个郡。刘备趁东吴和曹操争得不可开交之际,乘机抢占了长江以南的武陵、长沙、桂阳和零陵四郡,并在那里站稳了脚跟。随后,又通过诸葛亮等人的外交努力,把南郡从孙权那里"借"了过来。南郡在长江的北岸,境内的江陵是荆州的治所。刘备进驻江陵之后,实际上已经完全控制了荆州。这样,刘备在曹操和孙权的夹缝中"混水摸鱼",占据了一块稳固的根据地,为以后的三分天下奠定了基础。

"混水摸鱼"在军事斗争中是一条有用的计策,但是,如果以此暗箭伤人,陷害自己人,则是令人憎恶的一种行为。

公元前712年,郑国的国君郑庄公得到鲁国和齐国的支持,准备出兵讨伐许国。出征前,郑庄公聚集诸将在校场检阅,分派兵车。郑庄公事先让人做了一面很大的旗帜,上面绣着"奉天讨伐"四个大字。他把旗帜插在一辆战车上,下了道命令:谁要是能拿得动这面大旗,谁就担任先锋,而且把这辆战车也赏给他。

命令刚刚发出,队伍里走出来一位将军,说:"看我的!"郑庄公抬眼一看,原来是瑕叔盈将军,庄公满意地点了点头。只见瑕叔盈走上前去,一手拔起旗杆,紧紧握在手中,往前走了三步,又往后退了三步。尽管风很大,把旗帜刮得猎猎作响,但瑕叔盈面不改色,步履稳健。最后,又把旗杆稳稳地插在了战车上。校场上顿时响起雷鸣般的掌声和喝彩声。

瑕叔盈向郑庄公行了个礼,正想把战车拖走。这时,队伍里又窜出一个人来,伸开双手把战车挡住,喝道:"且慢!"大家一看,原来是老将军颍考叔。颍考叔说道:"光是拿着大旗走几步,没什么了不起的,我能把它像长矛一样来使!"瑕叔盈虽然心里很不情愿,但还是把抓住战车的手松开了。只见颍考叔拔起大旗,手操旗杆,左抡右转,忽前忽后,忽左忽右,把那面大旗舞得呼呼直响。全场将士都伸长了脖子,看得目瞪口呆。郑庄公也看得出了神,好一会儿才脱口说道:"好!好!真不愧是一员虎将,这战车就赏给你!"

庄公话音刚落,旁边又跳出一位年轻的将军,大声喝道:"我来试试!"大家一看,原来是公孙子都将军。公孙子都是贵族出身,一贯骄纵傲慢,根本不把颍考叔这些寒门出身的人放在眼里。场上气氛顿时紧张起来。颍考叔见公孙子都来势凶猛,心想,郑庄公既然已经说把这辆战车赏给我,我可不能让别人再抢了去。于是,他赶紧一手拿着旗帜,一手拉住战车,飞快地向自己的队伍跑去。公孙子都一看,也生气了,觉得颍考叔这样做太没有道理,于是抓起一支长戟,紧紧追了过去。郑庄公一看形势不好,连忙派人去把公孙子都拦住,并且亲自下座劝道:"二虎相争必有一伤,你们先不要激动,我自有安排。"接着,他派人又拉来了两套马车,分别赏给瑕叔盈和公孙子都。

事情虽然过去了,但公孙子都一直耿耿于怀,想找个机会,除掉颍考叔。

　　到了秋天,郑庄公正式开始讨伐许国。郑国军队将许国都城团团围住。颍考叔奋勇当先,高举大旗,登上城头。公孙子都眼看颍考叔夺了头功,心里又是忌妒又是愤恨,便抽出箭来,一箭将颍考叔射了下来。正在指挥战斗的瑕叔盈还以为他是被敌人射死的,气得怒目圆睁,操起覆盖在颍考叔身上的战旗,纵身攀上城头,回身摇动旗帜,指挥士兵继续战斗。此役宋军虽然终于取得了胜利,但由于公孙子都"混水摸鱼",暗箭伤人,颍考叔成为了无谓的牺牲品。

第二十一计　金蝉脱壳

存其形,完其势①,友不疑,敌不动,巽而止蛊②。

按:共友击敌③,坐观其势④。倘另有一敌,则须去而存势。则金蝉脱壳者,非徒走也,盖为分身之法也。故我大军转动⑤,而旌旗金鼓,俨然原阵⑥,使敌不敢动,友不生疑,待已摧他敌而返,而友敌始知,或犹且不知。然则金蝉脱壳者,在对敌之际,而抽精锐以袭别阵也。

【译文】

保存原有的外形,保持原有的气势,这样友军不会产生怀疑,敌军不敢轻举妄动,用隐蔽的方法避免敌人的祸害。

按语:与友军联合对敌军作战,要冷静地判断形势的变化。如果发现还有一个敌人,在分兵打击这个敌人的时候要保持住原有的阵势,不要让别人发觉自己军事力量的转移。所谓的"金蝉脱壳",并不仅仅是消极地逃跑或撤退,而是分兵作战的一种方法。所以当我方军队转移的时候,要使旌旗和金鼓都保持原来的样子,好像阵势没有发生改变一样,让敌人不敢轻举妄动,友军也不会产生任何猜疑,等到我军打垮了其他敌军回到原地之后,敌人和友军才知道我军曾经发起过其他的军事行动,甚至让他们最终都蒙在鼓里。由此可见,金蝉脱壳之计,就是在与敌人作战时,抽调自己的精锐军队来袭击别的敌人时所采取的计谋。

【注释】

①完:保持。

②巽而止蛊:出自《易·蛊》,原文为:"蛊,刚上而柔下,巽而止,蛊。"巽,顺,伏。蛊,迷乱,祸害。

③共:同,和……一起。

④坐观:坐视,旁观。指冷静地观察和判断,不轻举妄动。

⑤转动:变动,移动。泛指行动。

⑥俨然:宛然,仿佛。

【评解】

"金蝉脱壳"作为军事斗争中的计谋名称,最晚到元代之前就已经存在了,如元代戏剧家施惠所写的《幽闺记》第七出中,有"曾记得兵书上有个金蝉脱壳之计"。作为军事斗争中的计谋,指在军事行动中要巧妙地制造假象,使自己主力的行动不为外人所知,从而达到出其不意的效果。

东汉末年,曹操西凉讨伐马超、韩遂的战争就充分运用了造势和借助势的思想。公元221年(建安十六年),曹操诱捕了西凉太守马腾,马超、韩遂等人反叛,曹操率军讨伐马超、韩遂,两军在潼关对峙。表面上,曹操对马超施加军事压力,以牵制住马超的主力;在暗中,他却派徐晃、朱灵率军四千渡过黄河,控制了黄河西岸。随后,曹操主力大军也顺利地渡过黄河,向南推进,马超只得退守渭水黄河入口处。

"金蝉脱壳"之计常常被用于军事力量的转移过程中。比如,三国时期,诸葛亮在五丈原的军中去世之后,司马懿趁机追赶蜀军,姜维命令杨仪把旗帜反过来,并且敲起了指挥进攻的战鼓,好像要攻打司马懿的样子,司马懿引兵退避,蜀军安全撤离。南北朝时期,檀道济被敌军围困,他命令自己的士兵穿上铠甲,自己穿着很显眼的白色衣服,乘着车子,很悠闲地向包围圈外走去,敌人害怕会有埋伏,不敢进逼,檀道济安全突围而去。

《三国演义》第九十五回"马谡拒谏失街亭,武侯弹琴退仲达"中,赵云在撤退的途中不但没有遭受任何损失,而且还斩杀了敌军的将领,所使用的正是"金蝉脱壳"之计。马谡失街亭之后,蜀军只好全线撤退。赵云、邓芝当时正伏兵于箕谷道中,听到诸葛亮传令回军的消息之后,赵云对邓芝说:"魏军知道我们退兵,必然前来追赶。我先领一支军马埋伏在后面,你领兵打着我的旗号,慢慢撤退。我一步步自有护送的方法。"魏军的主将郭淮知道蜀军正在撤退,提兵来到箕谷道中,打算趁蜀军撤退混乱之际进行攻击。他叫来先锋苏颙吩咐道:"蜀将赵云,英勇无敌。你要小心提防,他们如果退兵,一定要注意他们的计谋。"苏颙却不以为然地说:"都督你如果能够接应,我一定生擒赵云。"于是带领前部三千兵,杀入箕谷。眼看马上赶上蜀兵的时候,突然看到山坡后闪出一面红旗,上书"赵云"两个白字。苏颙知道自己难敌赵云,急忙收兵退走。走了不到数里,忽然喊声大震,一彪人马杀出,为首大将,挺枪跃马,大喝道:"汝识赵子龙否!"苏颙大惊,心想:"怎么这里又有一个赵云?"措手不及,被赵云一枪刺死于马下,魏军溃散。赵云领兵慢慢前进,背后又有一支追兵赶到,领兵的是郭淮的部将万政。赵云见魏兵追得比较紧,于是勒马挺枪,立于路口,一个人等着来将赶上来与自己交锋。魏军追上来时,蜀兵已撤退了三十余里。万政认得是赵云,不敢前进,赵云等到天色将暗,方才拨回马缓缓而退。郭淮兵到,万政把见到赵云英勇如旧,因此不敢近前的情形做了汇报。郭淮传令抓紧追赶,万政率领数百骑壮士重新赶来,追到一片大树林时,忽听得背后大喝一声:"赵子龙在此!"吓得魏兵落马者百余人,其余人都翻过山岭逃跑了。万政勉强来敌,被赵云一箭射中盔缨,吓得跌落到山涧中。赵云用枪指着他说:"我饶你性命回去!快叫郭淮赶来!"万政拣了一条命,狼狈得逃了回去。赵云护送车仗人马,往汉中而去,沿途没受任何损失。

《孙子兵法》中说:"少则能逃之。""金蝉脱壳"虽然不仅仅是消极逃跑过程中使用的有效方法,但其最经常被使用的场合,就是在部队撤退的时候。

楚汉战争时,有一次,项羽把刘邦围困在荥阳(今河南荥阳),刘邦想要割地讲和,项羽在范增的劝说下没有答应。汉军的形势越来越危急,将军纪信对刘邦说:"事情已经很紧急了!请让我诱开楚军,您还有机会逃出去。"于是,当天夜里,荥阳东门大开,两千多老百姓突然涌出,楚军于是四面合围过来。这时,纪信乘着刘邦的车子,穿着刘邦的衣服,车上张着帝王专用的黄缯车盖,并派人告诉楚军说:"城中粮尽,汉王出来向楚王投降。"楚军都高兴地高呼万岁,以为战争结束了,围城的士兵都到东城来围观。此时,刘邦却带着数十骑,从西门偷偷地逃走了。

在事业追求中,一个人也要善于"金蝉脱壳",但这里的"金蝉脱壳"和军事斗争中的"金蝉脱壳"有所不同,意思是说,当一个人在某一方面难以取得突破时,不妨总结经验,换个角度,也许会有意外的收获和更大的成功。

人们常说:"失败是成功之母。"但这句话也不是无条件的,只有从失败中得到教训、取得经验,或者把失败的耻辱当做努力的动力,失败才有可能成为迈向成功的阶梯。

苏秦是战国时期纵横家最著名的一位代表人物。从年轻时起,苏秦就周游列国,推行他的战略。

刚开始,苏秦到了秦国。他游说秦惠王说:"秦国西面有巴、蜀、汉中等地的富饶物产,北方有少数民族地区的贵重兽皮与良马,南边有巫山、黔中作为屏障,东方有崤山、函谷关这样坚固的要塞。土地肥沃,民殷国富,战车万辆,壮士百万,地势险要,能攻易守。这些都是难得的优势,秦国因而真正有雄霸天下的实力。凭着大王您的雄才大略和如此丰富的物质资源,完全有能力吞并其他诸侯,一统天下。如果您有这个打算,请允许我陈述一下自己的方略。"

秦惠王说:"我常听人说,羽毛不够丰满的鸟儿不可以高飞,法令不完备的国家不可以奖赏刑罚,道德不崇高的君主不可以统治万民,政策教化不顺应天意的君主不可以号令大臣。如今先生不远千里来到我秦国指教,我内心非常感激,不过至于军国大计,还是将来再说吧!"

苏秦说:"我本来就怀疑大王能否听取我的意见。以前的历代先王和诸侯,要想称霸天下,哪有不经过战争就达到目的的?什么事如果不顾根本而专门讲求文辞末节,天下就越发无法太平。即使说客的舌头说焦了,听的人耳朵听聋了,也不会有什么成效;做事即使讲义气守信用,也没办法使天下和平安乐。因此,只有废除文治而使用武力,召集并且礼遇敢死之士,制作甲胄,磨光刀枪,然后到战场上去争胜负。没有行动却想使国家富强,安居不动却要使国土扩大,即使是古代的三王、五霸和明主贤君,想不用刀兵而获得这些,也是无法实现的。所以,只有用战争才能达成国家富强的目的。军队如果能在外取胜,国内民众的义气就会高涨,君王的权威就会增强,人民会自然地服从统治。现在假如想要并吞天下,号令诸侯,实在是非用武力不行。"

苏秦游说秦王的奏章,虽然一连上了十多次,但他的建议始终没被秦王采纳,以致在秦国待到黑貂皮袄也破了,所带的盘缠也用完了,最后甚至连房费都交不起了,只好离开秦国回到洛阳。

苏秦到家的时候,打着裹腿,穿着草鞋,背着一些破书,挑着自己的行囊,形容枯槁、神情憔悴,面孔又黄又黑,狼狈至极。他回到家里以后,正在织布的妻子没有答理他,嫂子也不肯给他做饭,甚至父母也不跟他说话,他只有一人深深地叹息。

当晚,苏秦就从书箱里面找出书来,结合自己失败的教训,一边反思一边苦读。他趴在桌子上发奋钻研,选择其中重要的部分加以熟读,而且一边读一边揣摩演练。当他读书读到疲倦要打瞌睡的时候,就用锥子刺自己的大腿,鲜血一直流到自己的脚上。他还自我鞭策道:"哪有游说人主而不能让他们掏出金玉锦绣,得到卿相尊位的呢?"这就是历史上著名的"锥刺股"的典故。

过了一年,苏秦觉得研究和演练成功了,就再一次离开家门。

这一次,苏秦先到了赵国。他对赵王滔滔不绝地说出合纵的战略和策略,赵王听了大喜过望,立刻封他为武安君,并授给他相印,兵车一百辆,锦绣一千束,白璧一百双,金币二十万两,让他到各国去约定合纵,拆散连横,以此压制强秦。

因此,当苏秦在赵国为相的时候,秦国不敢出兵函谷关。在当时,天下的百姓、威武的诸侯、掌权的谋臣,都要听苏秦一人来决定一切政策。没消费一斗军粮,没征用一个兵卒,没派遣一员大将,没有用坏一把弓,没损失一支箭,就使天下诸侯和睦相处。

想必从小时候起,许多人就受到"失败是成功之母"这句格言的教育。失败的结果是谁都不愿意接受的,但失败的意义就在于,每一次失败,都使我们看清了一条走不通的路,如果我们能从失败中吸取经验,总结教训,并且下定决心在失败中奋起,每一次失败都会给你增加一分智慧,有可能成为一笔宝贵的财富。

第二十二计　关门捉贼

小敌困之。剥,不利有攸往①。

按:捉贼而必关门者,非恐其逸也②,恐其逸而为他人所得也;且逸者不可复追,恐其诱也。贼者,奇兵也③,游兵也④,所以劳我者也。《吴子》曰⑤:"今使一死贼,伏于旷野,千人追之,莫不枭视狼顾。何者?恐其暴起而害己也。是以一人投命,足惧千夫。"⑥追贼者,贼有脱逃之机,势必死斗;若断其退路,则成擒矣。故小敌必困之,不能,则放之可也。

【译文】

对于小股敌人,要包围起来一举歼灭。如果让他们走脱再急追远赶,对我方将会很不利。

按语:捉拿盗贼的时候一定要先把门关上,不仅仅是怕他逃跑,而是怕他逃掉之后被别人所利用,给我造成更大的不利。况且,对于逃跑的贼寇不能再追赶,以免中了其诱敌之计。军事斗争中所谓的"贼",就是指敌人不按常规战法布置的"奇兵"和善于流动作战的"游兵",都是专门骚扰我军,使我军疲惫的。《吴子》中说:"假设有一个敌人的亡命之徒,埋伏在旷野之中,就要派出上千个人去搜索、追赶他,并且每一个人都要集中精力,提高警惕。为什么要这样做?就是因为怕他突然之间从某个地方跳出来伤害自己。所以说一个人拼命,足以让一千人恐惧。"追赶盗贼的时候,盗贼有逃脱的机会,一定会殊死搏斗;而如果断绝其退路,盗贼就会束手被擒。所以,对于小股的敌人,一定要包围起来一举歼灭,如果不能一举歼灭,那么暂时放了他们也是可以的。

【注释】

①剥,不利有攸往:出自《易·剥》的象传,原文为:"剥,剥也,柔变刚也。不利

有攸往,小人长也。"剥,有剥离、走脱之意。

②逸:逃逸,逃脱。

③奇兵:出乎敌人意料而突然袭击的军队,常与"正兵"相对。如宋代陈亮《酌古论·李靖》中说:"正兵,节制之兵也;奇兵,简捷之兵也。"

④游兵:流动作战的小股军队。《草庐经略·游兵》中说:"游兵者,谓其兵无定在也。必士果锐而骑超捷,将勇悍而善应变。时而东,复时而西;时而出,复时而入。敌怒而迎,我引而退;敌倦而息,我临而扰。击其左,击其右,击其前,复击其后,击其懈弛而无备,仓猝难救。抄其谷食,焚其积聚,劫其辎重,袭其要城,取其别营,绝其便道。或朝或暮,伺敌之隙,乘间取利。飘忽迅速,莫可踪迹。"

⑤《吴子》:即《吴起兵法》。战国时卫国人吴起所撰,与《孙子兵法》齐名,世称"孙吴兵法"。

⑥今使一死贼,伏于旷野,千人追之,莫不枭视狼顾。何者?恐其暴起而害己也。是以一人投命,足惧千夫:出自《吴子·励士》。死贼,不顾性命的盗贼,也引申为敢死的勇士。枭视狼顾,如枭盯视,如狼频顾,形容行动警惕,有所畏忌。暴起:突然跃起或兴起。投命,舍命,拼命。

【评解】

古人说:"穷寇莫追",对于为了活命而逃逸的敌人,如果追赶急切,他们便会狗急跳墙,拼力死斗,即使能够取胜,也要付出很大的代价。因此,对于小股的敌人,就要通过集中兵力、包围聚歼等方式,给予其以全无退路的打击,一举歼灭,这就是三十六计中的"关门捉贼"。

"关门捉贼"的战术历来被军事家所重视,例如,《孙子兵法·谋攻篇》中说:"故用兵之法,十则围之,五则攻之,倍则分之。"孙子这里提出了这样一条用兵的原则:己方兵力十倍于敌就包围敌人,己方兵力五倍于敌就进攻敌人,己方兵力两倍于敌就分兵消灭敌人。这一原则,包含了集中兵力、包围聚歼等思想,与"关门捉贼"之计的思路是一致的。

战国末年,秦师伐赵,赵以赵奢之子赵括代廉颇为将,拒秦将王龁于长平。秦王闻之,于是暗地里派武安君白起为上将军,而王龁为裨将军,令军中有敢泄漏武安君为主将者斩。赵括来到之后,则出兵击秦军,秦军伪败而走,布置了两支奇兵以伺机攻击。赵军获胜,一路追赶,一直追到秦军的大营。大营中的秦军坚守不出。这时,秦的奇兵二万五千人绕到了赵军背后,又一军五千骑兵从赵军的大营之间将赵军隔开,赵军分而为二,粮道断绝。而秦出轻兵击之。赵战不利,于是就地筑壁坚守，以待救兵。秦王听说赵军的粮道断绝，于是下令，居住在河内的人每人赐爵一级，征发十五岁以上的人都到长平，断绝赵国的救兵和粮食。至九月，赵国的士兵已经四十六天没有粮食接济，军中发生了人吃人的现象。想要攻打秦军的大营以突围，没有成功。无奈之下，赵括率领精锐士卒亲自冲杀，结果被秦军射杀。赵军大败，四十余万士卒投降，全部被秦人坑杀。

秦军采取包围聚歼的方式，最终击败了赵军。相反，如果没有将敌军包围而使其逃遁，急切追赶则可能遭到失败。这就是为什么说如果让敌人走脱再急追远赶，对我方将会很不利的原因。例如，十六国时，后凉吕弘攻段业于张掖，没有取胜，将要退走，段业打算从后追击，其手下将领沮渠蒙逊劝阻道："归师勿遏，穷寇勿追，此兵家之戒也。不如纵之，以为后图。"段业说："一日纵敌，悔将无及。"执意率众追赶，结果被吕弘所败。

"关门捉贼"之计，目的就是通过包围聚歼的方式，以防敌人逃脱，在追赶或者以后再寻机消灭时付出更大的代价。

经过彼得大帝的改革，原本以农奴制为基础的欧洲落后国家俄国迅速崛起，并大肆对外进行领土扩张。18世纪中期，叶卡捷琳娜成为沙皇后，将扩张的目标瞄向黑海，打算在此打通一个出海口。但是，控制黑海的土耳其当时还是一个实力强大的国家，而要进入黑海，就必须越过这个屏障。

1769年8月，波罗的海舰队的部分舰只经过长途跋涉，经过大西洋、地中海，于次年5月到达爱琴海，开始与土耳其海军对峙。当时，无论是从数量上还是补给上，土耳其海军都占据着绝对优势。但是，土耳其方面也并不是没有被击败的可能。一方面，土耳其人认为俄国舰队从海上绕行欧洲一圈来到自己的家门前几乎是不可能的事情，因此一直在防范上处于比较懈怠的状态。另一方面，土耳其海军虽然貌似强大，但其阵容部署极为死板，将领才能不高，士兵素质低下，情报工作和应变能力等都做得非常不到位。

俄国舰队突然出现在爱琴海之后，土耳其舰队并没有乘其长途跋涉之机果断地发起主动进攻，而是犹豫不决，畏首畏尾。而俄国军队却迅速地进入状态，对土耳其舰队发起进攻。土耳其人本来就没有一决胜负的信心和热情,结果没有经过激烈的战斗就主动后撤,以自己的炮兵阵地作为屏障,居于守势。于是俄国舰队获得了从容布置兵力的有利时机。

7月5日,俄军发起攻击。战斗刚刚开始,土耳其舰队便溃不成军,舰只纷纷砍断锚链,逃入切斯马港中躲藏起来。

俄军将领经过分析后认为,土耳其舰队之所以消极抵抗,固然有其缺乏信心和战斗热情的原因,同时,也有想以此拖垮俄军的意图。俄国舰队远离自己的后方,补给上非常困难,难以持久周旋;土耳其人本土作战,据险防守,不主动进行正面交锋,就是等俄军供给消耗完之后不战自败。因此,俄国舰队必须主动进攻,速战速决。

于是,当天夜里,俄国舰队首先封锁了切马斯港的出口,然后用舰上的重炮对被困于港内的土耳其军队展开猛烈轰击。土耳其军队消极防守,不主动寻找战机,无疑等于自己束缚了自己的手脚,处于被动挨打的境地,为俄国舰队从容进行攻击创造了机会。7月6日晚,俄国舰队对龟缩于港内的土耳其舰队发起总攻。首先,在强大的炮火掩护下,俄国人将四条纵火艇拖到土耳其军舰旁边,迅速使敌舰燃烧。接着,俄国舰队的全面进攻开始。三艘军舰突入港口,担负主战任务,另派两艘军舰分别攻打岸上南北两面的炮兵阵地,使炮兵无法发挥作用,其余军舰都守在港口的出口处,防止土耳其舰队逃脱。土耳其军舰一艘艘燃起大火,引燃了舰上的弹药,爆炸声惊天动地。土耳其人处处挨打,逃生无路,完全丧失了斗志。只用了一天多的时间,俄军仅以死亡十一人的代价,将土耳其舰队彻底消灭。

俄军使土耳其人遭受了二百年来最惨重的一次失败,就在于充分运用了"关门捉贼"、速战速决的策略,将土耳其舰队一举歼灭。否则,如果俄国人不是果断采取这一战术,对于一支劳师远征的军队来说,后果将不堪设想。

"关门捉贼"之计表现在现实生活中,至少可以给我们两个启示。

第一,处理事情应当当机立断,犹犹豫豫可能引来更大的麻烦。

当机立断既需要有判断形势的能力,又需要有雷厉风行的魄力。这是很不容易做到的。但是,一个人要想获得成功,犹犹豫豫、畏首畏尾,或者贪图安乐、不求上进,肯定是不可能的。因此,当一件事情迫在眉睫而又遇到阻力的时候,就要排除困难果断地做出决定,历史上因投鼠忌器而导致失败的事例太多了,其中的教训值得我们记取。

秦始皇未亲政前,大权握在相国吕不韦和嫪毐手中。秦王嬴政执政后,在两年之中就解决了嫪毐和吕不韦,将政权集中在一人之手,充分展示了他的果断和雄才大略。秦王嬴政即位的时候,年仅十三岁,由太后代为掌管权力。太后勾结嫪毐,不但淫乱宫闱,而且左右朝政,严重危害着秦政权的巩固和发展,更不利嬴政统一天下大志的实现。公元前238年,政权转移到秦王手里,这就必然要爆发秦王与嫪毐集团的争权斗争。这年四月,当秦王要举行象征接受治理国家的大权的冠礼和带剑典礼之际,嫪毐盗用国王和太后的玺印征发县卒、卫卒、官骑等军队发动武装政变,向秦王居住的祈年宫进攻。秦王派兵镇压,战于咸阳,嫪毐兵败。参加叛乱的二十人被杀,嫪毐被车裂,他的门客发配到蜀地四千多家。同时,把太后幽禁于咸阳宫,杀掉了她与嫪毐所生的两个儿子。接着,秦王又以嫪毐之事牵连到吕不韦为名,免去他的相国职务,遣出都城,到河南自己的封地居住。由于吕不韦为一代名相,各诸侯国都派使者看望他,秦王怕被他国所用,就又给吕不韦写了一封信,对他进行羞辱和斥责。吕不韦接信后,服毒自杀了。

秦始皇刚一执政,就显示出非凡的魄力,用最短的时间把对他施展抱负形成阻力的两大实力集团一一除掉,为日后的统一六国扫清了内部障碍。

第二,做事应当锲而不舍,半途而废必将一事无成。

孟子说:"一日暴之,十日寒之,未有能生之者也。"这句话后来演变成成语"一暴十寒",用来批评那些学习工作没有恒心,用心少,荒废多的人。荀子说,在歧路上徘徊的人,是不能够达到目的的。眼睛不能同时看清两件东西,耳朵不能同时听清两种声音,都是因为用心不专的缘故。无论做什么事情,如果不能全身心地投入,最终都将什么也得不到。有人经常抱怨没有好机遇降临,其实,如果没有锲而不舍的努力,即使机遇到来,也是无法抓住的。管子认为,能够专心一意,就会像神明一样,把万物完全收存在心中。只有一意专心,耳目不受外物的迷惑,才会使事情像得到神明的帮助一样迎刃而解。我们所熟悉的愚公移山的故事正说明了这个道理,如果愚公听了智叟的话,半途停下来,那就会前功尽弃了。今天我们做事情不能成功,很多情况下都是因为缺少这种近乎痴迷的精神。

大约在公元前496年,孔子到了卫国,他听说卫国的乐官师襄是一位音乐家,便拜他为师,学习弹奏《文王操》。师襄被孔子的好学精神所感动,就收下了他这个学生。孔子按照师襄的要求,认真地练习弹琴。过了一段时间后,师襄听了孔子的演奏,便对孔子说:"这支曲子你已经弹得很熟练了,从明天开始,我再教给你一首新的曲子吧。"可是,孔子仍然要继续练习这首,他对师襄说:"我虽然学会了弹这个曲子,但是只熟悉这个曲子的音节、节奏和技法,对这个曲子要表达的精神和内容,我还理解得不深透!"师襄一听,知道孔子对自己要求严格,同意孔子再将这个曲子练习一段时间,并给他讲解怎样通过弹奏来体会曲子的精神和内容。又过了一些时候,孔子再次弹给老师听,师襄说,这次你可以再学别的曲子了。孔子还是没有满足,仍然还要继续练习这首曲子。他对师襄说:"我虽然理解了这首曲子的精神和内容,但是还没有理解它的主题思想和深刻含义。让我再练一练吧!"师襄看孔子如此认真执着,又一次同意了孔子的要求。这样又练了一段时间,师襄认为他的弹奏已经达到了很高的水平,便高兴地对孔子说:"你已经很深刻地理解了这个曲子的主题思想,现在总该换弹新的曲子了吧?"孔子自己也觉得确实又提高了一步,但是他感到对曲子所刻画的主人公形象,还理解得不够透彻,体会得不够深刻,便对师襄说:"我还没有理解曲子所刻画的人物形象,让我再练练吧。"这样,孔子得到同意,又练了一段时间。一天,师襄来听孔子弹琴,孔子按捺不住心头的激动,一边弹一边说:"我看到文王了,我看到他的身影,他的目光,我看到了他正在思考天下的大事,正在心忧四方的百姓。"师襄听了孔子的话,连忙离开座位,向孔子深施一礼,说:"您终于体会到《文王操》的精髓了。"

正是凭着这种锲而不舍的精神,孔子才成为中国最伟大的思想家。今天,我们在学习他的思想和教诲的时候,他的这种刻苦认真,追求学问永无止境,不达目的誓不罢休的精神,也会给我们很深的教益。

第二十三计　远交近攻

形禁势格①,利从近取,害以远隔。上火下泽②。

按:混战之局,纵横捭阖之中③,各自取利。远不可攻,而可以利相结;近者交之,反使变生肘腋④。范睢之谋⑤,为地理之定则,其理甚明。

【译文】

事物之间由于各种条件的制约会产生相互矛盾、相互制约的现象,这样利于先攻取近处的目标,不利于攻取相隔遥远的目标。这就是顺应事物发展的规律,利用事物之间的矛盾,以实现己方的目标。

按语:在多种力量相互争夺的形势下,各种力量之间的相互联合、结交等行为,都是为了自身获取利益。与自己距离远的敌人不可以进攻,而结交它对自己有利;如果结交与自己距离较近的敌人,则会使不可意料的变故在身边发生。范睢的谋略,可以说是以地理条件不同为选择策略的普遍原则,其中的道理是非常明显的。

【注释】

①形禁势格:有人认为,"形禁势格"是指当要进攻的军事目标受到地理条件的限制。也有人认为:"所谓'形禁势格'是说世界上充满了矛盾,这些矛盾使世界上所有的事物,包括各种政治势力,既互相联系,又互相制约,从而构成'形势'。"①相较之下,后说较可取。

②上火下泽:《易·睽》中说:"上火下泽,睽;君子以同而异。"这里有顺应事物发展的规律,利用事物之间的矛盾,以实现己方的目标的意思。

③纵横捭阖:战国时期,一批从事政治活动的谋士,以审察时势、陈明利害的

---

① 于汝波:《大话三十六计》,齐鲁书社,2003年版,第113页。

方法,以"合纵"、"连横"的主张,游说各诸侯国君主,对当时形势有一定影响,其代表人物为苏秦、张仪。苏秦主张合纵,合齐、楚、燕、韩、赵、魏等山东六国之力以抗秦。张仪主张连横,分别游说六国服从秦国。当时谋士一般分属合纵、连横两派。纵横捭阖即指战国时代策士以"合纵"或"连横"之政治主张游说各国诸侯的方法。后来称以辞令测探、打动别人,在政治和外交上运用联合或分化的手段为"纵横捭阖"。

④变生肘腋:比喻变乱发生在内部或身旁。出自《三国志·蜀志·法正传》:"(诸葛)亮答曰:'主公之在公安也,北畏曹公之强,东惮孙权之逼,近则惧孙夫人生变于肘腋之下,当斯之时,进退狼跋。'"肘腋,胳膊肘与胳肢窝,比喻亲信、助手,或切近之地。

⑤范雎:魏国人,字叔,曾为秦国国相。在入秦之后游说秦昭王时,范雎提出了"远交近攻"之策。

【评解】

"远交近攻"本是战国时范雎为秦国提出的一种外交策略。《战国策·秦策三》记载,范雎入秦见到秦昭王之前,秦国打算攻打东方的强国齐国。范雎告诉秦昭王,越过韩、魏两国直接去攻打齐国的策略是不明智的,齐国路途遥远,并且是东方的强国,出兵少了无济于事,出兵多了则秦国负担不起。如果用近交远攻的策略,用意无非是自己少出兵而让作为同盟国的韩、魏两国多出兵,这其实是做不到的,因为在利益争夺激烈的战国时期,谁都知道同盟国是靠不住的。他举例说,当初,齐国讨伐楚国,战争取得了胜利,打败了楚军擒杀了楚将,开拓了上千里的土地。可是最后,齐国一寸土地也没有得到。这难道是齐国不喜欢得到土地吗?是条件的限制使它无法占据占领的土地啊。齐国由于劳师远征,造成国力空虚,上下不和,其他诸侯国看到这种情况,就趁机攻打它,结果战争失败,国君受辱,被天下人所耻笑。之所以造成这种结果,就是因为齐国打败了楚国而使韩、魏等国坐收渔翁之利。这就如同借给敌寇兵力、送给盗贼粮食一样。因此范雎认为,秦国原来的策略考虑得太粗疏了,不如采用"远交近攻"的策略,即结交远方的国家,攻打邻近的国家。如果这样,占领一寸土地就能够得到一寸土地,占领一尺土地就能够得到一尺土地。他又举例说,当初,赵国旁边有一个中山国,有五百里见方的土地,赵国将其并为己有,大功告成,名声大震,天下没有人能够拿它怎么样。因此,他建议秦昭王,如今韩、魏两国处于中心的位置，是天下的枢纽。大王您如果想要称霸天下，必须先以亲近韩、魏两国作为夺取天下的关键，这样就能从南北两方威胁楚国和赵国。如果赵国强大楚国就会来归附，如果楚国强大赵国就会来归附。楚国和赵国被控制齐国就会害怕，从而来恭敬地顺从秦国。与齐国结交之后，韩、魏两国没有了外援，就可以彻底灭掉了。秦国采纳了范雎的建议，用这种方法达到了并吞六国、建立统一王朝的目的。

在列国纷争的时代，"远交近攻"是一条经常被采用的军事策略，而违背了这一策略舍近求远，往往会产生不利的后果。春秋时期，"烛之武退秦师"时用以说服秦国放弃攻打郑国的方法，就是烛之武用这一道理提醒了秦王。《左传·僖公三十年》记载，晋、秦两国联合攻伐郑国，将郑国的都城包围。危急之下，佚之狐向郑国的国君推荐了烛之武，说："现在郑国很危急了，如果派烛之武去拜见说服秦国国君，秦军一定会退。"郑国国君接受了这一建议，打算派烛之武去游说秦王。烛之武推辞说："我年轻的时候，尚且不如别人；如今老了，更没有什么用了。"郑国国君道歉说："我没有能及早任用您，现在情况紧急了才来求您，这是我的过错。可是郑国如果灭亡了，您也没有什么好处啊！"烛之武答应了，当天夜里，缒城而出。烛之武见到秦王后，说："秦、晋两国围攻郑国，郑国已经知道要灭亡了！如果郑国灭亡了对您有好处，那您就攻打好了。越过其他国家而管理远方边邑，您知道这是很困难的。您为什么要用消灭郑国来加强您的邻国呢？邻国实力越雄厚，您的力量就越薄弱。如果您放过郑国而使它成为您东方道路上的主人，您的使臣来往经过，可以供应他们食宿，这对您也没有坏处啊。况且您曾经有恩于晋君，他答应割让焦、瑕两地给您，可是他早晨渡河回国，晚上就在那里筑城防御，这是您所知道的。晋国贪得无厌，哪里会有满足的时候？它向东吞并了郑国，就要再向西扩张它的疆域。如果不损害秦国，它怎么能达到目标呢？攻打郑国损害的是秦国，有利的是晋国，希望您还是好好考虑考虑这件事吧。"秦王觉得烛之武说得有道理，就放弃了攻打郑国的计划，并与郑人结盟，派杞子、逢孙、扬孙帮助郑国防守，自己则回国了。烛之武用近不可交、远不可攻的道理说服了秦王，从而使郑国免除了一场灭顶之灾。

军事斗争中需要营造一个良好的外部环境，以使自己的军事行动能够顺利展开。现实生活中也需要营造一个良好的人际氛围,不要自以为不可一世,处处树敌。只有这样,才能够利用各种条件做好自己的事情,不过多地被来自外界和他人的阻碍和限制而制约了成功的步伐。这就是"远交近攻"给生活于现实世界中的每一个人所带来的启示。

祢衡是东汉末年著名文学家,以一篇《鹦鹉赋》名扬天下。祢衡虽有文才,但是,他也同当时的许多名士一样,恃才傲物,甚至有过之而无不及。他从不把别人放在眼里,并且认为别人不如自己时,从来不答理人家,评价别人时也是非常尖刻。既然他容不得别人,别人自然也容不得他。除了与自己交往比较多的几个文人之外,人际关系一团糟。

经过孔融推荐,当时正在招贤纳士的曹操决心要把祢衡招入帐下。起初,祢衡不但死活不肯去,而且还一肚子牢骚,仿佛到了曹操帐下就是辱没了他的名声。在好友孔融的劝说下,他最后虽然答应去了,但仍然一副非常不屑的神态。

与曹操见礼之后,曹操并没有马上让祢衡坐下,他便趁机开始了借题发挥。祢衡环顾四周,突然仰天长叹道:"天下如此之大,怎么会连一个人都没有呢?"曹操明白他的意思,就一指手下人说:"你看我手下这些人,哪个都堪称当今英雄,更别说天下之大了。先生怎么能说没有人呢?"祢衡冷笑着问:"他们都有些什么本事?"曹操说:"文臣郭嘉、荀彧、荀攸、程昱运筹帷幄,机智过人,就是汉高祖手下的萧何、陈平也难以相比;武将典韦、许褚、张辽、乐进勇猛无敌,古代的猛将难有人望其项背;还有从事吕虔、满宠,先锋于禁、徐晃,大将夏侯惇,哪个不是人间的奇才?曹子孝也算得上世上的福将。你怎么说没人呢?"

祢衡又冷冷一笑,逐一指点着说:"荀彧可以派去吊丧问疾,荀攸可以让他看坟守墓,程昱可以用来关门闭户,郭嘉能够胜任读词念赋,张辽可以用来击鼓鸣金,许褚可以胜任牧牛放马,乐进可以派他取状读诏,李典可以派去传书送檄,吕虔只配磨刀铸剑,满宠只会饮酒食糟,于禁只能负版筑墙,徐晃可以屠猪杀狗,夏侯惇称为完体将军,曹子孝叫做要钱太守。其余的嘛,就只剩下些衣架、饭囊、酒桶、肉袋了!"

文武大臣都非常生气,有几个武将手按剑柄,就等曹操一声令下,马上上前杀了他。曹操强忍住怒气,又问:"我的手下难道就没有一个人才吗?"祢衡说:"有两个。孔文举(孔融)的才华做我的大儿子应当没有问题,就是杨德祖(杨修),也勉勉强强可以做我的小儿子。"曹操终于忍不住发怒了,问他:"那你有什么本事呢?竟敢出此狂言?"祢衡眉毛一挑,得意地说:"我天文地理,无一不通;三教九流,无所不晓;上可以辅佐皇帝成为尧舜一样的明君,下可以用德行与孔子颜回媲美。不是可以与凡夫俗子相提并论的啊!"

这时候张辽终于在旁边忍不住了,拔剑上前就要杀他。曹操急忙阻止他说:"我正缺少一个击鼓的小卒,既然祢先生如此有才华,那就让他在我手下当一名鼓吏吧。"祢衡竟然没有推辞,应声而去。

祢衡走了之后,张辽问曹操:"这个人出言不逊,为什么不杀了他?"曹操说:"祢衡平时有些虚名,天下好多人都知道他。今日如果杀了他,天下人必然说我不能容人。羞辱羞辱他也就算了,还是留他一条命吧。"

第二天,曹操在厅堂上大宴宾客,祢衡穿着一身破旧的衣服就来了,做起了鼓吏的工作。其他人让他换身衣服,他竟然在大堂上脱得一丝不挂。曹操训斥他的时候,他又借机把曹操大骂了一顿。

尽管如此,曹操仍然没有动祢衡一根寒毛,而是把他送给了荆州的刘表。曹操其实心里清楚,像祢衡这类人,到哪里都只会惹人不痛快。虽然自己不杀他,一定会有人要了他的命。

刘表一向也是以喜欢结交名士著称的,起初祢衡到来的时候,他很高兴,对他也非常客气。可是,祢衡骄横傲慢的脾气依然不改,对刘表也经常奚落怠慢。刘表实在忍无可忍了,就又把他送给了驻守江夏的黄祖。刚到江夏时,黄祖对祢衡也很好,还安排他做起草文书的工作。日子久了,难免旧病复发。有一次,祢衡又一次当众辱骂黄祖,黄祖一怒之下,终于结果了祢衡的性命。

本来,祢衡生逢乱世,自身又才华出众,按理说应该可以做出一番惊天动地的大事业来的。即使他不愿与流俗合污,至少也可以寄情山水,留下更多的千古名篇。但是,他虽有满腹才学,恰恰没有学会怎样做人,不知道尊重他人,与别人处好关系,并最终招来了杀身之祸,送掉了自己不满三十岁的性命。

在现实生活中,不会处理人际关系,营造不出一个良好的人际氛围,虽然一般不会像祢衡一样招来杀身之祸,但如果人际关系不好,人生肯定很难有大的成就,即使就一件具体的事情来说,如果没有良好的人际氛围,也很难顺利地把事情做成。

一般来说,凡是有长远眼光的人都会提醒自己与人为善,以在大家面前有个好的人缘,营造和谐的人际氛围。

西汉时期,有一位著名的大侠郭解。有一次,洛阳有一个人因为与他人结怨,多次央求地方上有名望的人士出来调停,可是对方死活不给面子。后来,这个人找到郭解门下,请他来出面化解这段恩怨。

郭解接受了他的请求,来来回回做了大量的说服工作,好不容易使那个人的仇家同意了和解。一切事情都谈妥之后,郭解对委托他的那个人的仇家说:"你还要帮我一个忙。这件事,听说过去许多当地有名望的人都没能调解成功。这次我很幸运,你也很给我面子,让我了结了这件事。我非常感谢你,但同时也为自己担心。毕竟我是个外乡人,在本地人出面不能解决的问题,由我这个外地人来解决了,未免使本地那些有名望的人感到丢面子。"

他接着说:"这样吧,请你再帮我一次,你先装做这个问题我也没能解决,这样等我明天离开此地之后,本地的几位绅士和侠客还会上门,你把面子给他们,答应他们同意和解吧,拜托了。"

郭解并非不想要面子,而是他知道,如果他贪功,就会使洛阳许多有名望的人对他不满,这样假如日后他再想到洛阳来办什么事情,肯定会遇到麻烦。人都爱面子,今天你给他面子,有朝一日你求他办事,他自然要"给回面子",至少不会故意在你背后下绊子。这就是操作人情账户的精义之所在。

第二十四计　假途伐虢

两大之间,敌胁以从,我假以势。困,有言不信①。

按:假地用兵之举,非巧言可诳,必其势不受一方之胁从,则将受双方之夹击。如此境况之际,敌必迫之以威,我则诳之以不害,利其幸存之心,速得全势,彼将不能自阵,故不战而灭之矣。

【译文】

对于夹于两个大势力中间的小势力,如果敌方打算胁迫它使它屈从,我方就要出动力量去支持。对于处于困境者,只凭空谈是无法取得其信任的,必须有实际的行动。

按语:以对敌国采取军事行动为借口借用别人的土地,这不是通过花言巧语就能达到目的的,一定要使自己打算借用的小国面临如果不屈从于一方,就会受到双方夹击的境地。在这种境况之下,敌人一定会用威力来胁迫它,而我方则以不使它受到侵害来利诱它,以迎合它侥幸图存的心理,迅速地控制整个局势,使其不能保守自己的阵势,从而达到不战而胜的目的。

【注释】

①困,有言不信:出自《易·困》彖传,原文为:"困,刚掩也。险以说,困而不失其所亨,其唯君子乎!贞,大人吉,以刚中也。有言不信,尚口乃穷也。"

【评解】

"假途伐虢"又称"假道伐虢"、"假途灭虢",在中国可谓家喻户晓。《左传·僖公五年》记载:晋国为了攻打虢国,向虞国借路,在消灭虢国回师的途中,顺便把虞国也灭了。

晋国的南面有两个小国,一个叫虞,一个叫虢。这两个近邻国家都与周王室同宗,所以相处得很好。晋献公为了夺取崤函要地,决定南下攻打虢国。但是,虞国紧邻虢国的北境,为晋攻虢的必经之途。晋献公害怕二国联合抗晋,就找大夫荀息商议。晋献公问:"现在我们能讨伐虢国吗?"荀息说:"不能。虞和虢两国的关系还很好,虢国的戒备也很森严。我看这样吧,我们先给喜欢玩乐的虢公送些美女去,让他尽情享乐,消磨他的意志。"晋献公依计而行。虢公得了晋国的很多美女,非常高兴,还以为是晋国向自己表示友好,自然放松了对晋国的戒备之心。从此之后,他天天有那么多美女陪着,只顾玩乐,不理政事了。

荀息得到从虢国传来的消息,对晋献公说:"现在可以攻打虢国了。不过,我们还要先离间虞国和虢国的关系,让虞国不要去援救虢国。虞国国君很贪财好利,大王您只要把你的爱物璧玉和宝马送给他,向他借条路去讨伐虢国,他肯定会答应。然后我们让犬戎去侵扰虢国,趁虢国忙于对付犬戎之际,我们就可以乘机消灭它。虢国没有了虞国的帮助,肯定会灭亡。同样,虞国没有了虢国的帮助,我们可以顺便灭了它。"晋献公听了荀息的妙计,连声说好。可一想到要把自己喜欢的宝马和璧玉送给虞公,又有些犹豫了。荀息看出了晋献公的心思,说:"虞国灭了,宝马和璧玉不就又是您的了吗?我们只不过是把这两件宝物暂时寄存在虞国罢了。"晋献公一听说得有理,就同意了这个计策。

晋献公首先派人去贿赂犬戎,让他们骚扰虢国。犬戎收了晋国贿赂后,答应了晋国的要求。虢公亲自率领大军在桑田抵御犬戎。然后,晋献公派荀息出使虞国。荀息见到虞公,献上宝马与璧玉,说:"虢国人经常侵犯我们晋国,我们忍无可忍,决定出兵惩罚他们。我们国君把这两件镇国之宝送给您,希望向贵国借一条道儿去讨伐虢国,倘若我们胜利了,所有战利品都送给大王您。"虞公看看璧玉,又看看宝马,满口答应。

虞国大夫宫之奇看穿了晋国的阴谋,连忙走到虞公面前劝阻说:"大王,您可千万不要答应啊!虞、虢两国山水相连、唇齿相依,俗话说,'唇亡齿寒',嘴唇如果没有了,牙齿就会挨冻。虢国如果灭亡了,虞国就一定保不住。今天您借道给晋国,他们灭了虢国后,接着就会灭了我国,大王您可要三思呀!"虞公瞪了宫之奇一眼,说:"晋君把这么好的宝贝给了我,我又怎么能吝惜手指宽的一条路呢?况且失去了虢国一小国,结交晋国一个大国,这不是非常划算的好事吗?"宫之奇料定虞国必然要被晋国灭亡,就带着一家人及早离开了虞国。

荀息回去后,晋献公就任命大将里克率军去攻打虢国。当晋军路过虞国时,虞公见晋军十分强大,就讨好说愿意助战,愿意做晋国军队的前锋。荀息说:"虢公正在和犬戎打仗,您带领军队,假装上去助战,虢国一定放您进城。我们让晋兵冒充您的军队,只要他们一开城门,我们就可以轻而易举地拿下他们的下阳。"虞公听从了荀息的安排。里克和荀息让自己的士兵冒充虞国军队,顺利地攻下了虢国的主要城池下阳。虢公一听下阳失守,赶快带兵回来救援,结果被犬戎杀得大败。晋国趁机灭了虢国。

灭了虢国后,里克把从虢国所得珍宝的三成献给虞公,虞公非常高兴。里克假装自己生了病,请求虞公让军队驻扎在虞国城外,自己养好病后再走,虞公不但欣然同意,还三天两头派人来送药问候。

晋国军队在虞国一驻扎就是一个多月。晋献公来到虞国,虞公很高兴地欢迎他,并与晋献公一起到郊外打猎。正在高兴的时候,忽然有人来向虞公报告,说城里失火。虞公急忙赶到城下,抬头一看,里克正在城头上站着,说:"您以前借路让我们顺利拿下虢国,我们非常感谢。今天您又把虞国给了晋国,再次向您表示感谢。"虞公一听,气得差点没从车上掉下来。这时,晋献公从后面赶来,笑着对他说:"其实我这次前来,是为了取回我的宝马与璧玉的。"

"假途伐虢"用在军事斗争中,常常指力量强大的一方为了消灭另外一方,利用威逼利诱等方法使其他的弱小力量服从自己,以利于自己开展军事行动,等到消灭了敌人之后,再伺机将该弱小力量顺势吞并。

公元 339 年,东晋桓温举兵讨伐北方的少数民族政权燕国。燕国的统治者慕容玮派使臣到前秦求援,并答应解围之后把虎牢关以西地区送给前秦作为回报。秦王苻坚与群臣商量此事,大臣们意见不一,许多人不同意出兵救燕,理由是桓温攻打前秦时,燕国人却袖手旁观,没有提供任何帮助。然而,王猛却不同意这种意见,他认为,如果桓温消灭了燕国,东晋的力量就会大大增强,一定会回过头来对付前秦,这对前秦是非常不利的。如果与燕国并力攻打桓温,从力量的对比上来说,取胜的可能性非常大,而燕国为了解围,也必然会全力死战,经过交战之后,燕国必然会元气大伤,前秦就可以顺势消灭燕国。苻坚接受了王猛的建议,决定派兵救燕。在两国的联合抵抗下,桓温被迫退兵。取得胜利之后,前秦向燕王索要先前许诺的虎牢关以西的土地。燕王此时觉得心疼,有意抵赖,而这正给了前秦借口,前秦趁机吞并了燕国,势力进一步壮大,为统一北方迈出了坚实的一步。

解语中说:"对于处于困境者,只凭空谈是无法取得其信任的,必须有实际的行动。"现实生活中,每个人都有可能遇到困难,而这时候最需要的就是别人的帮助。如果在这时伸出一只手,帮他一把,即使是敌人,也可能会因此成为朋友,日后成为你成功之路上的重要帮手。如果深刻领悟了"假途伐虢"之计的精髓,就一定会明白生活中的这个道理。

战国时,在孟尝君的门客中,有一个人与他的夫人私下相好,后来这件事情暴露了,人们都很气愤,有人建议孟尝君杀掉这个人,有人甚至扬言要替孟尝君干掉这个恩将仇报的家伙。孟尝君听到这个消息之后,当然也非常愤怒。但是他并没有一声令下,让这个给他难堪的人人头落地,而是装出一副若无其事的样子。直到过了一年多,孟尝君才把那个与他夫人私通的人叫来,对他说:"我和您交往这么久了,也没能举荐您做个大官,而小官您又不愿意做。不如这样吧,卫国国君和我交情不错,请您前去臣事卫君吧!"到了卫国后,这个食客颇受卫国国君看重,在卫国得到了重用。不久,因为卫、齐两国之间的一些纠纷,卫国国君打算联合诸侯攻打齐国。孟尝君的那位门客得到消息后,对卫国国君说:"承蒙孟尝君不以我无能,推荐我来侍奉大王,我就不得不尽己所能向您陈明利害。我听说,齐、卫两国世代修好,上代国君还曾歃血为盟,约定了两国不许互相攻伐。您现在要攻伐齐国,就是背叛了先王,这是不孝的行为。同时,这样做也对不起孟尝君。请大王放弃攻伐齐国的打算,否则,我只有一死相谏,我怕鲜血会溅了大王的袍服。"卫国国君只得停止了攻齐计划。这件事传到了齐国,齐国人都议论说:"孟尝君做人真是高明,因为他能够化敌为友,才使齐国转祸为福。"

从长远来看,孟尝君当时杀了那位与夫人私通的门客,也于事无补。在可以决定门客生死的关键时刻,他留下了门客的性命,后来才能得益于他的以死相谏。

每一个人都有遇到困厄危急或者被众人视为众矢之的的时候,这时候,他最渴望就是他人的关心与帮助,也必然会将救助者的恩情铭记于心,"滴水之恩,当以涌泉相报"。

唐玄宗时有位名臣名叫张说。张说有个十分宠爱的婢女,与他的一个门生私通。事情被发觉后,张说非常生气,下令把那位胆大的门生抓起来,准备送到京兆尹去治罪。那个门生在被捆绑的时候,他一边挣扎一边大声喊叫:"见了美色情不自禁,难倒不是人之常情吗?您贵为宰相,怎么连这点气量都没有,难道就没有情况紧急、需要用人的时候吗?相公何必为了一个奴婢而这么认真呢?"张说听了他的喊叫,觉得他的话有些道理,就将那个婢女赏赐给他,并且给了他们一些钱,将他们打发走了。

书生离开之后,十个多月杳无音信。有一天,他突然来到张说府上,说有急事要求见张说。他对张说说:"我感激相公的恩德,所以一直在找机会报答。现在我听到一个消息,姚相国已经在皇帝面前弹劾了您,御史台已准备调查,您马上就大难临头了。"张说一听也慌了,急忙问应该怎么办。书生就从张说家里所珍藏的珠宝中,挑选了一件夜明帘,连夜赶到九公主的府邸,将夜明帘献给她,请她向皇上求情。九公主收下了礼物后,就去劝说唐玄宗对张说网开一面。唐玄宗觉得她所说的理由有道理,就赦免了张说。

俗语常言:人非草木,孰能无情;人敬我一尺,我敬人一丈。这是人的正常的心理情感,聪明的人善于利用这一情感因素来笼络人心,积极满足别人的需要,帮助别人做成对他们来说很重要的事情,作为回报,对方也会来扶助自己完成事业。

通过满足别人的需要来拉近与别人的关系,重要的就是了解别人的需要。这样才能够真正满足对方,使其乐意为自己所用。清代时,和珅从一个小小的侍卫爬到权倾朝野的位置,可以说没少在这上面下工夫。

乾隆喜爱"四书",经常不时对大臣提一些"四书"中的问题。和珅的学问虽然不大,但知道皇上有这个习惯,把一部"四书"读得滚瓜烂熟,每次乾隆提问,他总能脱口而出,并提出自己独到的见解。于是乾隆便认为和珅很有学问,和珅靠这种本事不但一直爬到了户部尚书、议政大臣,最后还居然充任了四库全书馆的正总裁。

乾隆很喜欢文史，对文史的整理工作很重视，总想给后世留下一套经典著作。他设四库全书馆的目的正在于此。刻印二十四史时，乾隆非常关心，常常抽出时间来，亲自校核。每有差错校出，就觉得是做了一件了不起的事，心中很是痛快。

乾隆这种心理，居然也能让和珅所利用。为了迎合皇上，他就在抄写给乾隆看的书稿中，故意在明显的地方出点差错，以便让乾隆校正。这样做可以显示出乾隆的学问深，比当面奉承他学问深，能收到更好的效果。可是，皇帝改定的书稿，别人就不能再加改动，但乾隆也有改不到的地方，于是这些错谬就一直传了下来，以致贻误后人。

和珅这样的大贪官，之所以一直备受乾隆的宠爱，就在于他工于心计，头脑机敏，善于捕捉乾隆的心理，博取乾隆的欢心。贪官的所作所为尽管令人不齿，但每个人都有不同的兴趣与需要，了解不同的爱好与兴趣，也是帮助别人、体谅别人的基础。如果仅凭自己的理解生搬硬套，有时候即使出于好心，自己费了很大力气，也可能做不到别人的心眼里去，出力不讨好。每个人都是不同的，只有了解每个人的不同，才能够处理好各种不同的人际关系。

孟尝君在他的封地薛邑的时候，经常有人慕名来归依他，孟尝君舍弃自己的家业来厚待他们。孟尝君在接待宾客时，与宾客坐着说话，屏风后面有人记录宾客的亲戚居住在哪里、有些什么需要解决的问题和困难等谈话内容。客人走后，孟尝君就立即派人去问候客人的亲属，并赠送礼物给他们，所以宾客都认为孟尝君亲近自己，发誓尽忠于他。从历史记载来看，孟尝君走过的每一步，都与他的门客的帮助有关，他之所以得到门客们不惜牺牲自己生命的帮助，就在于他善待他们，了解他们每个人不同的需要，满足他们不同的要求。

第五套　并战计

第二十五计　偷梁换柱
第二十六计　指桑骂槐
第二十七计　假痴不癫
第二十八计　上屋抽梯
第二十九计　树上开花
第 三 十 计　反客为主

第二十五计　偷梁换柱

频更其阵,抽其劲旅,待其自败,而后乘之。曳其轮也①。

按:阵有纵横,天衡为梁②,地轴为柱③。梁柱以精兵为之,故观其阵,则知其精兵之所在。共战他敌时,频更其阵,暗中抽换其精兵,或竟代其为梁柱;势成阵塌,遂兼其兵④。并此敌以击他敌之首策也。

【译文】

使敌人频繁地变化阵势,暗中抽换它的主力,等到它自己趋于失败之后,趁机消灭它。这就是拖住车的轮子就控制住了车的运行的道理。

按语:排兵布阵有纵横的主干,部署于阵前阵后的"天衡"好比房屋的横梁,部署于阵中的"地轴"好比房屋的柱子。"梁"和"柱"都以精锐兵力来部署,所以考察阵势,就知道精锐兵力在什么地方。对于暂同我军一起与敌军作战的同盟军,要设法频繁地变更其阵势,暗中抽换它的精兵,或者直接用我方的兵力作为它的"梁"和"柱";这种阵势一旦形成,它的力量就会垮掉,这样就可以兼并它的军队。这是兼并一支敌军以击败另外一支敌军的首选之策。

【注释】

①曳其轮:出自《易·既济》。曳,拖住。
②天衡:一作"天冲"。指部署在阵形前后的兵力,作用类似于房屋的大梁。
③地轴:指部署在阵形中央的兵力,作用类似于房屋的柱子。
④兼:兼并,吞并。

【评解】

汉代王充《论衡》中有:"传语又称纣力能索铁伸钩,抚梁易柱,言其多力也。"唐朝张守节《史记正义》引《帝王世纪》也说:"纣倒曳九牛,抚梁易柱。"意思是纣王的力气非常大，能够手托房梁换柱子。后来"抚梁易柱"一词演变成了"抽梁换柱"或"偷梁换柱"，意思也发生了改变，比喻改换事物的形式或内容。"偷梁换柱"用于军事斗争中，指通过观察敌军，暗中设计调换其主力，以利于自己的军事行动。

公元200年2月，袁绍派郭图、淳于琼、颜良等率军围攻东郡太守刘延于白马。袁绍亲自引兵至黎阳，准备渡过黄河南下。4月，曹操率军救援刘延，以解白马之围。这时，曹操手下的谋士荀攸献计说："如今我军兵力少，不是敌人的对手，我们可以通过设法调开它的主力的方式来取胜。您率军先到延津，装出要渡过黄河攻打敌军后方的假象，这样袁绍一定会分兵救应，然后我们可以轻兵袭击白马，掩其不备，则颜良一举可擒。"曹操接受了他的建议。袁绍听说曹操将要渡河，马上分兵救应。曹操于是率军日夜兼行直奔白马，大约离白马十余里时，颜良闻讯大惊，仓促前来应战。曹操派张辽、关羽为前锋，关羽远远看见颜良的麾盖，策马直冲阵中，斩良于万马军中，袁绍手下诸将没有一个人能抵挡，遂解白马之围。

通过"偷梁换柱"调换别人的主力，可以支配别人；而在战争中自己"偷梁换柱"，让敌人摸不清主力在哪里，则可以起到出其不意打击敌人的目的。

春秋时期，晋国和楚国为了争夺霸主，爆发了军事冲突。晋文公为了报答当初楚王对他的礼遇，同时也为了争取政治上的主动和避开楚军的锐气，主动指挥晋军"退避三舍"，即后退九十里，在卫国的城濮（今山东省鄄城县境内）驻扎下来。楚军主帅子玉认为晋军的后退是因为胆怯，因此步步进逼，命令楚军在一个名叫鄽的险要地带扎下营寨，准备和晋军决战。

楚国的军队分为左、中、右三军。左军由子西指挥，右军由子上指挥，中军由主帅子玉亲自指挥。其中，右军为楚国的盟友陈国和蔡国的联军，中军是楚军的主力。战斗打响之后，晋文公首先命令下军副将胥臣带领一支军队，冲击楚军的右军。胥臣的车驾战马上都蒙着虎皮，把陈、蔡联军的战马都吓得仆倒在地上，士兵纷纷逃走，楚军右军崩溃了。接着，晋军上军主将假冒中军，竖起中军的帅旗，并假装要退兵的样子。同时，下军主将栾枝让人在战车的后面绑上树枝，战车拉着树枝，扬起漫天的尘土,好像军队败逃,溃不成军的样子。楚军上当,以为晋军的中军主力已经败了,马上率军追赶。晋军见"偷梁换柱"之计奏效,原轸、郄溱指挥中军拦腰冲杀过去,狐毛、狐偃也率领上军夹攻子西。楚军左军也崩溃了。楚军大败。幸亏子玉及时收兵,从而没有导致全军覆没的下场。

"二战"中,盟军诺曼底登陆的顺利实施,很大程度上得益于通过一系列的伪装,使纳粹摸不清主力在哪里。一方面使自己的主力成功集结,另一方面又把德军的主力吸引到了加莱。

1944年春,美英盟军从法国西部登陆,开辟欧洲战场。为了迷惑和麻痹德军,他们采取了一系列挖空心思的谋划和设计。

首先,他们要告诉德国人,指挥登陆作战的司令官蒙哥马利元帅离开了英国本土,到达了非洲,给德军以盟军打算从法国南部进攻的假象。他们招来一个名叫詹姆士的中尉,让他扮演蒙哥马利。詹姆士和蒙哥马利长得非常相似,并且当过二十多年的演员,表演极为逼真,英国情报部门对他进行了严格的训练,让他尽快熟悉蒙哥马利的生活习惯和言谈举止,对蒙哥马利生活中的每一个细节都了如指掌。他借助和蒙哥马利将军生活在一起的机会,进行模仿和体会,终于使他对蒙哥马利的模仿达到真假难辨的程度。

一切准备停当之后,詹姆士乘飞机到了直布罗陀,在下了飞机后的几场检阅中,他的穿着打扮、一举一动、每一个微笑和手势、演讲的风格和口气,都活脱脱一个蒙哥马利。就连蒙哥马利的老朋友、直布罗陀总督沙拉尔将军也没有看出任何破绽。

德国人得到蒙哥马利元帅到直布罗陀和阿尔及尔一带组织军队的消息,开始时也半信半疑,连忙派了两名资深间谍去侦察。由于詹姆士在直布罗陀的逼真表演,使德国人确信蒙哥马利改变了登陆地点,真正的攻击目标是法国的加莱海岸一带。

为了进一步迷惑德军,英军派人四处搜寻加莱附近的详细地图,当然这一切都被德国人看在了眼里。同时,他们还召集了一批电影厂的布景师,在英国东南部伪造了一个一百多万集团军的集结点。布景师们制造了一批假登陆艇,从泰晤士河运到英国东南海岸,用帆布搭起了许多弹药库、医院、兵营等假建筑,并用帆布和橡胶等制造出一批假坦克、假大炮和假飞机。此外，还在多佛尔海岸建造了一个巨大的假油船码头，配备了防波堤、贮油罐、发电厂、高射炮等设施。这些足以以假乱真的布置，让德国人坚信盟军的登陆地点在加莱附近。希特勒根据情报推测，盟军在英国东南部已经集结了九十二到九十七个师的兵力，准备袭击加莱；根据筹备情况，进攻的时间应当是七月份。因此，他把德国最精锐的部队调到了加莱，而驻防诺曼底地区却只有一个装甲师。

6月5日，进攻诺曼底的盟军已经准备停当，当天午夜，飞机、舰艇竞相出动，横渡海峡，向诺曼底进发。此时，盟军的蒙蔽计策仍在实施。两艘由飞机护航的舰艇从英国东南部出发，穿过英吉利海峡，向加莱驶去。军舰上装有电子装置，可以放大雷达上的脉冲波；飞机上不断抛撒下金属碎片，使德军的雷达觉得正有一支庞大的海空联合部队穿过海峡。这一切都让加莱附近的德国守军严阵以待，不敢有丝毫懈怠。

德国人万万没有想到，盟军的主力部队在诺曼底上了岸。当远在德国的诺曼底指挥官隆美尔接到消息的时候，一切都已经太迟了。6月12日，盟军已建立了一个巩固的登陆场，三十二万多人、五万多辆车辆、十多吨物资顺利登陆。欧洲战场的开辟，加速了纳粹德国的崩溃。

诺曼底登陆，美英盟军的"偷梁换柱"之计实施得非常成功，成功隐藏了自己的主力，调动了敌军的主力。

军事斗争中，还有一个"偷梁换柱"，就是通过计谋调换敌军的主帅，让自己觉得平庸的人物取代自己的劲敌，如战国时期秦国人设计使赵国的赵括代替廉颇，齐国人设计使燕国的骑劫代替乐毅等。俗话说："用人不疑，疑人不用。"上下齐心、相互信任是打破这种"偷梁换柱"的最好对策。

三国时期，诸葛亮死后，继诸葛亮主持蜀国大政的是蒋琬。可以说，诸葛亮任用蒋琬做接班人，是慧眼识才的结果。

刘备入益州的时候，蒋琬刚刚二十岁，职务上仅仅是个州书佐的小官。214年，蒋琬被任命为广都县令，他感到自己在这个位置上还不能尽展自己的才华，因此天天饮酒，也不去认真过问政事。

有一次，刘备外出巡视来到广都，看到蒋琬喝得酩酊大醉，什么事都不做，就大发雷霆，准备治他的罪。

诸葛亮与蒋琬接触多一些，知道此事后，向刘备求情道："蒋琬是治理国家的大器,但不是治理一个小地方的人才。他做事是以安定民生为根本,而不看重做表面文章,希望主公能够认真加以考察。"

刘备一向比较尊重诸葛亮的意见,见诸葛亮替他求情,便没有加罪于他,只是免了他的职。

刘备成为汉中王以后,蒋琬在诸葛亮的举荐下,当了尚书郎,后来又做了长史,兼任抚军将军。诸葛亮几次外出征战,都是蒋琬负责保障军粮和军械的供给,并且做得非常出色。诸葛亮常夸奖他说:"蒋琬以忠心和正直来寄托报效国家的志向,这正是辅佐我完成统一事业的人啊!"

诸葛亮生前曾给后主刘禅写了一份密奏说:"假如我去世,可以由蒋琬接替我,以完成我未竟的事业。"诸葛亮死后,刘禅便遵照诸葛亮的遗嘱,拜蒋琬为相。

蒋琬执政以后,以沉着、稳重见长,首先稳定了蜀国的局面,改变了由于诸葛亮去世所造成的大小官员忧心忡忡的状况。并且对各种不同性格的下属都能加以体谅,使群臣十分信服。

无论是交朋友还是作为一个领导者,正确地认识和评价一个人都是很重要的。否则的话,就极易受到别人的挑拨而中了敌人的"偷梁换柱"之计。然而,认识人的"本性"却是非常不容易的一件事情。从古至今,许多人都想总结出一套对人进行鉴别的可靠方法,如东汉末年刘劭的《人物志》、清代曾国藩的《冰鉴》等,都提出了一整套鉴别人的系统而又复杂的方法。这些理论虽然都有一定的局限性,但大部分还是有一定的道理的。

第二十六计　指桑骂槐

大凌小者,警以诱之。刚中而应,行险而顺①。

按:率数未服者以对敌,若策之不行②,而利诱之,又反启其疑。于是故为自误,责他人之失,以暗警之。警之者,反诱之也。此盖以刚险驱之也。或曰:此遣将法也。

【译文】

当强大的力量加于弱小时,可以使用警示的方法进行诱导。采取适当强硬的手段,能够得到拥护;使用果断的处理方法,可以让人敬服。

按语:统帅数支不服从命令的部属与敌人进行军事斗争,如果调遣指挥的方式行不通,就利用利诱的方法来驱使它们,这样反而会引起它们更大的怀疑。在这种情况下,可以自己故意制造失误,以谴责别人的过失,来进行暗中警告。所谓警告,就是从反面进行诱导。这就是用杀一儆百的方式进行驱使。也可以说,这就是调兵遣将的方法。

【注释】

①刚中而应,行险而顺:出自《易·师》的象传,原文为:"刚中而应,行险而顺,以此毒天下,而民从之,吉又何咎矣!"关于"刚中而应,行险而顺"在此处的意义,一说为适当的强硬可以得到拥护,使用果敢的手段可以让人敬服;一说为手段强硬而合乎情理,行为险狠而顺应时势,这样的方法可以得到别人的拥护。今从前者。

②策:调遣,驱使。

【评解】

"指桑骂槐"又作"指桑树骂槐树"、"指桑说槐",比喻明指此而暗影射彼。用于军事斗争中,"指桑骂槐"指率领部属或者其他弱小力量一起完成军事目标时,可以通过故意责备或者惩罚别人的过失的办法,借以警告那些不服自己指挥的人。

"兵圣"孙子在训练和指挥士卒中就深谙"指桑骂槐"之道,在"吴宫勒兵"中,他就利用这种方法使一群没有经过任何军事训练的女子在短时间内成为可以赴汤蹈火的战士。

《史记》中记载说:孙子,名武,齐国人。因其著有一部兵法,被人引荐给吴王阖闾。阖闾对他说:"你所著的兵法十三篇,我都看过了,你可以试着用你的兵法指挥军队让我看一下吗?"孙子回答说:"当然可以。"吴王又说:"可以用女子来试一下吗?"孙子说:"可以。"于是,吴王阖闾让宫中的宫女嫔妃都出来,总共约有一百八十人。孙子让这一百八十人分为两队,任命吴王的两个宠爱的妃子分别作为两队的队长,然后每人发给她们一件兵器。接着,孙子向她们宣布命令,他说:"你们都知道自己的心、左右手和脊背吗?"女"兵"们回答说:"知道。"孙子说:"好。我说'前'的时候,你们就一起看你们的心的方向;我说'左'的时候,你们就一起看你们的左手方向;我说'右'的时候,你们就一起看你们的右手方向;我说'后'的时候,你们就一起看你们脊背的方向。明白了吗?""明白。"女"兵"们回答说。于是,孙子又宣布了军令,并准备好了刑罚所用的铁铖等器械,又把规则和军令重复了几遍。演练开始了,孙子敲起鼓,指挥道:"右。"女"兵"们全都哄堂大笑,没有人服从命令。孙子严肃地说:"看来约束不明、军令不熟啊,这是将领的过错,不怪你们。"于是又把规则和军令重复了几遍,重新敲起鼓,说:"左。"女"兵"们又一阵哄堂大笑。孙子板起脸来说:"如果是因为约束不明、军令不熟,这是将领的过错。但是现在军法既然已经都明确了,你们仍然不按军法行动,这就是军中头领的罪过了。"他当即命令,要把左右两队的队长按军法斩首示众。吴王在看台上看到孙子要杀他的爱姬,非常震惊,连忙命人向孙子传达命令说:"我已经知道将军您善于用兵了。我若没有了这两个爱姬,我一定会伤心地吃不下饭去,您还是饶了她们吧。"孙子却丝毫不给面子,坚定地说:"我既然已经受命做大王您的将军,将军在军营处理军务的时候,君令有所不受。"于是下令杀了吴王的那两个爱姬,另外任命了两个队长,又敲起鼓开始发号施令。这一次,女"兵"们左右前后、进退起卧全都中规中矩,分毫不差,再也没有一个敢出声的。孙子觉得训练得差不多了,就派人对吴王说:"士兵已经训练好了,现在请大王下台检阅,只要您发布命令让她们做什么,她们即使赴汤蹈火也一定不会犹豫。"吴王正在为失去两个爱姬而伤心,哪有心情检阅? 于是就对孙子说:"将军回去休息吧,我不看了。"孙子感慨地说:"原来大王只是喜欢兵法的词句,而不愿意亲自运用它呀!"通过这件事,吴王真正领会了孙武善于用兵,终于任命他为将军。

春秋时期齐桓公称霸诸侯的过程中,也充分运用了"指桑骂槐"这一策略。

公元前770年,平王东迁,由于边境少数民族的进攻和各诸侯国之间的连年征战,周王室逐渐衰微,诸侯不断坐大,王畿的范围越来越小,威信也就越来越低。随着周王室的衰落,许多诸侯却越来越强大,东方的齐国就是其中之一。齐桓公在管仲的辅佐下,积极推行改革,齐国出现了民足国富、社会安定的繁荣局面。

国内的基础打好之后,齐桓公对管仲说:"现在已经国富民强了,可以会盟诸侯了吧?"管仲连忙谏阻道:"时机尚不成熟。当今天下诸侯,比齐国强大的还有许多,南有荆楚,西有秦晋。尽管他们都很强大,但是由于自逞豪强,不知尊奉周王,所以不能称霸。周王室虽然衰微,但仍是天下共主。东迁到洛阳之后,诸侯不去朝拜。如果谁要是能以'尊王攘夷'作为号召,海内诸侯必然会望风归附。"管仲所说的"尊王攘夷",所谓"尊王",就是承认周天子的至尊地位,尊重周朝王室;"攘夷",就是联合各诸侯国,共同抵御戎、狄等边境民族对中原的侵扰。"尊王"和"攘夷"是统一的,"攘夷"才能"尊王","尊王"必须"攘夷"。

谭国是齐国西邻的小国。在齐桓公还是齐国公子的时候,齐国内乱,他出奔时曾经过这里,当时谭国国君对齐桓公很不礼貌。后来齐桓公继位,谭国也没派使臣前来祝贺。齐桓公对此极为不满。按照春秋的礼法,谭国这样做是失礼的,因此管仲建议出兵问罪。谭国本来力量十分微弱,结果很快就被齐国消灭了。

公元前681年,在管仲的建议下,齐国与宋、陈、蔡、郑等国在齐国的北杏会盟,商讨安定宋国之计。临近齐国的遂国也在被邀之列,但没有参加。为了提高齐国的威望,齐桓公又出兵把遂国消灭。

鲁国本来比较强大,此前还曾在曹刿的指挥下,在长勺战役中大败齐军。但此时,因齐国力量的壮大,鲁国接连被齐国打败,又看到诸侯国都顺从齐国,不服从齐国的遂、谭两国又被消灭,所以也屈服了齐国。

不久,宋国叛齐。次年,齐桓公邀请陈、曹共同出兵伐宋,为了名正言顺,又向周王请求以王室的名义派兵。周王室派大臣单伯带领王师,与三国军队共同伐宋。结果宋国屈服了。

这时候,齐国周围的几个诸侯国中,鲁、宋、陈、蔡、卫都先后屈服了齐国,谭、遂两国已被消灭,只有郑国还在内乱。管仲因此建议齐桓公出面调解郑国内乱,以此来提高齐国的地位,加速实现做霸主的目的。公元前 680 年,齐桓公联合宋、卫、郑三国,又邀请周王室参加,在鄄会盟。第二年,齐桓公又以自己的名义召集宋、陈、卫、郑,再一次在鄄会盟。从此,齐桓公已成为公认的霸主。

公元前 667 年冬,齐桓公召集鲁、宋、陈、卫、郑、许、滑、滕等国君,又在宋国的幽会盟。周惠王也派召伯参加。这是一次规模空前的盛会,几乎所有中原国家都参加了这次会盟。在盟会上,召伯又以周天子的名义,向齐桓公授予侯伯的头衔。齐桓公成了名副其实的霸主,威望布于天下,德名远播诸侯。

在中原各国逐渐承认齐国盟主地位的时候,边境的狄人和山戎人也逐渐发展起来。他们屡屡举兵犯境,烧杀抢掠,给中原各国造成了严重威胁。公元前 664 年,山戎攻打燕国,阻止燕国通齐,燕庄公抵挡不住,向齐桓公告急。管仲认为,当时给中原诸国造成威胁的,南有楚国,北有山戎,西有狄。要想征伐楚国,必须先进攻山戎,北方安定,才能专心征伐南方。如今燕国有难,求救于齐国,正是进一步在诸侯中树立威望的千载难逢之机。齐桓公深以为然,遂派兵救燕。山戎听说齐军将至,掳掠一番后解围而去。齐军与燕军合兵一处,北出蓟门关追击,大败山戎兵,山戎首领带着残兵败将逃入孤竹国。齐军一鼓作气,又灭了令支和孤竹,得到土地五百里,但全部给了燕庄公,补偿山戎掳掠所造成的损失。

当时,西北方的狄人也兵进中原,先后攻打邢国和卫国,齐桓公不但派兵赶走了狄人,而且分别修筑了夷仪城和楚丘城来封赠失去土地的两国人民,还送给他们许多财物。邢、卫两国在齐桓公的主持下,得以复国。当时人们都赞赏地说:邢国人迁进新都城,好像回到了老家;恢复后的卫国,人们心情高兴,也忘记了亡国的悲痛。

平定北方之后，齐桓公又约鲁、宋、陈、卫、郑、许、曹等八国组成联军南下，首先一举消灭蔡国，直指楚国。经过一段时间的对峙之后，齐桓公同意与楚国结盟。这样南北军事对峙体面地结束了。

公元前651年，周惠王去世。齐桓公会同各诸侯国拥立太子郑为天子，这就是周襄王。周襄王即位后，命人赏赐齐桓公，以表彰他攘外安内的大功。齐桓公召集各路诸侯大会于葵丘，举行受赐典礼。受赐典礼上，宰孔奉周襄王的命令，宣布考虑到齐桓公年老德高，不必下拜受赐。但齐桓公在管仲的示意下，仍然先再拜稽首，然后才登堂受胙。在盟会上，齐桓公又重申盟好，订立了新盟。这就是历史上有名的"葵丘之盟"。至此，经过近三十年的苦心经营，齐桓公在"尊王攘夷"的旗号和管仲的辅佐下，"九合诸侯，一匡天下"，成为公认的霸主。

齐桓公完成称霸诸侯的大业，充分利用了"指桑骂槐"、"杀一儆百"的策略。齐国通过对遂国、谭国、宋国等诸侯国的征伐，给鲁国、楚国等其他诸侯国以警示作用，从而得到了诸侯国的认同，成为了春秋五霸之首。

在人际交往中，"指桑骂槐"的方式也往往能够取得意想不到的效果。

在中国历史上，唐太宗李世民以善于以史为鉴著称。他亲眼看到强大富足的隋朝仅仅二三十年间就垮台了，这给他留下了极深刻的印象，他经常和大臣们在一起讨论隋朝灭亡的原因，以从中吸取教训。唐太宗认为，隋炀帝就是因为贪得无厌，纵欲无度，所以亡了国。因此，他总结出，作为一个君主，要能清心寡欲，不扰乱百姓的正常生产和生活，让百姓有安乐的日子过。

唐太宗不但善于经常用历史提醒自己，而且经常用历史来教育手下的文臣武将。尉迟敬德是唐太宗李世民手下的功臣之一，跟随李世民打天下，立下了无数的汗马功劳。唐太宗即位以后，尉迟敬德仰仗着自己打天下有功，骄傲放纵、盛气凌人，招来了不少同僚的不满，以致曾经有人向唐太宗告状说尉迟敬德想谋反。李世民知道后，便问他："有人告发你谋反，可有此事？"尉迟敬德道："微臣跟随陛下南征北战，好不容易从刀箭底下捡了条命回来。如今天下已经平定了，您为什么反而怀疑我要谋反呢？"说着，他就把衣服脱了扔在地上，露出身上的累累伤痕。李世民一看他满身的伤痕,感动得老泪纵横,用好言好语安慰了他一番。

有了这次的教训之后,尉迟敬德的骄纵的习性并未有所收敛。有一天,在太宗举行的宴会上,他与别人争论谁是长者,一时火起,殴打了任城王李道宗,并打瞎了李道宗的一只眼睛。太宗见他如此放肆,十分不高兴,就下令结束了这次宴会。

事后,李世民把尉迟敬德召进宫中,对他说:"我要和你们这些曾经生死与共的大臣同享富贵,然而你却仰仗有功而骄横跋扈,并且多次触犯王法。你可知道汉朝的韩信、彭越二人为何被杀吗?他们两人何尝不是立下了汗马功劳?他们不把汉高祖放在眼里,最后被刘邦处死,这难道是汉高祖的罪过吗?"

尉迟敬德这才有点害怕,以后做事就谨慎多了。

尉迟敬德居功自傲,屡次犯法。太宗告诉他因得罪人而有人告他谋反他都毫不收敛。为了说服他,就向他举了汉高祖杀掉韩信、彭越的例子,说明恃功自傲的严重后果,终于达到了教育他的目的。

杜坦是著名将领杜预的后代。西晋末年,中原战乱不断,杜家为了避免战乱,逃到河西,屈身于前凉。后来,前凉被前秦的苻坚所灭,杜氏一家又辗转到了关中。公元417年,宋武帝刘裕灭了后秦,杜坦兄弟便随宋武帝大军渡江来到南方。

当时,南方实行士族制度,不同等级的士族之间地位差别非常大。渡江较早的封的品位便高,渡江越晚封的品位就越低。晚来的士族,有些人的祖先虽然在北方都是名门世家,但由于渡江较晚,封的品位也就很低,当然也没有特别优厚的待遇。

有一天,宋武帝与杜坦在一起闲谈。宋武帝感叹道:"可惜我现在手下没有西汉的金日䃅那样的人才啊!"

杜坦趁机说:"即使金日䃅生于今世,也只不过是个养马的下等人,怎么能被委以重任呢?"

宋武帝一听,马上变了脸色,说:"爱卿为什么把朝廷看得如此苛刻呢?"

杜坦从容地说:"以我为例吧。我家是中原的名门望族,世代相传。只不过因南渡的时候较晚,便受到冷遇,更何况金日䃅是一位胡人,而且在朝时本来就只不过是个养马的人呢?"

宋武帝听了,顿时无话可说了。

杜坦拿汉代的金日䃅的事例和自己当时的处境向宋武帝说明,当时所采取的评定官级品位的方法是不正确的,只能把许多有才能之人都摒弃了。用这样一段历史典故使对方明白其中的道理,比声嘶力竭、口干舌燥地与对方用空头理论辩论有效得多。

第二十七计　假痴不癫

宁伪作不知不为，不伪作假知妄为。静不露机，云雷屯也①。

按：假作不知而实知，假作不为而实不可为，或将有所为。司马懿之假病昏以诛曹爽②，受巾帼假请命以老蜀兵③，所以成功；姜维九伐中原④，明知不可为而妄为之，则似痴矣，所以破灭。兵书曰："故善战者之胜也，无智名，无勇功。"⑤当其机未发时，静屯似痴；若假癫，则不但露机，且乱动而群疑。故假痴者胜，假癫者败。或曰：假痴可以对敌，并可以用兵。宋代，南俗尚鬼。狄武襄（青）征侬智高时⑥，大兵始出桂林之南，因佯祝曰⑦："胜负无以为据。"乃取百钱自持，与神约："果大捷，则投此钱尽钱面也。"左右谏止："倘不如意，恐沮师⑧。"武襄不听。万众方耸视⑨，已而挥手一掷，百钱皆面。于是举兵欢呼，声震林野。武襄亦大喜，顾左右，取百钉来，即随钱疏密，布地而帖钉之，加以青纱笼护，手自封焉。曰："俟凯旋，当酬神取钱。"其后平邕州还师，如言取钱，幕府士大夫共视⑩，乃两面钱也⑪。

【译文】

宁愿假装什么都不知道而不采取行动，也不要假装明白而轻举妄动。要静待时机而不露声色，就像在冬季积蓄力量的雷电一样。

按语：假装不知道而实际上却知道，假装不去做而实际上是不能去做，或者正准备去做。司马懿以假病和假装糊涂的方式诛杀了曹爽，接受了诸葛亮的妇女服饰却假装请战以稳住军队使蜀军疲敝，都是"假痴不癫"之计运用成功的例子。姜维九伐中原,打算消灭曹魏,是明知不可为而轻举妄动,这是近似疯癫,所以失败。《孙子兵法》中说:"所以善于用兵的人,没有智慧的名声,没有勇武的功绩。"当时机没有到来时,就静静地等待,不露声色,好像痴傻一样;如果假装疯癫,则不但会泄漏机关,还会因为随意调动而使自己的士兵生疑。所以假装痴傻不露声色的人能够取胜,故作疯癫轻举妄动的人就会失败。有人说,假装痴傻可以对付敌人,也可以用来指挥自己的军队。宋代的时候,南方的风俗崇尚鬼神。狄青奉命征讨侬智高,大军刚到桂林之南时,假装祷告说:"胜败现在还没有征兆啊。"于是取出一百枚铜钱,向神祷告说:"如果此次出征能够获胜,那么这些钱扔下去正面都朝上。"旁边的人劝阻说:"如果没有应验,恐怕会影响士气。"狄青不听。士兵们都敬畏地注视着,狄青随之挥手一扔,一百枚铜钱都是正面朝上。众人一见,都举手欢呼,全军上下欢腾的声音震动森林旷野。狄青自己也非常高兴,命令手下人取一百枚钉子来,按照铜钱撒下后分布的位置,将铜钱都钉在了地上,用青纱覆盖保护起来,并亲手封好,说:"等到我军凯旋回来,我一定酬谢神灵,然后取走铜钱。"打败了侬智高,平定了邕州回师的时候,狄青像当初所说的那样回来取铜钱,幕僚谋士们一起过来观看,原来这一百枚铜钱是特制的,两面都是正面。

【注释】

①云雷屯:出自《易·屯》的象辞,原文为"云雷,屯;君子以经纶"。"云雷屯"的意思是说,雷电冬天藏于地下,等到春天就会激越而出。

②司马懿:三国时期著名军事家、政治家,字仲达,河南温县人。司马懿曾经一度控制曹魏的实权,并四十多年作为军事统帅常年争战,善于用兵。司马懿死后,他的儿子、孙子仍然掌握着曹氏的实权,其孙司马炎代曹氏建立晋之后,追尊其为宣帝。曹爽:字昭伯,三国时曹魏宗亲。曹芳即位后,他与司马懿共同辅政,后因争权夺利中失败被司马懿所杀。关于"司马懿之假昏病以诛曹爽"事,《晋书·宣帝纪》记载说:"曹爽用何晏、邓扬、丁谧之谋,迁太后于永宁宫,专擅朝政,兄弟并典禁兵,多树亲党,屡改制度。帝不能禁,于是与爽有隙。……爽、晏谓帝疾笃,遂有无君之心,与当密谋,图危社稷,期有日矣。帝亦潜为之备,爽之徒属亦颇疑帝。会河南尹李胜将莅荆州,来候帝。帝诈疾笃,使两婢侍,持衣衣落,指口言渴,婢进粥,帝不持杯饮,粥皆流出沾胸。胜曰:'众情谓明公旧风发动,何意尊体乃尔!'帝使声气才属,说:'年老枕疾,死在旦夕。君当屈并州,并州近胡,善为之备。

恐不复相见，以子师、昭兄弟为托。'胜曰：'当还忝本州，非并州。'帝乃错乱其辞曰：'君方到并州。'胜复曰：'当忝荆州。'帝曰：'年老意荒，不解君言。今还为本州，盛德壮烈，好建功勋！'胜退告爽曰：'司马公尸居余气，形神已离，不足虑矣。'他日，又言曰：'太傅不可复济，令人怆然。'故爽等不复设备。嘉平元年春正月甲午，天子谒高平陵，爽兄弟皆从。是日，太白袭月。帝于是奏永宁太后废爽兄弟。……乃收爽兄弟及其党与何晏、丁谧、邓飏、毕轨、李胜、桓范等诛之。"

③巾帼：古代妇女的头巾和发饰。关于司马懿"受巾帼假请命以老蜀兵"事，《晋书·宣帝纪》记载说：司马懿和诸葛亮对峙于五丈原，"亮数挑战，帝不出，因遗帝巾帼妇人之饰。帝怒，表请决战，天子不许，乃遣骨鲠臣卫尉辛毗杖节为军师以制之。后亮复来挑战，帝将出兵以应之，毗杖节立军门，帝乃止。初，蜀将姜维闻毗来，谓亮曰：'辛毗杖节而至，贼不复出矣。'亮曰：'彼本无战心，所以固请者，以示武于其众耳。将在军，君命有所不受，苟能制吾，岂千里而请战邪！'"老：使……疲惫，使……困乏。

④姜维九伐中原：指诸葛亮去世之后，姜维九次率兵北上攻打曹魏均无功而返之事。

⑤故善战者之胜也，无智名，无勇功：出自《孙子兵法·形篇》。曹操注曰："敌兵形未成，胜之无赫赫之功也。"杜牧注曰："胜于未萌，天下不知，故无智名；曾不血刃，敌国已服，故无勇功也。"

⑥狄武襄：即北宋名将狄青。狄青，字汉臣，汾州西河（今山西汾阳）人，英勇善战，从普通的士卒成长为指挥三军的统帅，在抗击西夏和平定南方侬智高的叛乱中都屡立战功，官至枢密使，去世后谥号"武襄"，因此后人尊称狄武襄。侬智高：北宋时壮族首领，1041年自立为王，建立大历国，后改称南天国。后起兵进攻北宋，占领邕州（今广西南宁）等地，被狄青率军打败。

⑦祝：向神灵祷告。

⑧沮：沮丧，失望。这里是"使……失望"的意思。

⑨耸视：敬畏地注视。

⑩幕府：古代指将帅在外的营帐。也借指将帅。

⑪两面钱：指特制的、正面和反面都完全一样的铜钱。

【评解】

"假痴不癫"，原意是假装糊涂，而内心却很清楚。作为军事斗争的计谋，"假痴不癫"指在敌情不明时要静待时机，不要轻举妄动。也有人以"假痴不癫"指用装糊涂的方式激励或调动士兵，来达到军事斗争的目的。

公元 317 年，司马睿南渡建立东晋之后，拥护司马睿称帝的原江北世家大族都备受尊崇，其中尤以琅玡王氏功劳最大，地位也最显赫。在王氏家族中，除了王导之外，就属王敦的权力大，地位高。王敦率军占据江陵等地区，慢慢地开始不满足于做一个藩属，有了反叛朝廷之心。

司马睿之后，明帝司马绍即位，温峤深受器重，先是拜为侍中，参与机密大事，不久之后又升为中书令。王敦知道温峤有栋梁之才，明帝如此倚重他，将对于自己图谋的实现是一大障碍。因此，他向朝廷请求，让温峤到自己的身边来，做自己的左司马。温峤到了江陵之后，看到王敦拥兵自重，不按期去朝拜皇帝，并且在地方上也是暴戾恣睢，肆无忌惮，因此深感忧虑，于是进谏道："当初周公辅佐成王的时候，兢兢业业，小心谨慎，难道这是因为他喜爱劳苦而憎恶安逸吗？这是因为他处在重要的位置上而不得不这样啊。而您自从返回京都，辅佐朝政，缺乏拜觐的礼节，简慢人臣的礼仪，不通达圣人之心的种种行为莫不令人忧心。当初帝舜服侍唐尧的时候，大禹侍奉帝舜的时候，文王屈从商纣的时候，虽然势力都很强大，但从来都没有违反为臣的礼节。所以如果有庇护人民的大德，就必然有服侍君主的小心，从而使芳名百世流传，风节万代景仰。圣人留下的美德是不能被忽视的。希望您能想想舜、禹、文王等圣人的殷勤服侍之事，以及周公为了国家而兢兢业业的美德，这对于天下将是大幸。"虽然温峤苦口婆心，但王敦还是没有接纳他的建议。

温峤知道了王敦野心已经极度膨胀，不能悔悟，于是假装对他非常恭敬，谨慎勤勉地担起了府中的各项事务，并经常与他秘密谋划，以顺从他的欲望。王敦手下有一个心腹名叫钱凤，温峤也主动地去讨好、巴结他，并主动帮他树立声誉，经常夸奖他说："钱世仪（钱凤的名）满腹经纶，才智过人。"温峤平时就有善于识人的名声，钱凤听到他夸奖自己后感到十分高兴，因此与温峤结下了很深的友情。这时，正巧丹杨（即丹阳）尹空缺，温峤就对王敦说："丹杨是京都的咽喉，应该有一个文武兼备的人去任丹杨尹一职，您应当亲自选拔一个合适的人才。如果依靠朝廷任命，恐怕考虑得不会很全面。"王敦同意了他的观点，问温峤谁可以任此职。温峤说："我私下里觉得钱凤可以担当此任。"王敦不同意。钱凤获悉后又推荐温峤，温峤假装推辞。王敦上表请求补温峤为丹杨尹。

　　温峤马上就要脱离虎口了，但他仍然害怕他走了之后钱凤会在王敦面前进自己的谗言，于是就想了一个办法。离开江陵之前，王敦设宴为他送行，钱凤等人都来了。当酒宴进行到高潮的时候，温峤起身敬酒，到了钱凤面前，钱凤还没来得及喝，温峤假装已经喝醉，用手版打掉了钱凤的头巾，并装作非常生气的样子吼道："钱凤算个什么东西，我温太真敬酒他竟然敢不喝！"王敦以为他真的醉了，急忙把他们两人劝开。酒宴结束之后，温峤向王敦道别，满脸涕泗横流，出了府门又转身进来，如此数次，然后才离开，就像醉到了不能自我控制了一样。

　　等到温峤走了之后，钱凤果然在王敦面前说他的坏话。他告诫王敦说："温峤和朝廷关系非常密切，并且和庾亮交情也很深厚，我们不能够完全信任他啊。"王敦想起了酒宴上的事，不以为然地对钱凤说："温太真昨天喝醉了，才对你稍微变了些脸色，你又何必因为这样的小事而对他进谗言离间我们呢？"因此钱凤的计谋没有实行，而温峤顺利地回到京都，把王敦打算谋反的事情如实上奏了朝廷，并请求朝廷及早做好准备。

　　为了避免被钱凤陷害，温峤的"假痴不癫"之计实行得可谓非常巧妙。"假痴不癫"不但是军事斗争和政治斗争中的策略，而且在现实生活中处理其他问题时，也往往能起到意想不到的效果。

　　宋太宗时，一天，孔守正和王荣两位大臣同太宗一起饮酒。孔守正喝得酩酊大醉，就在皇帝面前和王荣争论起守边的功劳来，二人越吵越气愤，全然不顾皇帝就坐在面前，很不成体统。侍臣建议太宗将二人抓起来，送吏部去治罪，太宗没有同意，派人把二人送回了家。

　　第二天，二人酒醒了，都对昨天发生的事情非常后悔和害怕，就一齐到金銮殿向皇上请罪。太宗却假装惊奇地对他们说："朕也喝醉了，记不得有这些事。"一句话就把这件事掩盖过去了。

　　宋太宗对这件事情的处理的确是有水平的，遇上这种情况，如果和他们较真，真的治了他们的罪，会显得他这个做皇帝的不够宽容，居然和两个醉鬼一般见识。而如果不治他们的罪，他们当时目无长上的行为一旦传扬出去，他自然就会脸上无光，并且会给别人做出一个不好的榜样。不如干脆假装糊涂，佯做不知，大家都能落个皆大欢喜。

与宋太宗用模糊处理的方法巧妙地掩盖了和臣下之间的一场尴尬相比,他的哥哥宋太祖在对付南唐的使臣徐铉一事上则更多地显示出几分狡猾。

北宋初年,南唐派徐铉来朝贡,照例要由朝廷派官员去做押伴使。徐铉是广陵人,和他的兄弟徐锴以及钟陵人徐熙号称"三徐",在江南名声卓著,都以学识渊博、见多识广、通达古今而闻名,其中又以徐铉的声望为最高。满朝文武都因为自己的辩才不如徐铉而生怕选中自己,宰相赵普也不知究竟选谁为好,就去向宋太祖请示。

宋太祖说:"你暂且退下,我亲自来选择。"赵普退出不久,内宫的太监就传旨殿前司,命令他写出十个不识字的殿中侍者的名字送来。

殿前司写好后,太监将名单送给宋太祖。太祖御笔一挥,随便点了其中一个人的名字,说:"就派这个人去吧。"满朝官员都大吃一惊。赵普也不敢再去请示,就催促那人马上动身。

那位殿中侍者做梦也没有想到为什么会派他去做使臣,只得稀里糊涂地上了路。一上船,徐铉就口若悬河,词锋锐利,满船的人都被他的能言善辩所折服。宋朝的那位使臣当然无言以对,只是不停地点头称是。徐铉不了解他的深浅,愈发喋喋不休,几乎把自己所能卖弄的才华都显露了出来。但是一连几天,那人一直不与徐铉辩论。徐铉自己一个人说得口干舌燥,疲惫不堪,便再也不吭声了。

徐铉的辩才是人所共知的,无论派谁去都没有把握胜过他,宋太祖采取了迂回的战术,让他摸不着底细,既没有丧失大国的威严,又没有因争得不可开交而伤了和气,最终达到了不战而屈人之兵的目的。

古人说:"善游者死于梁池。"很多人的失败往往不是在自己的劣势上,而在自己最擅长的方面。这固然可以用"人有失手,马有漏蹄"来解释,但其中也包含着必然的因素在里面。这就是"假痴不癫"之计从反面告诉我们的道理。

战国时期,宋国的国君宋康王整天只是饮酒,性格异常暴虐。群臣中有来劝谏的,或者被他赶走,或者被他杀掉。他杀的人愈多,臣下也就对他更加反感。有一次,康王问相国唐鞅:"我已经杀了那么多人,可是人们还是不畏惧我,这是为什么呢?"

唐鞅说:"您杀的都是有罪过的人。虽然你杀了他们,但是那些没有犯罪的人当然不必害怕。您如果想让臣民们害怕,就要不管有罪没罪,不必区分好人还是坏人,想杀掉谁就杀掉谁,那样他们自然就会对您非常害怕了。"

康王觉得有理,开始随意滥杀无辜。过了不久,甚至连唐鞅也杀了,大臣们果然都对他产生了恐惧感。

俗话说:聪明反被聪明误,说的就是唐鞅这种人,觉得自己有些小聪明,最后却因此耽误了自己的事业,甚至连性命也搭上了。《管子》中曾经指出,人们的失误,往往失误在他所擅长的那一方面。所以,善于游泳者的人往往死在水中,而善于射猎者常常死在荒野之中。

《庄子》中有一个有趣的故事:有一次,吴王乘坐木船,顺江而下,听见大江两岸有猿猴不住地啼叫,声音此起彼伏。吴王一时兴起,便想去捕猎几只。于是,他带领卫士,舍舟登山,顺着猿猴鸣叫的方向而去。

山中正在鸣叫的猴子们一看见有人来了,就一阵乱叫,纷纷逃走了。可是,有一只雄健的猴子仿佛没有意识到将要来临的危险,故意在原地不跑。吴王命令手下人去把那只猴子活捉过来。

这只猴子等人快到自己身边时,却上蹿下跳,一会儿双脚在地上飞快地刨动,一会儿又扭着腰肢在地上学蛇一样地爬行,身形十分灵活,故意做出各种姿态,谁也捉不住它。

吴王一见抓不住它,就从卫士手中拿过弓箭,张弓便射。这只猴子见箭矢飞来,左躲右闪,并把一支支飞来的箭凌空抓在手里,动作极为敏捷,并露出一副得意狡黠的神情。吴王见了,非常生气,命令卫士们用乱箭追射,一时箭矢如雨,这只猴子终于死于乱箭之下。

本来,这只猴子想依仗自己的强健,在人类面前表现一下,不料却做得过了火,结果身遭惨死。一只猴子做出这样的事情尚且被人所耻笑,所以作为万物之灵的人类应当时时提醒自己,不要犯同样的过失。

其实有时候,人们并不是有意暴露自己的长处或某一方面的能力,也同样可能引起别人的不安甚至疑忌,从而对自己的事业或者生命造成危害。

战国时期,中山国人乐羊到魏文侯的手下做了一名将军。他投奔魏国后,主动要求率领魏国的军队去攻打中山国。这时,乐羊的儿子还留在中山国。中山国在魏国军队的猛烈进攻下,招架不住,国君就招来了群臣商议对策,最后有人提议,以乐羊的儿子作为筹码来要挟乐羊退兵。国君于是命人把乐羊的儿子绑了来,吊在城楼上,威胁乐羊。

乐羊看见自己的儿子挂在城墙上,不但没有下令撤军,反而全然不顾自己儿子的死活,命令军队更加猛烈地攻城。中山国的将士们都十分生气,他们将乐羊的儿子杀了,并把他的肉煮成一锅肉羹,派人给乐羊送去。

不料,乐羊见到用自己亲生儿子的肉做成的肉羹,丝毫没有表现出悲伤和激动的样子,他竟然不动声色地坐在帐下,将中山国送来的羹汤吃了个一干二净。然后,他站起身来,指挥着魏军向中山国发起了猛烈进攻。经过几番激战,中山国终于被乐羊所灭。

魏文侯知道了情况后,对大臣堵师赞夸奖说:"乐羊这一次为我真是立了大功啊。他为了我,竟然连自己的孩子都不顾惜,并且吃下他亲生儿子的肉,他对我是何等的忠诚啊!"

堵师赞却说:"我不这样看。一个连儿子的肉都敢吃的人,这世上还有谁他不敢吃呢?一个为了自己向上爬连自己的故国、儿子都可以背叛的人,他还会对谁忠诚呢?大王您怎么可以去亲近、信任这样一个危险的人呢?"

战争结束后,乐羊因给魏国开拓了一大片疆域,为魏王立了大功,凯旋后,魏文侯奖赏了他,赏赐给他很多的东西。但是,魏文侯总是时时怀疑他对自己的忠心,事后便冷落了他,不再信任他了。

乐羊因为把自己为了国家而不惜牺牲一切的精神和意志表现得太过火,反而得到了与预料中相反的结果。即使当时他真的是为魏国着想,如果再多考虑一些事情,做事慎重一些,也许不会出现后来的结果。

《诗经》上说:"战战兢兢,如履薄冰。"一个人不论做什么事情,不论自己对一件事情有多精通,都应该时刻保持清醒的头脑和虚怀若谷的心态,这样才能不使自己的长处成为累赘,无往而不胜。而"假痴不癫",正是头脑极其清醒的表现。

第二十八计　上屋抽梯

假之以便,唆之使前①,断其援应,陷之死地。遇毒,位不当也②。

按:唆者,利使之也。利使之而不先为之便,或犹且不行。故抽梯之局,须先置梯,或示之梯。

【译文】
故意示之以小利,引诱敌人前来进攻,然后切断它的救援和策应,使其陷入绝境之中。这就是受到损害,是因为追求不当的利益的道理。

按语:唆使敌人进入自己预想的区域或者境地,要通过利益诱导来完成。如果仅有利益诱导而不先给它提供方便的途径,敌人仍然可能犹豫不前。所以如果要完成"上屋抽梯"的布局,关键是要先安放好梯子,或者告诉它梯子在哪里。

【注释】
①唆:怂恿,唆使,引诱。
②遇毒,位不当也:出自《易·噬嗑》的象辞。这是对"噬腊肉,遇毒,小吝,无咎"的解释,宋代杨万里《诚斋易传·噬嗑》中说:"若腊之坚而难噬也,噬之则遇毒而伤齿矣。……此弱于齿而噬夫坚者也,能不遇毒乎?故曰'位不当也'。"毒,即损害,伤害。

【评解】
"上屋抽梯"的典故出自《三国志·诸葛亮传》。"刘表长子琦,亦深器(诸葛)亮。表受后妻之言,爱少子琮,不悦于琦。琦每欲与亮谋自安之术,亮辄拒塞,未与处画。琦乃将亮游观后园,共上高楼,饮宴之间,令人去梯,因谓亮曰:'今日上不至天,下不至地,言出子口,入于吾耳,可以言未?'亮答曰:'君不见申生在内而危,重耳在外而安乎?'琦意感悟，阴规出计。会黄祖死，得出，遂为江夏太守。""上屋抽梯"用在军事斗争中，指将敌人引入险地，然后截断其退路和援兵，以便将敌人围歼。

南北朝时，后魏万俟丑奴在关中叛乱，魏将贺拔岳率兵征讨。贺拔岳以轻骑八百北渡渭水，杀掠其民以刺激万俟丑奴前来交战。万俟丑奴果然上当，派大将尉迟菩萨率步骑三万至渭北，与贺拔岳隔河相对。贺拔岳带着数十轻骑来到河边，与尉迟菩萨隔河辩论，贺拔岳称扬国威，尉迟菩萨自言强盛，一直辩论到天色将晚，才各自回营。晚上，贺拔岳偷偷地在渭南岸边分精骑数十为一处，随地形进行布置。第二天，贺拔岳又亲自带领百余骑，隔水与叛军相见。贺拔岳慢慢地前进，先前所布置的骑兵随着他的移动渐渐汇集过来。人马越来越多，敌人无法判断究竟有多少。行了大约二十里，到了一处水浅可以渡河的地方，贺拔岳突然驰马向东而去，好像要逃走的样子。敌人以为他真的要逃走，于是舍弃了步兵，南渡渭水，轻骑追击。贺拔岳向东跑了十余里，依横岗设伏兵以待之。敌人因为道路险要不能一齐前进，前后相接，向岗东前进。当敌人通过了一半时，贺拔岳突然回身，指挥军队与敌人搏斗，自己身先士卒，攻击非常猛烈，敌人败退。贺拔岳向部下传令，敌人凡是下马者可以不杀。敌人听到这一命令，便纷纷下马。骑兵失去了战马便失去了战斗力，顷刻间被虏获三千人，马匹也都被贺拔岳所得。贺拔岳乘胜追击，一举擒获尉迟菩萨，接着渡过渭水，将步卒万余人招降。

此战中，贺拔岳先用败退的方式，将敌军引入险境，又通过传达出的下马者不杀的信息，使敌军失去了战斗力，从而将"上屋抽梯"之计演绎得淋漓尽致。

"上屋抽梯"不但是对付敌人的好办法，如果运用得当，也往往能够起到凝聚内部力量从而同心协力完成任务的作用。这种方法所运用的，就是《孙子兵法》中"置之死地而后生"的道理。

隋朝末年，隋炀帝荒淫残暴，弄得民不聊生，遍地饥荒。各地不断爆发农民起义，地方上有些有实权的人，也拥兵自重，自立为王。到了隋炀帝十三年，各地反叛已达数十起，隋朝江山岌岌可危。

太原太守李渊的儿子李世民看到隋朝灭亡已是大势所趋，也想起兵造反，但要想反叛，就必须动员父亲李渊一起行动，这样才能借助他的兵权。李世民知道，李渊一向对隋朝忠心耿耿，如果直言相劝，不但无济于事,弄不好还会惹来杀身之祸。于是,李世民与裴寂密谋,要采用"置之死地"的方法,切断李渊的退路,逼李渊造反。

有一天,裴寂在晋阳宫设下宴席,请李渊饮酒。晋阳宫是隋炀帝的行宫之一,李渊为太原留守,兼领晋阳宫监,裴寂为副宫监。李渊身为宫监,到此赴宴,也合情合理,所以丝毫没有怀疑,就高高兴兴地去了。

裴寂与李渊二人边喝边谈,开怀畅饮,十分快活。李渊一连喝了几大杯,已有了几分醉意。这时,门帘一动,环佩声响,走进两个美人,都长得如花似玉,美不胜收。俗话说:"酒不醉人人自醉,色不迷人人自迷。"裴寂让两个美人分别坐于李渊两边,向李渊劝酒。李渊已有了几分醉意,来者不拒,一杯杯倒入肚中,喝了个七颠八倒。最后竟然也不管她们是哪来的美女,只管由两个美女扶着,到寝宫去了。

李渊酣睡多时,酒已醒了大半,揉开双眼,左右一瞧,竟有两个美人陪着,不由感到奇怪。李渊打起精神,问二人的来历,二人都说是宫眷。李渊当时吓得魂不附体,立即披衣跃起,出了寝宫。

李渊走了几步,正巧遇着裴寂。李渊一把拉住裴寂,叫着裴寂的字说:"玄真啊玄真!你难道要害死我吗?"

裴寂笑着说:"你为什么这么胆小呢?别说收纳一两个宫人,就是那隋室江山,只要你愿意要,也是唾手可得。"

裴寂又劝导他说道:"俗话说,识时务者为俊杰。现在隋主无道,百姓生活在水深火热之中,四方已经群雄并起,连晋阳城外差不多也要成为战场。明公手握重兵,令郎也在暗中招兵买马,为什么不趁机起义,吊民伐罪,经营帝业呢?"

这时,李渊虽然口中连说不敢变志,但无奈退路已断。他深知,炀帝如果知道了他与宫眷同寝,一定会借口杀死自己,甚至诛灭九族。现在只有反叛一条出路了,裴寂、李世民又趁机向他分析天下形势,讲清利害,终于坚定了李渊的反叛决心。后来终于横扫中原,建立了大唐江山。

裴寂和李世民用的就是"上屋抽梯"的办法。人往往是这样,当面前有多条道路可以选择的时候,就会瞻前顾后、犹豫不决,而一旦退路被斩断的时候,就会爆发出难以想象的潜力,化险为夷,绝处逢生。

在商场上,通过使竞争对手陷入困境,然后再用自己所期望的方式使对手就范,也是一条经常被采用的计谋。

美孚石油公司是世界知名的大型托拉斯企业,一百多年中经久不衰,为它的所有者创造了数不清的财富。1870年6月,洛克菲勒创建该公司时,它的注册资本仅仅只有一百万元,并且处于非常激烈的竞争之中。当时,在公司的附近有接近三十家炼油厂,而洛克菲勒所创立的俄亥俄州标准石油公司(即美孚石油公司)并没有什么特殊的优势。正是在这种形势下,洛克菲勒开始了异于常规的扩张之路,并迅速地将对手兼并,从而在市场上占据了垄断的地位。

洛克菲勒所做的第一步,就是将对手逼上困境。当时,所有石油公司的货物运输都要通过铁路运输公司来完成,洛克菲勒敏锐地觉察到,只要扼住了这条"咽喉",就能够把竞争对手掌握在自己手中。于是,他秘密地和铁路运输公司的负责人范德比尔特进行了一笔交易,交易的结果,是使铁路运输公司给予洛克菲勒运输费用降低50%的优惠,而对于其他的厂家却提高了50%。这样,洛克菲勒在运输费用上就比其他厂家具有了极大的优势。运输费用的大幅提高,使得许多炼油厂处于举步维艰、濒临破产的地步。

"上屋抽梯"的布局完成之后,接着,洛克菲勒开始实施自己的第二步计划,即通过利益诱导将处于困境中的竞争对手引导到自己期望的道路上来。他看到大部分对手都处于走投无路的状态之后,就逐个拜访这些一筹莫展的企业主,声称对他们所面临的经营困难非常关心和同情,表示愿意帮助他们渡过难关。解决的办法,就是用标准石油公司的股票作为支付手段,买下他们的工厂。并对他们说,根据目前标准石油公司蒸蒸日上的势头,股票肯定会大幅升值,将工厂卖给自己不但不会吃亏,反而很快就都会成为百万富翁。这些陷入困境中的企业主们在面临破产的现实和成为百万富翁的诱惑下,自然选择了后者,将自己的企业换成了洛克菲勒的股票。这样,洛克菲勒实际上没有付出多大的成本,便实现了企业规模的急剧膨胀,公司的生产能力从1872年只占美国的4%,仅过了5年,到1877年时,就猛增到相当于世界石油市场的95%以上!

在吞并了竞争对手之后,洛克菲勒又轻易地将市场价格操纵在了自己的手心之中,基本垄断了世界石油供应市场,也就意味着在与成千上万用户的竞争中处于了绝对的优势地位。因此,洛克菲勒开始大幅度提高产品价格,使新价格达到了原来价格的三倍以上。刚开始的时候,欧洲的买主并不买他的账,对此群起抵抗。然而,洛克菲勒却丝毫不感到惊惶,他知道,在这些愤怒的买主们用光库存之后,自然还会找到他的门上。结果正如他所料,在这些欧洲买主们发现自己再不买洛克菲勒的石油产品就无油可用时,就都无可奈何地接受了他的新价格。这样,在短短的十多年之内,洛克菲勒便由一个名不见经传的人物一跃而成为资本主义世界的第一个十亿富翁。

第二十九计　树上开花

借局布势,力小势大。鸿渐于陆,其羽可用为仪也^①。

按:此树本无花,而树则可以有花,剪彩粘之^②,不细察者不易觉,使花与树交相辉映,而成玲珑全局也^③。此盖布精兵于友军之阵,完其势以威敌也。

【译文】

借助可以利用的局面布置成有利的阵势,这样即使力量小,也会使气势强大起来。就像大雁从陆地上起飞,是借助已经丰满了的羽翼的力量。

按语:这棵树上本来没有花,而树是可以开花的,用伪装的方式将用纸或绸裁剪成的花朵粘贴到树上,如果不仔细辨别就不会发觉花是假的,如果把假花与树木联成一体,交相辉映,就会成为一个没有破绽的整体。"树上开花"用在军事斗争中,就是把自己的精兵布列在友军的阵地上,形成强大的声势以威吓敌人。

【注释】

①鸿渐于陆,其羽可用为仪也:出自《易·渐》。鸿,大雁。渐,进,飞起。仪,仪表,引申为气势,力量。

②剪彩:剪裁花纸或彩绸,制成花朵之类的形状。

③玲珑:精巧,没有破绽。

【评解】

"树上开花"本意是通过装点使没有开花的树上看起来像开满花朵一样,起到以假乱真的效果。用做军事斗争的计谋,"树上开花"指通过借助其他力量的声势以威吓敌人,达到使敌人屈服,或者阻止敌人轻举妄动以赢取更多准备时间的目的。

在军事斗争中,借助其他力量以壮大自己声威的方式经常被采用。《百战奇略·疑战》中,就阐述了如何通过伪装示形的方式来迷惑敌人。该篇中说:在与敌人两军对垒的时候,如果我军打算袭击敌人,必须多多堆聚草木,张挂旌旗,假装屯兵驻守,诱使敌人在此处防守我,我则到彼处袭击敌人,这样就一定能够取胜。或者如果我军打算撤退,就要布置阵地,伪装成留有驻军的样子,然后再悄然撤退,这样敌人一定不敢从后面追击我。这就是《孙子兵法》中所说的:"众草多障者,疑也。"(草丛中设置许多遮障物,是敌人企图迷惑我军。)又举例说:《北史》记载,周武帝率军东进讨伐北齐的时候,以宇文宪为前锋,进驻雀鼠谷。周武帝亲自指挥军队围攻晋州。齐主听说晋州被围之后,也亲自率军前来救援。这时,北周方面陈王宇文纯屯驻千里径,大将军永昌公宇文椿屯驻鸡栖原,大将军宇文盛中驻汾水关,他们都听从宇文宪指挥调度。宇文宪秘密地对宇文椿说:"用兵打仗讲究的是出其不意。你现在设置营垒,不要张设帐幕,可以砍伐柏树搭成屋子,向敌人显示有兵驻守的样子。一旦部队离开之后,敌人见到屋子仍会疑惑而不敢前进。"这时,齐主派兵万人进攻千里径,又派兵进击汾水关,他自己则率大军与宇文椿对峙。宇文椿向宇文宪告急,宇文宪打算亲自率军前来救援。但这时恰好宇文椿接到周武帝的命令,率兵连夜撤退。齐军看到以柏树枝搭设的屋子,果然不敢前进追击,到了第二天方才醒悟。

当然,"树上开花"之计最重要的还是在自己力量不充分时,借助外部条件或者他人力量使自己形成优势,从而取得军事斗争的胜利。汉王刘邦派韩信攻破陈余,消灭魏、赵之后,广武君李左车归顺了韩信,韩信用对待老师的礼节对待他。韩信打算一举消灭燕和齐两个割据政权,就向李左车请教说:"打算攻打燕和齐,如何才能成功呢?"李左车回答说:"将军您刚刚渡过西河,俘虏了魏王,生擒夏说于阏与,一举而攻下井陉,不到一个早晨打败赵军二十万之众,诛杀了成安君,名闻海内,威震天下,这是将军您战略上的长处。然而现在您士卒疲惫,难以用来作战。现在将军如果打算指挥疲惫之师,到燕国坚固的城池之下,要战恐怕实力不足以攻克,难免实情暴露,士气低落,旷日持久,粮草用光。而弱小的燕国若不能降服,齐国一定会在边境上据守。与燕、齐相持不下,刘项之间的胜负就难说了。如果这样,就是将军您战略上的短处。

我听说善用兵者不用自己的短处与敌人的长处较量,而是用自己的长处打击敌人的短处。如果我给将军您的建议,不如暂时停战休兵,安抚赵国,赈济孤弱,百里之内,牛羊美酒每天就都会有人送来,以犒赏三军将士。您摆出一副向北进攻燕国的样子,然后派出一名能言善辩之士,只需送给燕国一封书信,显示一下自己的长处,燕国不敢不望风而降。燕国已经顺从,再派使者劝说齐国,齐国必定也会闻风降服。这时即使有聪明盖世的人,也难以为齐国谋划其他的出路了。如果这样,就可以平定天下了。用兵本来就有先虚张声势,然后采取实际行动的,我说的就是这种情况。"韩信听从了他的建议,结果燕、齐不久即被消灭。在平定了魏、赵之后,韩信的军队已是强弩之末,此时若强攻燕、齐恐不能成功。在李左车的建议下,他利用自己的声威,先使实力较弱的燕国归服,从而更加壮大了自己的声势,齐国考虑到实力的对比,也不得不放弃抵抗。李左车为韩信所提出的这条计谋,正是运用了"树上开花"之计。

"树上开花"用在现实生活中,就是善于利用外部条件完成自己的目标。战国末期伟大的思想家荀子说:我经常踮起脚来眺望,可是不如登上高山看得开阔;登上高处招手,我的胳膊并没有加长,但在很远处的人也看得见我;顺风召唤,声音并没有提高,可是人们所听到的格外清楚;驾着车马出门远行,虽然自己的双脚并不比别人的快,可是能够到达千里之外;乘船出游,虽然自己并没有好水性,可是能够渡江过海。君子并不是天性与一般人不同,不过在于善于利用外部的客观事物而已。在这里,荀子通过形象的比喻说明了一个道理:人们学习和做事离不开主客观条件的限制。一个人要善于利用外部条件,这样可以收到事半功倍的效果。

战国时期,中山君的两个妃子阴姬和江姬争着要做王后。司马喜知道这个消息之后,觉得有机可乘,就对阴姬的父亲说:"如果您的女儿能够当上王后,那么您就可以得到封地,管理万民,拥有使天下人羡慕的富贵;如果争当王侯不能成功,恐怕您连性命也保不住呀。如果您想要阴姬办成这件事,为什么不让她来找我呢?"阴姬的父亲一听,连忙请他设法帮助阴姬当上王后,并答应他说:"事成之后,我要好好地报答您。"

司马喜于是向中山君上书说："我已得知削弱赵国、强大中山的办法。"中山君很高兴地接见他说："我想听听你的高见。"司马喜说："我需要先到赵国去，仔细观察那里的地理形势，险要的关塞，人民的贫富，君臣的好坏，敌我力量的对比，考察之后才能作为凭据，眼下还不能具体陈述。"于是，中山君派他到赵国去。

司马喜到赵国去拜见赵王，对赵王说："我听说赵国是音乐之邦，又是出产美女的地方。但这次我来到贵国考察，到了不少大都市，观赏人民的歌谣风俗，见过各种各样的人，却根本没有见到天姿国色的美女，更不用说像我们中山国阴姬那样的绝色美人了。我周游各地，无所不至，从没有见过像她那样漂亮的女子。不知道的，还以为是仙女下凡。她的艳丽用言语简直无法描画，她的容貌姿色实在非一般的美女所能比，至于说她的眉眼、鼻子、脸蛋、额角，以及头形和天庭的骨相，那真是帝王之后，绝不是一般诸侯的嫔妃。"

赵王的心早已被他说动了，连忙问："我希望能得到她，怎么样？"司马喜说："我私底下看她那么漂亮，嘴里就忍不住地说出来了。您如果要想得到她，这可不是我敢随便做主的，希望大王不要把我说的话泄露出去。"

司马喜告辞而去，回来向中山君报告说："赵王不是个贤明的君主。他不喜欢修养道德，却追求淫声美色；不喜欢仁德礼义，却追求勇武暴力。我听说他竟然还在打阴姬的主意呢！"

中山君听后脸色大变，很不高兴。司马喜接着说道："现在赵国比我们强大，他要得到阴姬，大王如果不答应，那么国家就有危险；大王若是同意，不免又要被诸侯们耻笑。"中山君问："那该怎么办才好呢？"司马喜说："现在只有一个办法可想，就是大王马上立阴姬为后，以此断了赵王的念头。世上还没有要人王后的道理。即使他想来要，邻国也不会答应。"

中山君于是立阴姬为王后，赵王也就没有再提娶阴姬的事了。

阴姬当上王后以后，为了报答司马喜，在她的枕头风的协助下，司马喜不久坐上了相国之位。

司马喜的成功，就在于他善于借助外部条件。他先借助赵国的力量帮助阴姬当上王后，然后再借用王后的力量登上相国的宝座，最终达到自己的目的。

在一定的情形下,借助有利的外部条件是至关重要的。在人际交往和做事情的过程中,借助外部力量更多地表现为借助他人的帮助。

北宋时,丁谓被贬到边远的崖州。为了重新获得皇上的起用,他想,首先必须向皇上表明自己的忠诚与心意。但是,在当时的情形之下,谁又愿意替他这个罪人送信给皇上呢?苦思冥想了很长时间,丁谓终于想出了一个主意。他挥动生花妙笔,写了一封家书,派人交给洛阳太守刘烨,请求刘烨转交给自己的家人。临行前,丁谓特意嘱咐送信的人说:"你要等到刘太守会见下属官员时再上呈给他。"送信人来到刘烨的衙门,刘烨正在大堂上议事,送信人就把信当众交给了他。刘烨在众目睽睽之下接到因罪被贬的丁谓的信,不敢隐瞒此事,马上把丁谓来信的事报告给皇帝,并把信直接送到了宫中。皇帝拆开丁谓的信,丁谓在信中进行了严厉的自责,还谈到了皇帝对自己的深厚恩惠,并告诫家人,不要因为他的远贬而产生怨恨之心。皇帝看完以后,非常感动,虽然没有把丁谓官复原职,但也把他调到了条件较好的雷州。

第三十计　反客为主

乘隙插足,扼其主机①,渐之进也②。

按:为人驱使者为奴,为人尊处者为客,不能立足者为暂客,能立足者为久客。客久而不能主事者为贱客,能主事则可渐握机要,而为主矣。故反客为主之局:第一步须争客位;第二步须乘隙;第三步须插足;第四步须握机;第五步乃成为主。为主,则并人之军矣。此渐进之阴谋也。

【译文】

趁着机会插足进去,掌握其要害,循序渐进达到目标。

按语:同样是在主人家里,被主人所驱使的是奴仆,被主人所尊敬的是客人。同样是作为客人,不能在主人家长久立足的是暂时的客人,能够在主人家站稳脚跟的是长久的客人。同样作为长久的客人,无法在主人家主持事务的是卑贱的客人,可以在主人家主持事务的就能够逐渐掌握主人的各项权力,从而自己成为主人。所以要在局势的演变中由客人成为主人:第一步是必须在主人家里成为被尊重的客人;第二步是要抓住主人家的漏洞给自己带来的机会;第三步是要趁机插手主人家的事务;第四步是要掌握主人家的权力;第五步是在地位上由客人变为主人。由客人变为主人,就把别人的军队给吞并了。这就是循序渐进吞并别人的谋略。

【注释】

①扼:控制,掌握。主机:要害,首脑机关。

②渐之进也:出自《易·渐》的象辞。渐,逐步,缓进。

【评解】

"主客"是中国古代兵家的常用术语,并且很早就提出了"变客为主"或者"反客为主"的军事斗争策略。例如,在《唐太宗李卫公问对》中,就对"变客为主"进行过详细的探讨。太宗问李靖:"用兵作战,贵为主,不贵为客;贵速战,不贵持久,这是什么道理呢?"李靖回答说:"军事行动,都是不得已而为之的,哪能为客和持久呢?《孙子兵法》中说:'远输则百姓贫。'(远道运输就会使百姓弊于道路而日益贫困。)说的就是为客的害处。又说:'役不再籍,粮不三载。'(兵员不再次从国内征集,粮草也不多次从国内输送。)这就说明了战争不可过于持久。我经过仔细分析主客形势,总结出了战争中变主为客、变客为主的方法。"太宗问道:"什么意思?"李靖说:"'因粮于敌'(粮草要从敌人那里求得补给),就是变客为主;'饱能饥之,佚能劳之'(敌人饱食能设法使它饥饿,敌人安逸就设法使它疲劳),这就是变主为客。所以用兵作战不必拘泥主客、迟速,只要能够设法在行动上占优势,就能对我军有利。"太宗又问:"古代有这样的战例吗?"李靖回答说:"春秋时期越王勾践攻打吴国,派左右两军击鼓讨战,吴军分兵抵抗,越军派中军偃旗息鼓渡过河去进行偷袭,击败了吴军,这是变客为主的例子。十六国时石勒与姬澹作战,姬澹率兵远道而来,石勒派孔苌为前锋迎击姬澹。刚一交战,孔苌就故意退却,姬澹率军追赶。石勒用伏兵中途夹击,大败姬澹,这是变劳为逸的例子。古代战争中这种事例非常多。"

"反客为主"之计,就是指在军事斗争中,要努力变被动为主动,以掌握战争的主动权。在古代的军事斗争中,这一计又往往被用于"盟友"之间,即借助力量强大的盟友的力量,循序渐进地发展自己的实力;等到实力壮大之后,再掌握主动,控制局势,由"客人"变为"主人"。"反客为主"的策略在历史上曾经被多次使用。例如,李渊通过书信承认李密的领袖地位,后来却把李密消灭了;刘邦觉得自己的势力不如项羽强大之前,恭敬地居于项羽之下,使项羽信任自己,等到自己的力量逐渐强大之后,就慢慢地侵蚀项羽的力量,最后垓下一役,将项羽彻底击败。

除了上述两例之外,"反客为主"吞并盟友的例子还有许多,尤其是在天下混乱的时期,这种计谋更是经常得逞,例如东汉末年,人们所熟知的就有刘备之于刘璋、袁绍之于韩馥等等。同一时期的杜畿用"反客为主"之计消灭卫固,无论在目的、形势还是途径等方面,与上述两例又有所不同。

公元 205 年,曹操打败袁绍的割据势力,平定河北。不久,并州刺史高干举兵反叛。当时河东太守王邑被征调到他处,副使河东人卫固和中郎将范先表面上向上司请求王邑继续留任,而暗地里却与高干私通。曹操了解了情况之后,对谋士荀彧等说:"关西诸将倚仗着险要的地势和优良的战马,如果前去征讨,必然引起骚乱。张晟在殽、渑之间袭扰,与南面的刘表相勾结,卫固这些人现在又投靠了他们,我担心这些人会成为大害。河东依山傍河,四境不安,是当今天下的要地。你能不能为我举荐一位萧何、寇恂一样的人物前去镇守?"荀彧说:"杜畿正是合适的人选。"

杜畿字伯侯,京兆杜陵人,曾经历任县令、司空司直、护羌校尉、西平太守等职,为人机敏,做事冷静。于是曹操拜杜畿为河东太守,派人通知他到河东上任。此时,卫固等人派兵数千人封锁了陕津渡口,杜畿无法渡河赴任。曹操派了夏侯惇前来征讨卫固,人马还没有赶到。有人对杜畿说:"您还是等到大兵到了之后再设法渡河吧。"杜畿说:"河东有三万户民众,并不都是打算作乱的。如果我们大兵急征,想要为善的人也就失去了依靠,一定会因为恐惧而听命于卫固。卫固等人本来就专断,一定会拼死抵抗。我们的征讨如果一时不能取胜,四面的敌对势力就会起而响应,那样天下的大乱就不是短时间内所能平息的了;即使我们的讨伐取得了胜利,一郡的老百姓也会受到摧残。既然现在卫固等人没有明确打出旗号反叛,表面上还在请求原太守王邑留任,这样他就一定不会加害派来的新太守。我打算单车直接前往,出其不意。卫固为人虽然诡计多端,但却优柔寡断,一定会假装接待和服从我。我如果能够在郡中停留一个月,就足以用计谋来制服他。"于是他秘密从郚津渡河,来到河东。

范先打算杀掉杜畿来威吓民众。为了观察杜畿的举动,他在府门外斩杀了主簿以下三十多个官吏,杜畿举动自若,没有任何反应。于是卫固对范先说:"杀了他也没有什么意义,只是增加了我们的恶名;况且他完全掌握在我们的手中,不如留下他也许对我们有用。"卫固和范先等人接受了杜畿,把太守的位置交给他。杜畿对卫固、范先说:"你们都是河东的希望,我事事还都要依赖你们啊。我占据这个太守的位置,只是因为君臣上下的名分不容混淆罢了,我们之间要共成败,遇到大事时应当共同商议。"他任命卫固为都督,并总管一切军政事务;将校吏兵三千余人,统统交给范先指挥。卫固等人都很高兴,虽然表面上对杜畿很尊敬,都不把他当回事。

卫固想要发兵起事,杜畿深感忧虑,劝卫固说:"自古以来,想要做成不同寻常的事情,都不能扰乱众人之心。现在如果大规模征兵、发兵,民众一定会被惊扰。我们不如慢慢地用钱来募兵。"卫固认为他说得有理,就接受了他的意见,用钱来招募士兵,几十天的时间就招得差不多了。但是,在招兵的过程中,诸将为了侵吞军费,名义上招募了很多兵而实际上能够派遣的却很少。杜畿又劝卫固等人说:"顾家是人之常情,我们应当让诸将和官员轮流回家休息,这样的话,遇到大事小事的时候再召集他们,他们都一定会踊跃前来。"卫固等人害怕违逆了众人之心,又听从了他的建议。通过这些措施,杜畿使得好人虽然名义上都在外面,但暗地里成了自己的支持者;坏人虽然受卫固等的调遣,但都回到了自己家中,这样就使卫固的力量得到了削弱。

这时,张晟进攻东垣,高干侵入濩泽,上党等县的官吏被起事者所杀,弘农执的郡守也被抓住,卫固等秘密地调兵打算响应,结果没有调来。杜畿知道河东诸县已经归附了自己,于是离开太守府,率领着数十骑到张辟拒守。各县的官员和百姓听说后,大多全城支持杜畿。几十天的工夫,就组织了一支四千余人的队伍。卫固等人与高干、张晟一起进攻杜畿,没有成功,又去劫掠河东各县,几乎一无所得。不久,曹操派来的大兵到了,高干、张晟失败,卫固等人被杀,其余党皆行赦免,让他们依旧从事当初的职业。

在日本,16世纪丰臣秀吉的崛起,也是采用了类似"反客为主"的策略。

16世纪中期,日本境内诸侯割据,战争不断。丰臣秀吉是织田信长家的一员大将,领兵作战,屡立战功,受到织田家族的重视。在先后攻克了播磨、备前、美作、但马、因幡等五个诸侯国之后,1582年,丰臣秀吉又受命进攻另一个诸侯国备中。在进攻备中国的高松城中,丰臣秀吉遭到失败,损失惨重,不得不向他的主人织田求救。织田信长接到丰臣秀吉的支援请求后,亲自率军增援,然而,中途发生兵变,织田信长突然遭到部将明智光秀的袭击,无奈之下自焚而死。

消息传到前线之后，丰臣秀吉果断地与敌人停战，签订了合约，结束了战事，日夜兼程赶回京都，讨伐叛臣明智光秀。回师之后，他与信长的家臣丹羽长秀、摄津国伊丹城主池田恒兴、织田信长的第三个儿子织田信孝合并，迅速将明智光秀打败，明智光秀本人剖腹自杀。

叛乱平定之后，为了便于自己操纵实权，丰臣秀吉立织田信长的长子织田信忠的两岁遗腹子为信长的继承人。这样，织田信长的所有大权便落在了丰臣秀吉的手中，这引起了信长的次子、三子和其他家臣们的强烈不满，最后矛盾发展到不得不以武力解决。

1583年，丰臣秀吉与织田信长的家臣柴田胜家发生了冲突，两军会战于贱岳山麓，最终柴田失败，柴田胜家以及与胜家联盟的信长的三子信孝自杀。随后，丰臣秀吉又将矛头对准了信长的次子信雄。信雄求援于德川家康。经过两次激烈的战斗之后，丰臣秀吉与信雄和家康的联军处于胶着状态。丰臣秀吉怕持久对峙于己不利，1584年11月，他首先与织田信雄和解，后来，德川家康也表示臣服。丰臣秀吉终于"反客为主"，不但完全掌握了织田信长的所有势力，而且成为了日本的新霸主。

在军事斗争中，"反客为主"的应用并不仅仅表现在与盟友之间的关系上，还表现为针锋相对的双方主动和被动的地位的转变。

公元前270年，秦军进攻韩国，派重兵围困阏与。阏与与赵国相邻，并且距离邯郸很近，秦军的攻势对赵国产生了直接威胁。赵惠文王从本国的安全着想，决意救援阏与。

赵惠文王召来廉颇，问："阏与可以救吗？"廉颇回答："道路既远又狭窄，很难救。"赵王又召乐乘来问，乐乘的回答和廉颇一样。赵王又召赵奢商议。赵奢回答说："道远路狭，好比两只老鼠在洞穴中争斗，谁勇敢谁就能够得胜。"赵奢与赵惠文王不谋而合。于是，赵王任命赵奢为将，率军解救阏与之围。

赵奢率兵在距邯郸三十里的地方驻扎二十八日。秦军就在不远处的武安西，天天鼓噪叫阵，声震屋瓦，赵奢只是坚守不出，麻痹秦军斗志。然后，他突然做出决定，集合部队，向西急进。仅用了两日一夜，就抵达了距离阏与五十里的地方，迅速占领山头高地。武安的秦军听说赵奢已至阏与，如梦方醒，慌忙调集兵力奔向阏与。秦军后至，也来争夺北山,但没有成功,拥挤于山下,陷入十分被动的局面。赵军利用有利地势,居高临下,俯击秦军。结果秦军大败,四散溃逃。阏与之围随之解除。

对于阏与之战,一般人都认为由于地理条件、实力对比等原因,赵国如果参战的话将非常被动。赵奢在指挥这次战役时,通过仔细地分析和谋划,迅速变被动为主动,并取得了战争的胜利。因阏与之战的胜利,赵奢一战成名,并被赐予"马服君"的封号,地位与廉颇、蔺相如相等。

在军事领域之外,有时也会出现"反客为主"的情况,一个人好心好意或者诚心诚意地对别人好,如果识人不当,就会被一些别有用心的人控制或者掌握。因此,如何识别好人和坏人,不要交友不当或者用人不当,又是从"反客为主"之计中得到的又一个更具有现实意义的启示。

《史记·管晏列传》有这样一个故事:晏子当齐相的时候,有一次驾车外出,车夫的妻子从门缝里偷偷地看她的丈夫。她看见车夫为相国驾车,坐在车盖之下,驾驭着四匹骏马,一副得意洋洋的神气。回家后,车夫的妻子要求与车夫离婚。丈夫莫名其妙,问她为什么。她说:"相国晏子身高不足六尺,却能担任那么大的官职,名扬天下。今天我看他出行的时候,志向深远,表现得谦卑恭谨。而你身高八尺,不过是一个给人驾车的车夫,却志得意满,好像很满足的样子。我看你也没有什么大出息了,所以请求离去。"从那以后,她的丈夫变得态度非常谦恭,晏子对他的改变感到很奇怪,就问他原因,车夫如实以对。晏子知道实情后,推荐车夫做了大夫。

一个普通的妇女,能从丈夫的举止形态上看出其内心的自足,实在不容易。但是,观察一个人时,仅仅停留于外表有时并不能全面认识一个人的,还要善于透过现象看到本质。

齐桓公曾经因为任用了管仲等人,帮自己完成了霸业。但齐桓公在识人用人上,前后反差明显,并最终为小人所害。

齐桓公身边有三个非常宠幸的人物:竖刁、易牙和公子开方。竖刁本来是一个自由的人,为了亲近齐桓公,他把自己阉割了,变成一个太监,进宫来侍候齐桓公。他侍候桓公时,注意和熟悉桓公的生活习惯和各种嗜好,留心观察桓公的内心活动。把桓公伺候得舒舒服服,称心如意,以至于使桓公觉得日常生活中时时刻刻离不开他。易牙的绝技是烹调。他善制各种美味佳肴，有一次，齐桓公的一个爱妾得病，不思饮食。易牙为她精心制作各种美味食品，使她食后感到非常满意，精神转好，病也很快痊愈了。从此，易牙便获得了这位宠姬的喜爱，她在桓公面前极力推荐易牙。为了获得桓公的宠爱，易牙除了通过桓公宠姬的关系外，还不惜无耻而又残忍地杀害自己的亲生儿子，供桓公做美餐。糊涂的桓公不但不觉得他卑鄙，竟然认为易牙爱他胜于爱自己的儿子，忠心可嘉，从此对他非常宠爱。公子开方本来是卫国的太子，齐桓公成为诸侯之中的霸主之后，他居然放弃了太子的位置，跑到齐国来，对齐桓公极尽巴结奉承之能事，声称愿意侍奉和效忠齐桓公。齐桓公非常感动，把他留在身边，非常信任。

　　这时，管仲年龄也大了，并生了重病。齐桓公来看他。管仲知道桓公对易牙等三个人非常宠幸，感到很忧虑，就劝谏说："易牙这个人杀掉自己的儿子来讨好君主，这是不合乎人情的，一定有叵测的居心，您一定要赶走他，不要留在身边；开方本来是卫国的公子，他用背弃亲人来取悦您，卫国离齐国只有半天的路程，他却从来没有回家看看自己的亲人，这样做不合乎人情，他一定另有图谋，不能与他太亲近；竖刁自毁身体来讨好君主，这更不符合人情常理，也不能亲近。"管仲去世后，齐桓公听从管仲的意见，将他们赶出宫。但是，竖刁、易牙和开方三人已经使齐桓公产生了依赖感，以至于离开之后，心中有说不出的难受滋味。他见不着易牙等人的身影，食不甘味，夜不安寝，终日面无笑容，闷闷不乐，后来不得不把他们重新接回宫中。齐桓公去世之后，几个儿子争当国君，易牙与开方联合宫中的竖刁，掌握了齐国的大权，不顾齐桓公死了还没有收葬，大开杀戒，将齐国的许多官吏都杀死，立公子无亏（《史记·齐太公世家》作"无诡"）为国君，太子昭逃到宋国。由于这场动乱，齐桓公死后没有人顾得上收殓，结果放在床上六十七天没有人管，尸体上生的蛆虫都爬到了宫殿外面。不久之后，宋襄公为了使齐桓公和管仲指定的太子登上君位，联合其他的诸侯来讨伐齐国，大败齐师，杀公子无亏。

　　齐桓公虽然具有雄才大略，但由于没有听取管仲的劝告，没有看透易牙、开方、竖刁三人的丑陋本质，最后使他们"反客为主"，终于自食其果。

第六套 败战计

第三十一计　美人计
第三十二计　空城计
第三十三计　反间计
第三十四计　苦肉计
第三十五计　连环计
第三十六计　走为上

第三十一计　美人计

兵强者，攻其将；将智者，伐其情①。将弱兵颓②，其势自萎。利用御寇，顺相保也③。

按：兵强将智，不可以敌，势必事之。事之以土地，以增其势，如六国之事秦④，策之最下者也。事之以币帛，以增其富，如宋之事辽、金⑤，策之下者也。惟事之以美人，以佚其志，以弱其体，以增其下之怨。如勾践之事夫差，乃可转败为胜。

【译文】

对于兵力强盛的敌人，要重点攻击它的将领；对于将领聪明的敌人，要设法消磨他的意志。将领的意志衰颓，士卒的意志将会瓦解，整个军队的力量就会丧失。这就是利用敌人的弱点来控制敌人，并顺势保存自己的道理。

按语：敌人兵力强盛，将领明智，不能够与它硬拼，最佳的选择是先恭敬地顺服巴结它。那么如何巴结呢？送给它土地进行巴结，这样就会增加它的实力，比如战国时六国巴结秦国的做法，这是最不明智的策略。送给它财物进行巴结，这样就会增加它的财富，比如宋朝巴结辽国和金国的做法，这也是不明智的策略。因此，如果进行巴结，只有送给敌人美女，这样就可以使他们的意志消磨，使他们的身体衰弱，使他们部属的怨愤增加。比如越王勾践巴结吴王夫差的做法，这样才能够最终转败为胜。

【注释】

①情：性情，意志。

②颓：崩溃。

③利用御寇，顺相保也：出自《易·渐》的象辞。御，驾驭。寇，敌人。

④六国之事秦：指战国末期齐、楚、燕、韩、赵、魏等山东六国迫于秦国的军事压力纷纷向秦国割地求和，最终全部被秦国吞并之事。

⑤宋之事辽、金：宋代时，为了减少边境的战事，先后对北方的辽和金采取屈辱服侍的态度，每年向辽和金缴纳大量"岁币"，既加重了人民负担，又壮大了敌人实力。

【评解】

"美人计"原意指通过用美女迷惑对方关键人物，消磨其意志，扰乱其内政，从而取得斗争的胜利的计谋。实际上，任何通过消磨敌人意志、瓦解敌人实力的策略，都可以看做是这一计的引申。

古今中外，利用美人计取得军事和外交胜利的例子比比皆是。例如，《韩非子·内储说下》中说，晋献公打算攻打虞国和虢国，就送给虞公屈地出产的良马、垂棘出产的美玉等珍宝和十六名能歌善舞的美女，以迷惑他的意志，扰乱他的政事。《史记·孔子世家》记载，孔子在鲁国执政三个月，就使得社会秩序大为好转：卖东西的不再随意涨价，男子和女子走路的时候自觉保持一定的距离，路不拾遗，夜不闭户；四方来的宾客到了鲁国的城市不用去向官吏请求，全都给予热情接待，如同到了自己的家一样。齐国国君听了之后非常担心，对大臣们说："孔子在鲁国执政，鲁国一定能够称霸；鲁国如果称霸，我们离得最近，一定会最先被兼并。我们现在何不先送土地给他们以交好他们呢？"大臣黎鉏说："我们可以先设法阻挠孔子执政，阻挠不成再送土地也不迟啊！"齐国国君同意了他的建议，于是选出齐国中美貌女子八十人，都把她们打扮得非常艳丽，并教会她们跳优美的舞蹈，连同装扮得非常漂亮的好马一百二十匹，送给鲁国的国君。齐国人将美女、骏马陈列在鲁国都城南面的高门外。季桓子微服前往观看了多次，打算接受，就建议国君外出巡回周游，终日前往观看，不再勤于政事。孔子规劝无效后，失望地离开了鲁国。这些都是通过"美人计"取得成功的例子。在中国历史上，以"美人计"取得成功的例子中，春秋时勾践用西施讨好夫差，应当是比较著名的一个了。

春秋时期，吴国和越国是东南的两个主要国家，两国素来不和。公元前496年，越国国王勾践即位。吴王阖闾趁越国君位交接混乱之际，发兵伐越，企图一举拿下越国。吴王本来满怀信心，结果却被越王勾践打得大败,自己也受了重伤。临死前,他嘱咐儿子夫差一定要替自己报仇。

过了两年,吴王夫差亲自率领大军攻打越国。勾践不听范蠡的劝告,派大军去跟吴国硬拼,在太湖被夫差打得大败。越王勾践带了五千残兵败将逃到会稽,被吴军围困起来。勾践走投无路,就招来范蠡和文种商议对策。他对范蠡说:"我后悔当初没有听你的话,现在到了这种地步。你看该怎么办才好?"范蠡说:"我们现在只有求和一条路了。"然后,范蠡就告诉越王应当如何如何去做。没有别的办法,勾践只好听从了范蠡的建议,派文种到吴国求和。文种打听到吴国的伯嚭是个贪财好色之徒,就把一批美女和珍宝私下送给他,伯嚭答应带文种和越国的美女西施去见吴王。

文种见到吴王,先把西施送给他,说:"越王愿意投降,甘心做您的臣下,请您能开恩饶恕他。"伯嚭也在一旁帮着文种说好话。还没等吴王表态,伍子胥就站出来说:"越王勾践深谋远虑,他手下的大臣文种、范蠡精明强干。这次如果我们放了他们,失去了斩草除根的大好机会,他们回去后就一定会报仇的!"夫差以为越国已经元气大伤,不足为患,又看上了西施的美色,就没有听从伍子胥的劝告,答应了越国的投降请求,把军队撤回吴国,但是要勾践亲自到吴国去服侍他。

文种回去把情况向勾践做了报告。勾践把国家大事托付给文种,自己收拾好日常必备的用品,带着夫人和范蠡到吴国去了。

勾践到了吴国,夫差叫勾践做喂马的马夫,范蠡跟着做奴仆的工作。他们尽心尽责地伺候吴王,终于赢得了吴王的欢心和信任。夫差认为勾践真心归顺了他,三年后,就把他放回了越国。勾践回到越国后,卧薪尝胆,发愤图强,立志报仇雪耻。经过十年的艰苦奋斗,越国终于兵精粮足,转弱为强。

公元前482年,夫差亲自带领大军,北上与晋国争夺霸主地位。勾践乘机率军偷袭吴国,大败吴军,俘获太子友。公元前473年,勾践第二次带兵攻打吴国。这时的吴国已经彻底衰落,根本抵挡不住越国军队的凌厉攻势,屡战屡败。勾践最后灭掉了吴国,夫差自杀。从此越国成为江淮一带的强国。

物质享受会麻痹人的意志,如果沉溺于声色,小则可能家破身亡,大则可能使国家实力削弱,甚至灭亡。古人认识到这一点,因此一再强调人们,尤其是统治者,不要沉溺于物质欲望的满足。这也许是从"美人计"屡屡得逞中得出的一个反面的教训。

春秋时期,有一年,宋国攻打杞国,狄人征伐邢国和卫国。齐桓公不但没有出兵救援,反而光着身子,用帛把胸部缠起来装病,并且召见管仲,对管仲振振有词地说:"寡人有千年吃不完的东西,而我的寿命却没有一百岁。现在我又得了病,姑且让我行乐一番,快活快活吧!"管仲听了桓公的话,感到又好气又好笑,就说:"既然这样,那就依您的意思吧!"于是,齐桓公下令,在王宫里悬起钟磬,摆出竽瑟,每天杀牛数十头,连续几十天,天天歌舞宴饮。群臣听说后,都来进谏。桓公又拿出了他那套理论:"寡人有千年吃不完的东西,而我的寿命却没有一百岁。现在我又得了病,姑且让我行乐一番,快活快活吧!况且他们又没有攻打我们的国家,只是攻伐他们的邻国,你们都是平安无事的,不用紧张。"后来,宋国攻占了杞国,狄人也攻下了邢国和卫国,桓公还沉溺在歌舞宴乐之中,大钟敲响的时候,齐桓公得意地问管仲:"快乐吧!仲父。"管仲知道劝谏的时机已经成熟了,回答道:"这是我的所谓悲哀,不是快乐。我听说,古代君王称得上行乐于钟磬之间的,并不是像你这样。他们只要话说出口,命令就能行于天下;游于钟磬之间,没有四面兵革的忧虑。现在您的情况是:话说出口,命令不能行于天下;盘桓在钟磬之间,四面都有兵革的忧虑。所以我对此感到悲哀,而不是快乐啊!"齐桓公听后,恍然大悟,于是马上命人砍掉挂钟磬的架子,撤掉歌舞音乐的陈设,遣散了宫中的乐师舞女。后来,齐桓公又采纳了管仲的建议以缘陵封杞、以夷仪封邢、以楚丘封卫,使三国的遗民和国君都得到了妥善的安置,从而获得了诸侯的信任,并一举成为诸侯之中的霸主。

不可否认,欲望是与人生而俱来的,正如《吕氏春秋》中所说的那样:人天生有贪心有欲望,耳朵想听美妙的音乐,眼睛想看绚丽的色彩,嘴巴想吃可口的东西。这些欲望,是人人都有的,无论出身高贵低贱,天性聪明愚笨,都是如此。高明的人之所以区别于一般人,就在于他们知道什么是适度,能够保持适度。人的心灵只有不被物欲所蒙蔽,才有可能保持清醒的头脑。《尚书》上说:"玩人丧德,玩物丧志。"一个人如果沉湎于物质享受,必然会丧失进取的志向,即使没有被敌人所利用,也不会有好下场。

"美人计"的关键是通过美色等迎合敌人的需要,从而消磨其意志,使其丧失斗志。而对于失败者一方来说,过分迷恋悦人的美色,陷入感官享受中不能自拔,丧失了辨别是非善恶和进行正确抉择的基本能力,成为其失败的根本原因之所在。因此,在现实生活中,我们也可以得到另外一种启发,就是必须要树立正确的美丑观,保持理性的分析判断能力。尤其在交友和用人中,更应当注意这一点。

俗话说:乱世出英雄。东汉末年,各地的割据势力连年混战,使许多统兵作战之将、定国安邦之才有了用武之地。庞统就是当时一位卓有才华的人物,但是,由于孙权和刘备相继以貌取人,这位才华横溢的谋略家最终没有能得到充分显露才华的机会。

赤壁大战中,庞统巧献连环计,为孙、刘联军火烧曹军战船立了大功。但事后,这位功臣贤士在江东并没有被重用。

周瑜死后,鲁肃继任为大都督。他深知庞统的才华出众,就向孙权极力推荐。鲁肃对孙权说:"庞统这个人上通天文,下晓地理;谋略比管仲、乐毅并不逊色,筹划与孙武、吴起不相上下。往日周公瑾经常采用他的计谋,诸葛亮也非常佩服他的聪明机敏。"

孙权说:"我也很早就听说过这个人。"鲁肃于是就把庞统引荐给孙权。

孙权第一眼看到庞统的时候,发现此人"浓眉掀鼻,黑面短髯,形容古怪",心中便没有什么好感。在谈话中,又听庞统出言不逊,轻视他平生最喜爱的周瑜,便得出了"这是个没有什么实际用处的狂士"的结论,而轻易地把庞统拒之门外。

鲁肃觉得这样的匡世之才如果埋没了的确可惜。后来,他又写信给刘备,把庞统推荐给他。庞统去投刘备,刘备犯了和孙权同样的错误,一看庞统的相貌就从心里看不起他。刘备比孙权高明的地方在于,为了避免落下轻视贤士的名声,他没有因此而把庞统扫地出门,而是给了他一个耒阳县宰的小职位。

庞统到了耒阳县之后,不理政事,天天饮酒为乐。事情传到刘备耳中,很不高兴,派张飞去调查他。张飞到了耒阳,本想治庞统怠慢政事的罪,可是他竟然将百余日所积的公务,都一起取来处理。庞统手中执笔,口中发落,耳内听词,曲直分明,没有分毫差错。不到半天,就将百多天积攒下来的事情全部处理完了。这一切不但让张飞看得目瞪口呆,刘备听说后也大吃一惊,连忙把庞统从耒阳县调回重新任用。

庞统虽然与诸葛亮齐名,才能不逊色于诸葛亮,然而刘备对待他们二人却有天壤之别。对待庞统不仅无三顾之礼,反而以貌取人,见庞统相貌丑陋而仅任以县宰之职。庞统得到提拔后,由于有以前的教训,最终也因急于表现自己的才华而死在了刘备取西川的过程中。

以貌取人很早就受到有识之士的批评。《荀子》中有《非相》一篇,专门揭露以貌取人的荒谬性。在《非相》中,荀子列举了大量的事实来说明能力的大小、品行的好坏与人的相貌无关。

荀子说:尧个子高,舜个子矮;文王个子高,周公个子矮;孔子个子高,子弓个子矮。但是这些人都是圣贤。从前卫灵公有个臣子名叫公孙吕,身高七尺,脸有三尺长,额头有三寸宽,可是他却"名动天下"。楚国的孙叔敖,头发短而稀少,左手长,右手短,身高还不到车前的横木,可他却能使楚国称霸诸侯。叶公子高,身躯短小瘦弱,走起路来似乎连自己衣服也拖不动,但当白公作乱的时候,他却率兵易如反掌地平定了白公之乱。徐偃王眼睛能看到自己的额头;孔子的相貌好像凶神恶煞;周公长得像吹断了的枯树干;皋陶脸色像刚削去皮的瓜;闳夭胡须几乎长满了脸;傅说背驼得好像长了个鱼鳍;伊尹脸上没有眉毛胡子;禹、汤都是瘸子;尧、舜眼里都有两个瞳仁。这些人相貌都不美,可是论品德比才干,有几人敢跟他们论高低呢?古时候,桀和纣都是身材魁梧,相貌英俊,被认为普天下相貌超群的人;身体敏捷强劲,足以抵御百人的攻击。但是,他们却落得国破家亡,被后人耻笑,几乎成了坏人的代名词。

通过这些事例,荀子得出结论:"相形不如论心,论心不如择术。"

爱美之心人皆有之,然而,美与不美与一个人的品行好坏、能力高低、可交与不可交都没有必然的联系。用人和交朋友都不是挑选绣花枕头,决不可以貌取人,先入为主。

第三十二计　空城计

虚者虚之，疑中生疑。刚柔之际①，奇而复奇。

按：虚虚实实，兵无常势。虚而示虚，诸葛而后，不乏其人。如吐蕃陷瓜州②，王君㚟死③，河西汹惧④。以张守珪为瓜州刺史⑤，领余众，方复筑州城。版筑裁立⑥，敌又暴至⑦。略无守御之具。城中相顾失色，莫有斗志。守珪曰："彼众我寡，又疮痍之后⑧，不可以矢石相持⑨，须以权道制之⑩。"乃于城上，置酒作乐，以会将士。敌疑城中有备，不敢攻而退。又如齐祖珽为北徐州刺史⑪，至州，会有陈寇⑫，百姓多反。珽不关城门，守陴者皆令下城静坐⑬，街巷禁断行人，鸡犬不得乱鸣。贼无所见闻，不测所以，疑惑人走城空，不设警备。珽复令大叫，鼓噪聒天⑭。贼大惊，登时走散⑮。

【译文】

兵力空虚的时候再进一步向敌人显示出空虚的样子，就会使敌人倍加怀疑而不敢轻举妄动。强与弱之间的相互转化，这时候就显得非常奇妙。

按语：军事行动中的虚实没有一定之规。在空虚的时候故意显示空虚，诸葛亮之后，运用者不乏其人。比如，唐代时，吐蕃人攻陷了瓜州，王君㚟战死，河西震动，人心惶惶。朝廷任命张守珪为瓜州刺史，负责瓜州的防务等事宜。张守珪到任之后，首先组织城中的剩余军民重新修复城墙。刚刚准备施工的时候，敌人的大队人马又突然杀来。而此时，城中几乎任何防守器械都没有。城中的众人都惊慌失色，面面相觑，没有任何抵抗的信心。张守珪说："敌众我寡，城池又是刚刚被蹂躏过,用石头和弓箭进行防守肯定是无济于事了,必须运用计谋来取胜。"于是,他率领着众人来到残余的城墙之上,置酒作乐,与将士们一起举行宴会。敌人看到这种情形,怀疑城中有所准备,不敢贸然进攻,撤兵而走。再如,南北朝时,北齐任命祖珽为北徐州刺史,祖珽刚到北徐州,就碰到了陈国军队进犯,百姓纷纷倒戈的事件。祖珽下令不要关闭城门,守城的人都从城墙上下来静坐不动,大街小巷不许行人来往,鸡犬等禽畜也不得随便鸣叫。敌军进城之后,什么也看不到听不到,猜不透究竟是怎么回事,怀疑城中的人都逃走了,整座城池成了空城,因此没有任何防备。这时,祖珽下令城中军民一起大喊,嘈杂的声音震动天地。敌人大惊,顿时四散而逃。

【注释】

①刚柔之际:出自《易·解》的象辞。这里指刚与柔、强与弱之间的相互转化。

②吐蕃陷瓜州:指唐玄宗开元十五年(公元727年)九月吐蕃攻陷瓜州之事。瓜州,唐武德五年(公元622年)置,治所在晋昌(今甘肃省安西县东南)。

③王君㚟:字威明,唐代瓜州常乐人。初事郭知运为别奏,累功至右卫副率,知运卒,代为河西陇右节度使、右羽林军将军,判凉州都督事。据《旧唐书》记载:"十五年,凉州刺史、河西节度王君㚟恃众每岁攻击吐蕃。吐蕃大将悉诺逻恭禄及烛龙莽布支陷瓜州城,执刺史田元献及君㚟父寿,尽取城中军资及仓粮,仍毁其城而去。又攻玉门军及常乐县,县令贾师顺婴城固守,贼遂引退。无何,君㚟又为回纥诸部杀之于巩笔驿,河、陇震骇。"

④河西:唐时指今甘肃、青海两省黄河以西,即河西走廊与湟水流域。汹惧:惊恐不安。

⑤张守珪:陕州河北人,多年在边境抗击吐蕃、回纥、契丹等少数民族政权的进攻。曾加拜辅国大将军、右羽林大将军。刺史:古代官名,原为朝廷所派督察地方之官,后沿为地方官职名称。

⑥版榦:指筑城工具。版,筑土墙用的夹板。榦,筑墙时竖在夹板两边起固定作用的木柱。裁:同"才",刚刚,方才。

⑦暴至:这里指大队人马突然杀来。

⑧疮痍:比喻灾害困苦。

⑨矢石:箭和垒石,古时守城的主要武器。

⑩权道:计谋,谋略。

⑪齐:这里指北齐。南北朝时,北朝高洋代北魏为帝,国号齐,史称北齐。祖珽:字孝征,北齐范阳遒(今河北省涞水县)人。曾为北徐州刺史,卒于任上。北徐

州：北齐所置，治所在今安徽凤阳。

⑫陈：南朝陈的军队。寇：入侵，侵略，侵犯。

⑬陴：城上女墙。也泛指城墙。

⑭聒天：声音震天。

⑮登时：立即，立刻。

【评解】

"空城计"原指在敌众我寡、力量对比悬殊的情况下，故意示人以不设兵备，造成敌方错觉，从而使敌人不敢轻举妄动。后以"空城计"泛指掩饰自己力量空虚、迷惑对方的策略。关于此计，人们最津津乐道的就是《三国演义》第九十一回中所描写的诸葛亮用"空城计"吓退司马懿的故事。具体情节是：由于马谡自以为是，导致街亭失守，司马懿大军直逼西城。这时，"孔明身边别无大将，只有一班文官，所引五千兵，已分一半先运粮草去了，只剩二千五百军在城中。众官听得这个消息，尽皆失色。孔明登城望之，果然尘土冲天，魏兵分两路望西城县杀来。孔明传令，教'将旌旗尽皆隐匿；诸军各守城铺，如有妄行出入，及高言大语者，斩之！大开四门，每一门用二十军士，扮作百姓，洒扫街道。如魏兵到时，不可擅动，吾自有计'。孔明乃披鹤氅，戴纶巾，引二小童携琴一张，于城上敌楼前，凭栏而坐，焚香操琴"。"司马懿前军哨到城下，见了如此模样，皆不敢进，急报与司马懿。懿笑而不信，遂止住三军，自飞马远远望之。果见孔明坐于城楼之上，笑容可掬，焚香操琴。左有一童子，手捧宝剑；右有一童子，手执麈尾。城门内外，有二十余百姓，低头洒扫，傍若无人。懿看毕大疑，便到中军，教后军作前军，前军作后军，望北山路而退。次子司马昭曰：'莫非诸葛亮无军，故作此态？父亲何故便退兵？'懿曰：'亮平生谨慎，不曾弄险。今大开城门，必有埋伏。我兵若进，中其计也。汝辈岂知？宜速退。'于是两路兵尽皆退去。"诸葛亮使用"空城计"仅仅是根据历史传说，但运用此计取得胜利的战例史书的确多有记载，而且并不仅仅限于守城。

诸葛亮用空城计吓退司马懿的故事家喻户晓，故事充分体现了诸葛亮作为一个军事家的胆识。其实，在中国历史上，用疑兵之计退敌的战例还有许多。

隋朝末年，隋炀帝贪婪残暴，各地起义军纷纷揭竿而起，綦公顺在山东的青州、莱州一带起兵。北海郡的明经(官名)刘兰成投降了这支起义军。

公元618年的一天，刚刚归顺綦公顺的刘兰成向綦公顺请战，他说："让我挑选一百五十名壮士就可以了，我要带他们去袭击北海郡城。"

綦公顺一听，感到好笑，心想："带这么少的兵去攻打北海，岂不是以卵击石、白白送死？我早听说刘兰成有些手段，今天倒要见识一下。"于是，他微笑着说："好吧，你自己随便挑选！"

刘兰成带着自己挑选的一百五十名壮士离开军营。离郡城还有四十里地的时候，他命令十个人留下，让他们去割草，并把割下的草分成一百多堆，一接到他的命令，马上点燃。走到离郡城二十里地的时候，他又留下二十人，每人给了他们一面大旗，让他们一接到自己的命令，火速竖起。离郡城只剩五六里了，他又留下了三十个人，让他们找险要的地方悄悄埋伏好，准备袭击敌人。刘兰成亲自率领剩下的壮士，悄悄来到距城仅一里左右的小树林里，潜伏下来，等待天亮。

第二天早晨，城里士兵打开城门，出城打柴放牧。接近中午，刘兰成让手下壮士中的八十人分别隐蔽在有利的地形上，告诉他们，一听到鼓声，必须马上跃出，抓敌人、抢牲畜，然后火速撤离。随后，他率领余下的十个人直扑城门下。

城上卫兵一看到有人进攻，立即击鼓报信。刘兰成早已布置好的那八十名士兵听到鼓声，迅速出击，抢夺牲畜，活捉正在打柴、放牧的一些敌兵，得手后立即离开。

已经到达城下的刘兰成估计自己的人已经得手，突然放慢了脚步，领着那十名士兵从容不迫地返回。这时，城里冲出了大批将士。可他们看到刘兰成大摇大摆、不慌不忙，害怕他是在使用诱敌深入之计，中了他的埋伏，也不敢轻举妄动，只是远远地跟在后面，观察动静。

突然，尾随在后的城中将士看到前面战旗飘扬，更远的地方还冒起浓烟。这批官军被吓得胆战心惊，马上掉头返回。

正是凭着过人的胆识，刘兰成不费吹灰之力，就俘获了大批牲畜和一部分敌兵，达到了小股部队骚扰大批敌人的目的。

一般来说，当一方力量虚弱时，总是通过伪装表现出强大的样子，以营造气势，迷惑敌人。"空城计"则反其道而行之，其关键之处就是当己方力量薄弱时，故意显示出自己的力量虚弱，用这种违背常理的办法引起敌人的疑心，从而使敌人不敢轻举妄动。然而，"空城计"毕竟是一着险棋，因此使用时必须谨慎，一旦被敌人识破，后果将不堪设想。

"空城计"的成功实施，需要决策者过人的胆识。军事斗争的角逐，尤其像"空城计"这样的险中求胜的较量，往往就是双方胆识的较量，哪方的胆识更出众，哪方就能够获胜。过人的胆识不但表现在善于迷惑对手，而且自己还要不受假象的迷惑。

公元前 555 年秋，齐国发兵侵扰鲁国，引起众愤，遭到以晋侯为首的诸侯的讨伐。晋侯率各路诸侯重创齐军，这时又传来鲁、莒两国各出战车千乘前来助战的消息，齐侯对此手足无措，只得坚守平阴。

一天，齐侯登山观察敌情，看见远处敌军战车成行，旌旗蔽日，人喊马嘶，尘埃滚滚。齐侯胆战心惊，担心平阴守不住，急忙下令撤出平阴城。其实，这只不过是晋侯使的一个计策，旌旗是虚设的，尘土是用战马拖着树枝拉起的，战车上的士兵也多是草人，齐侯居然真的中计。当齐国君臣秘密撤军时，虽然要求人衔枚、马勒口，但晋侯看到平阴上空群鸦飞鸣，城中又有失群之马的嘶叫，知道齐人已经开始撤退，指挥大军乘势追杀，大败齐军。

不但在战争中兵不厌诈，在现实生活中，我们所看到的景象和听到的消息也往往是虚虚实实。因此，每个人都要保持清醒的头脑，不要被假象所迷惑，才能做出正确的判断和决策。

《孙子兵法》中非常重视通过事物的现象看到它的本质，既不要被表面所迷惑，又要努力获得更多更有利的信息。在《行军篇》中，它对行军作战中可能出现的种种假象进行了详细的说明。毛泽东在《实践论》中说："要完全地反映整个的事物，反映事物的本质，反映事物的内部规律性，就必须经过思考作用，将丰富的感觉材料加以去粗取精、去伪存真、由此及彼、由表及里的改造制作工夫，造成概念和理论的系统，就必须从感性认识跃进到理性认识。"依靠直觉观察到的事物的表面现象是肤浅的，可能存在许多假象，要准确地认识事物，就必须能够通过现象深入到事物的本质。在事关生死存亡的战场上，这一点显得尤为重要。

在现实生活中，除了必须善于观察和分析之外，"空城计"给我们的另一个启示是：必要的时候，保持低调比全力以赴更有利于事业的成功。在没有对处境进行谨慎分析的情况下，锋芒太露往往可能给自己招来危害或损失。

明太祖朱元璋攻下金陵后，打算对它的外城进行扩建。可是当时正值战乱，国库空虚，在财力上难以完成如此浩大的工程。

当时，金陵有个巨富，名叫沈万三。他听说了朱元璋的难处后，主动地提出，自己愿意承担工程的一半。朱元璋一听很高兴，就把工程一分为二，他们各承担一半。两边的工程同时开工，结果沈万三比朱元璋早三天完成。

工程完工后，在庆功宴上，朱元璋亲自为他斟酒，慰劳他说："古代有白衣天子，号曰'素封'（无官无爵而有资财的人），您就是今天的白衣天子啊！"朱元璋嘴上虽然这么说，其实心里早已产生了不满。

沈万三有一大片田靠近湖边，他就修了一道石岸，以使自己的田地在湖水泛滥时不受淹。朱元璋就单独对他的田地抽重税，每亩九斗十三升。后来，沈万三用茅山石铺苏州街的街心，这样，朱元璋终于找到了杀他的理由，说他这样做分明是想谋反。于是就把他判处了死刑，并查抄了他的家产，全部没收入官。

在别人看来，沈万三没有犯法，大大地拍了一把皇帝的马屁，为皇帝解决了实际的困难，最后反而被杀，死得实在太冤枉了。其实仔细分析一下就可发现，沈万三的死是必然的。一个商人，无论多么富有，生死都操在有权势的人手中，他不但炫耀自己的富有，还居然与皇帝比富斗富，同样的工程可以比皇帝早三天完成。如果他想巴结皇帝，完全可以把金钱献出来，让朱元璋自己修。他这样做虽然在修城墙一事上气焰压倒了作为一国之君的朱元璋，但也为自己惹下了杀身大祸。

西汉时期的贾谊是我国历史上著名的思想家和政治家之一。贾谊少年得志，十八岁时就以才华出众闻名于郡中。吴廷尉为河南太守时，听说他才能超群，把他招至自己的门下，十分宠爱他，在许多事情上都对他言听计从。

汉文帝即位之后，听说河南太守吴公治理地方为全国第一，把所辖地区治理得井井有条，就升他为廷尉。吴向汉文帝推荐了贾谊，说贾谊年轻有为，精通诸子百家著作。文帝于是征召贾谊为博士。

这时候,贾谊也不过刚刚二十多岁,是朝臣中最年轻的。每当有诏议下达,老臣们说不出诏议所表达的意思,贾谊替大家一一回答,大家对他的意见都很赞同。诸位老先生认为他有才能,自认为赶不上他。汉文帝很赏识他,一年内就把他升到了太中大夫。

贾谊认为,汉朝到汉文帝的时候,天下政通人和,已经到了改历法、换服色的时候了。于是,他向汉文帝提出,要进行变法,使体制合于法度,定新官名,兴礼乐,所有的律令都要根据形势发展的需要重新制定,列侯也应一一返回封地。

汉文帝听了贾谊的计划,与大臣们商议要让贾谊担任公卿之职。但周勃、灌婴、张相如、冯敬等人坚决反对。他们在文帝面前说:"他年纪轻轻,正处于虚心学习的阶段便独断专行,所有的事情都会让他搞糟的。"于是文帝只得放弃了提拔贾谊的想法,渐渐疏远了他,不再采用他的建议,后来干脆让他充当长沙王的太傅。最终贾谊抑郁而终,死时年仅三十三岁。

凭贾谊的才华,做到公卿并不是什么奇怪的事情,但因为他少年气盛,过于张扬,最终失去了施展才华和抱负的机会。周勃、灌婴、张相如、冯敬等人都是随刘邦打江山,后来又为铲除吕氏势力立下大功的功臣。他们本来就思想守旧,居功自傲,看不起读书人,不愿接受新事物。精通诸子百家的贾谊才华出众,在朝堂上对答如流,使他们相形见绌,他们当然忌妒。何况贾谊又提出遣送列侯离开京城回到自己的封地,更是得罪了朝中的一大批功臣元老。文帝初即位,当然不可能得罪那么多重臣提拔贾谊,贾谊最终无法继续高升也就在情理之中了。

在《三国演义》中,有一段"青梅煮酒论英雄"的故事。刘备徐州兵败后,依附了曹操。刘备为了防备曹操谋害,就在下榻处的后园种菜,每天亲自浇灌,装出一副两耳不闻窗外事的样子。一天,曹操邀请刘备到其府上,在后园中对坐畅饮。酒至半酣,忽然天空中阴云密布,骤雨将至,远方的天空出现了一道龙挂,曹操与刘备都起身凭栏观看。

这时,曹操问刘备:"使君知道龙的变化吗?"刘备说:"不太清楚。"曹操说:"龙能大能小,能升能隐,大则兴云吐雾,小则隐介藏形;升则飞腾于宇宙之间,隐则潜伏于波涛之内。现在正当春深时分,龙乘时变化,就如同人得志而纵横四海。龙这种东西,可以用来比做世上的英雄。您走过许多地方,一定知道谁是当世英雄。请试着说一两个。"

刘备急忙推辞,曹操却一再追问,刘备只得说:"淮南袁术,兵粮足备,可以称得上英雄?"曹操笑着说:"他只不过是坟墓中一具干枯的骨架,我早晚要抓住他!"

刘备又列举了河北袁绍、荆州刘表、江东孙策、益州刘璋,以及张乡、张鲁、韩遂等人,都被曹操一一否定。刘备说:"除此之外,我再也不知道还有什么人了。"

曹操说:"一个人如果称得上英雄,必须胸怀大志,腹有良谋,有包藏宇宙之机,吞吐天地之志才可以。"刘备问:"谁能当此称号呢?"

曹操用手指了指刘备,又指了指自己,说:"当今天下,可以称得上英雄的,只有你我两人罢了!"刘备一听,吃了一惊,手中拿的筷子一下子掉到了地上。恰巧此时天空中响起一个霹雳,刘备趁机从容俯首拾起筷子,说:"怎么会有这么响亮的雷声?"

曹操一见,笑道:"男子汉大丈夫还害怕打雷吗?"刘备说:"圣人听到疾风暴雷都会变脸色,怎么能不怕呢?"

刘备将听到曹操的话而害怕的缘故,轻轻地掩饰过去了。曹操于是也不再怀疑刘备有大志,放松了对他的戒备。

刘备在曹操面前一直保持碌碌无为的低调姿态,使有奸雄之称的曹操没有识破刘备的企图,从而放松了对他的防范。后来,刘备终于平安脱身,开创了三足鼎立的局面。

第三十三计　反间计

疑中之疑。比之自内①，不自失也。

按：间者，使敌自相疑忌也；反间者②，因敌之间而间之也。如燕昭王薨③，惠王自为太子时④，不快于乐毅⑤。田单乃纵反间曰⑥："乐毅与燕王有隙，畏诛，欲连兵王齐，齐人未附，故且缓攻即墨⑦，以待其事。齐人唯恐他将来，即墨残矣。"惠王闻之，即使骑劫代将⑧，毅遂奔赵。如周瑜利用曹操间谍⑨，以间其将，亦"疑中之疑"之局也。

【译文】

军事斗争中使用间谍造成了许多疑团。善于利用敌人内部的力量来为我服务，就可以使自己不必受到损失就能够取得胜利。

按语：所谓间，也就是离间，目的是使敌人内部自相猜疑，从而削弱其力量；而所谓反间，就是利用敌人内部的间谍达到离间敌人内部关系的目的。比如，战国之时，燕昭王去世之后，燕惠王即位。惠王从做太子的时候，就对乐毅不满。齐国将领田单利用了这一矛盾，就设法在燕国施行反间计，在燕国散布消息说："乐毅与燕王有矛盾，怕被杀害，打算联合在齐国的军队在齐国称王，因为齐国的人心尚未归附，所以才不急于攻打即墨，他这样做是在等待时机。现在齐国人最怕的是燕王派别的将军来取代乐毅，那样的话，即墨也就保不住了。"燕惠王听到消息后，马上派骑劫到齐国去取代乐毅的位置，乐毅于是逃到赵国去了。再比如，东汉末年，东吴将领周瑜利用曹操的间谍，离间曹操与手下将领的关系，这也是在疑团中再设疑团的布局。

【注释】

①比：辅助。《易·比》的象传说："比，辅也。"孔颖达疏曰："比者，人来相辅助

也。"

②反间:诱使敌方的间谍或其他人反为我用,制造其内讧而伺机取胜。

③燕昭王:战国时燕国国君,名平。燕昭王即位之后,招揽人才,改革内政,燕国实力迅速壮大。燕昭王"二十八年,燕国殷富,士卒乐轶轻战,于是遂以乐毅为上将军,与秦、楚、三晋合谋以伐齐。齐兵败,湣王出亡于外。燕兵独追北,入至临淄,尽取齐宝,烧其宫室宗庙。齐城之不下者,独唯聊、莒、即墨,其余皆属燕"(《史记·燕召公世家》)。薨:自周代开始,为了表明人有尊卑之分,对不同地位的人死亡的称呼也不同,"薨"用以称诸侯之死。

④惠王:燕惠王,燕昭王的儿子。太子:周代天子和诸侯的嫡长子均可称"太子"。

⑤乐毅:战国时燕国的名将,原为赵国人,燕昭王招贤时来到燕国,受到重用,率军伐齐,攻下齐国都邑七十多座。后逃奔到赵国,被封为望诸君,卒于赵。

⑥田单:战国时齐国名将,齐王同宗。燕国打败齐国后,田单坚守即墨,最终反击复国成功,被封为安平君。

⑦即墨:地名,在山东半岛上,今属青岛市。战国时为齐邑。

⑧骑劫:燕国将领,燕惠王即位后代乐毅为将,结果被齐国军队打败,死于军中。

⑨周瑜:字公瑾,庐江舒(今安徽省庐江县西南)人,东吴名将,曾指挥孙刘联军在赤壁之战中以少胜多打败曹操。

【评解】

间谍在战争中发挥着重要的作用,有时甚至直接左右着战局的胜败,因此,古今中外的军事家都十分重视间谍的使用。例如《孙子兵法》中专门有《用间》一篇,阐述间谍在军事斗争中的使用,并提出了包括"反间"在内的"五间"并用的思想。这里所说的"反间计",就是利用敌人内部的人员为我方的军事目标服务,从而达到用最小的损失获取胜利的目的。

《百战奇略·间战》中,也曾着重阐述了使用间谍在战争中的作用。它认为,凡要战胜敌人,就必须做到"知彼",了解敌人的基本情况;而要做到"知彼",就须利用一切可以利用的手段,周密地侦察敌情。在科技手段和侦察技术不发达的古代,派遣间谍侦察敌情,便成为兵家最主要、最有效的一种手段。它还举例说,北朝时期的北周大将韦孝宽,就是以善用间谍而著称于世的。在北周与北齐的对抗中,他采取派谍入齐和收买齐人为谍等手段,不仅随时掌握了北齐的内情和动态,而且离间了齐后主与齐相斛律光,诱使齐后主杀害了"贤而有勇"的斛律光,为其后北周出兵灭亡北齐、统一北方,扫清了障碍。"周将韦叔裕,字孝宽,以德行守镇玉壁。孝宽善于抚御,能得人心,所遣间谍入齐者,皆为尽力。亦有齐人得孝宽金货者,遥通书疏。故齐动静,朝廷皆知之。齐相斛律光,字明月,贤而有勇,孝宽深忌之。参军曲严颇知卜筮,谓孝宽曰:'来年东朝必大相杀戮。'孝宽因令严作谣歌曰:'百升飞上天,明月照长安。'百升,斛也。又言:'高山不推自隤,槲木不扶自立。'令谍人多赍此文,遗之于邺。祖孝正与光有隙,既闻更润色之,明月卒以此诛。周武帝闻光死,赦其境内,后大举兵,遂灭齐。"这段文字用现代的语言表述就是,北周大将韦叔裕,字孝宽,凭借自身的品德和能力而长期镇守在玉壁城。他善于抚慰和管理士卒,深受部众的拥护。因此,他所派往北齐的间谍,都能尽力搜集情报。他还用重金收买北齐人,从齐国为他们送来书面的情报。因此,北齐有什么动静,北周朝廷都了如指掌。北齐左丞相斛律光,字明月,贤明而且勇武,是韦孝宽非常头疼的一个对手。为了除掉这个强劲的对手,他采纳了参军曲严的建议,命令擅长卜筮的曲严编造歌谣,说:"百升飞上天,明月照长安。"又说:"高山不推自隤,槲木不扶自立。"在古代的容量单位中,十升等于一斗,十斗即一百升,等于一斛。歌谣中的"百升",影射斛律光的"斛"字。北齐王姓高,歌谣中的"高山",影射北齐王;"槲树"影射斛律光。然后,他命令间谍携带大量写有歌谣的传单,散发到齐都邺城,北齐尚书左仆射祖孝徵(《周书·韦孝宽传》原作"祖孝徵",《百战奇法》原作者援引时因讳宋仁宗(祯)而改"徵"为"正")与斛律光有矛盾,他得此传单后添油加醋地报告了北齐后主高纬,后主不辨真伪,怀疑斛律光要造反,立即下令杀了斛律光。北周武帝宇文邕获悉斛律光被杀的消息后,竟然高兴得立即向全国颁布大赦令。后来,北周又出动大军,一举而灭亡了北齐。

在历史上,当遇到难以对付的强敌时,用"反间计"来离间敌人内部的关系,削弱敌人的力量,是一条经常被采用的计策。

公元前204年,刘邦被项羽包围在荥阳城中一年之久,外援和粮草通道都被断绝,刘邦想与项羽割地求和,项羽不听,内外交困之际,便去请教陈平。陈平为他分析道:"项王为人,恭敬爱人,士之廉节好礼者多归之。至于行功赏爵邑,重之,士亦以此不附。今大王嫚而少礼,士之廉节者不来;然大王能饶人以爵邑,士之顽顿者利无耻者亦多归汉。诚各去两短,集两长,天下指麾即定矣。然大王资侮人,不能得廉节之士。顾楚有可乱者,彼项王骨鲠之臣亚父、钟离眛、龙且、周殷之属,不过数人耳。大王能出捐数万斤金,行反间,间其君臣,以疑其心,项王为人意忌信谗,必内相诛。汉因举兵而攻之,破楚必矣。"大体意思是,项羽虽然招纳了许多人才,但他每到赏赐功臣时,都吝啬爵位和封邑,因此士人多不愿意为他卖命。他所依赖的,不过是亚父范增、钟离眛、龙且等几个人。他建议刘邦,如果能舍得些钱财,用反间计离间他们君臣之间的关系,使之上下相疑,引起内讧,到那时汉军乘机反攻,定能击败楚军。刘邦听从了他的计策,慨然交给陈平四万两黄金,听凭他自由支配。陈平用这些钱重金收买楚军中的将士,让他们散布流言说:钟离眛、龙且、周殷等将领功绩卓著,但却不能封王,他们将要与汉王联合,灭掉项羽,瓜分他的土地。谣言传到项羽耳中,项羽果然起了疑心。此时,适逢项羽派使者到汉营,陈平听说项羽的使者到了,立刻指使侍从拿出上等的餐具和十分丰盛的食品,可一见到楚使之后,他又佯装惊讶道:"原以为是亚父范增的使者,怎么却是项王的使者?"于是匆忙命人把原物撤下,换上劣等的食物及餐具。楚使回去把这件事情报告给了项羽,项羽又对范增陡生疑心。亚父范增不知道其中的原委,还一再地去劝说项羽速取荥阳,以免夜长梦多。项羽由于不再信任他了,对范增的建议不理不睬。范增本来对项羽忠心耿耿,见项羽竟然疑心自己,气愤地说:"天下事大定矣,君王自为之!愿乞骸骨归!"就是说,天下事成败已定,请项羽好自为之,他请求带这把老骨头退归乡里!范增又气又恼,归乡途中背生痈疽,还没有到故乡彭城,就病死在了路上。一年后,刘邦将项羽彻底击败。

宋代种世衡除掉西夏的野利王、天都王,也是使用"反间计"的著名例子,这件事在我国古代兵书《间书》和《兵礨》中均曾经被引用。

西夏元昊有两个心腹将领,一个叫野利王,一个叫天都王,都统率着精锐的士卒,非常厉害。宋将种世衡想用计除掉他们。

野利王曾经令浪埋、赏乞、媚娘三人到种世衡处请降,种世衡知道其中有诈,心想:"与其杀掉他们,不如留下他们作为间谍使用。"于是把他们都留下来做税监，让他们出入带着侍卫，好像对他们很宠信。紫山寺有个僧人名叫法崧，种世衡观察他秉性坚强朴实，可以任用，就把他请到门下，劝他戴帽束带，重新还俗。在一次战斗中，法崧抓到西夏的俘虏有功，种世衡报告于元帅府，授予他三班阶职，充当指挥使。种世衡又出力为他办理家中的事情，凡是住房、马匹等用具，都给他准备得很好。法崧喜欢酗酒、赌博，有许多坏习惯，种世衡也不惩罚他，反而待他愈厚。法崧对他非常感恩。一天，种世衡忽然非常生气地对法崧说："我待你像亲生儿子一样好，而你却暗地里与敌人相勾结，你的良心哪里去了？"种世衡命人把他抓起来，拷打讯问，带上镣铐，拘禁了几十天，遭受各种极其残酷的刑罚，法崧始终没有怨言，说："我法崧是一个大丈夫，做事磊磊落落。您听信了奸人之言，如果想杀我，我宁愿一死。"

过了半年，种世衡看到法崧不会背叛自己，就亲自为他解去枷锁，让他沐浴更衣，将他请到自己的卧室之内，厚加抚慰，说："我知道你没有过错，只不过是想试探试探你。我想派你到西夏国去做间谍，可能会受到要比现在更加严重的痛苦，你能为我始终隐瞒秘密吗？"法崧掉下眼泪，心里很激动，答应了。世衡于是给野利王写了一封信，封在蜡丸里，用针线缝在衣服的隐秘之处。又嘱咐他说："这封信不到接近死亡不能泄露，倘使要泄漏时，应该说：'辜负了将军的重托，不能完成将军的事情了。'"另外又拿出画龟一幅，枣一包，派他送给野利王。

野利王看见枣和龟，猜想一定有书信，就向法崧索取。法崧看看左右，回答说："没有。"野利王于是写信给元昊。元昊得信后，传令召法崧和野利王从数百里外到京城，盘问送来的信，法崧坚决表示没有信件，甚至把他鞭打到最痛苦的时候，始终不说有信件。又过了几天，元昊私下里把他召进到宫中，仍旧派人问他，说："不赶快说出来，就处死你！"法崧仍不说。于是，审问的人命令把法崧拖出去斩首。法崧于是大声哭喊说："就这样白白地死了，可惜不能完成将军的事。我辜负了将军，我辜负了将军！"那人急忙把他追回来又问他，法崧于是脱下衣服，把信取出来交上去。过了一会儿，元昊叫法崧住到宾馆里去，并暗中派了一员心腹将领，冒充野利王的使者，到种世衡那里去。种世衡怀疑是元昊的使者，所以没有马上见他。只派手下的官员，每天到宾馆去慰劳问候。问到西夏都城兴州左右的情况,使者对答如流;而问到野利王所在之地的情况时,他却多不熟悉。此时宋军恰好俘虏了夏国士兵数名,种世衡叫他们从孔隙中秘密地看这个使者,他们马上说出使者的姓名,果然是元昊派来的。于是,种世衡接见这位使者,送给他丰厚的礼物,把他送回去。种世衡猜想,只要使者回到那边,法崧就能回来。事情真的如他所料,法崧回来还带回了野利王被处死的消息。

种世衡除掉野利王之后,又想再设计除去天都王。于是,他在边境上为野利王设祭,把祭文写在木板上,叙述野利王与天都王两将相互配合,有意归顺大宋的事情,并哀悼他们功败垂成。他命人把祭文杂放在纸币中,夏国的军队闻讯过来,赶紧点火焚化而去。木板上的字不可能马上烧毁,对方得到后,就上交给元昊。这样,天都王也被元昊杀掉了。宋和夏议和之后,法崧复姓名为王嵩,后官至诸司使。

中外历史上,利用"反间计"取得军事斗争胜利的例子非常丰富,下面再举两例,以做补充。

唐朝时,吐蕃发兵十万将要进犯西川,要云南发兵协助。云南虽然已经暗暗地归附了唐王朝,但表面上也不敢和吐蕃作对,于是也发兵数万屯于泸北。韦皋知道云南的态度很犹豫,于是就写信送给云南王,信中对云南背叛吐蕃归顺大唐的诚意大为赞扬,把信放在盛信的盒子中,让东蛮人辗转交到了吐蕃人的手里。吐蕃于是对云南产生了怀疑,派兵两万屯于会川,以断绝云南到蜀地去的道路。云南非常生气,一怒之下引兵回国。从此云南与吐蕃互相猜疑,归唐的意志更加坚定了。吐蕃失去云南之助,势力也开始变弱。

宋朝时,抗金名将岳飞知道刘豫与金国的粘罕交情亲密,而兀术则厌恶刘豫,可以设计离间他们的关系。当时正好军中抓住了一个兀术的间谍,岳飞假装责备他说:"你不就是从前在我军中的张斌吗?我以前派你到齐国见刘豫,约定把四太子兀术引来,你走了就没有再回来,我已经派人问过齐国的人了,他们已经答应我今年冬天就以联合进犯长江一带为名,把四太子引到清河。写了回信给你,你为什么拿着书信没有回来,为什么要背叛我?"间谍怕被处死,就假装承认了岳飞所说的事实。岳飞于是又写了一封信,封在蜡丸中,信中与刘豫商议合谋诛杀兀术的事情。信写好后,岳飞对间谍说:"这次我暂且放了你,让你再出使一次齐国,问问刘豫举兵的日期。"于是割开了间谍的大腿,把书信放进去,以告诫他不得泄密。间谍回去把书信给了兀术,兀术大惊,飞马回去告诉金国的皇帝。刘豫的伪齐政权于是被废掉。

第三十四计　苦肉计

人不自害,受害必真;假真真假,间以得行。童蒙之吉,顺以巽也①。

按:间者,使敌人相疑也;反间者,因敌人之疑,而实其疑也;苦肉计者,盖假作自间以间人也。凡遣与己有隙者以诱敌人②,约为响应,或约为共力者,皆苦肉计之类也。

【译文】

人们不会自己伤害自己,如果受到伤害就一定是真的;如果假作真的受到了伤害,就必然会让人相信,反间计因此也就成功了。这和顺着儿童的想法戏弄他们是一样的道理。

按语:使用间谍离间敌人,就是使敌人自相猜疑;使用反间计,就是利用敌人的疑惑增加其内部的相互猜疑;而使用苦肉计,则是假装自己内部有矛盾,以获取敌人的信任从而离间敌人。凡是派与自己有矛盾的人引诱、迷惑敌人,约定作为内应,或者约定通力合作的,都属于苦肉计一类。

【注释】

①童蒙之吉,顺以巽也:出自《易·蒙》的象辞。意思是说,懵懂的儿童之所以会受到人们的喜爱,是因为可以顺着他们的特点逗他们的缘故。

②有隙:有嫌隙,有怨恨。

【评解】

所谓"苦肉计"原意为故意毁伤身体以骗取对方的信任,从而进行反间的计谋。引申为所有通过使自己受到损害而麻痹敌人,借以取得敌人的信任,以施行反间计或其他计谋的行为。

《三国演义》第四十六回中,描写了周瑜和黄盖用苦肉计骗过曹操的故事。孙刘联军定下用火攻的战术对付曹操之后,一时苦于无法放火。一天,周瑜正夜坐帐中,黄盖潜入中军来见周瑜。周瑜问:"公覆夜至,必有良谋见教?"黄盖说:"某愿意竭力促成火攻之计。"周瑜说:"可是不受些苦,曹操如何肯信?"黄盖说:"某受孙氏厚恩,虽肝脑涂地,亦无怨悔。"周瑜拜而谢之曰:"君若肯行此苦肉计,则江东之万幸也。"第二天,周瑜鸣鼓大会诸将于帐下。诸葛亮亦在座。周瑜对众将说:"曹操引百万之众,连络三百余里,非一日可破。今令诸将各领三个月粮草,准备御敌。"话未说完,黄盖向前走了一步说:"莫说三个月,便支三十个月粮草,也不济事!若是这个月破的,便破;若是这个月破不的,只可依张子布之言,弃甲倒戈,北面而降之耳!"周瑜勃然变色,大怒道:"吾奉主公之命,督兵破曹,敢有再言降者必斩。今两军相敌之际,汝敢出此言,慢我军心,不斩汝首,难以服众!"喝左右将黄盖斩讫报来。甘宁向前求情,周瑜喝令左右将甘宁乱棒打出。众官苦苦告求。周瑜才说:"若不看众官面皮,决须斩首!今且免死!"命左右:"拖翻打一百脊杖,以正其罪!"于是将黄盖剥了衣服,拖翻在地,打了五十脊杖。众官又复苦苦求免,周瑜方才作罢。众官扶起黄盖,打得皮开肉绽,鲜血迸流,扶归本寨,昏绝几次。动问之人,无不下泪。鲁肃也前去看望了,然后来至诸葛亮船中,对诸葛亮说:"今日公瑾怒责公覆,我等皆是他部下,不敢犯颜苦谏;先生是客,何故袖手旁观,不发一语?"诸葛亮笑着说:"子敬岂不知公瑾今日毒打黄公覆,乃其计耶?如何要我劝他?不用苦肉计,何能瞒过曹操?今必令黄公覆去诈降,却教在我军中卧底的曹操的奸细蔡中、蔡和向曹营报知其事。"最终,黄盖用苦肉计骗过了曹操,赤壁一战将曹操的八十万大军火烧殆尽。

  在战争中,为了获取战争的胜利,往往需要付出很高的代价。例如,春秋时,郑武公为了攻打胡人,先把自己的女儿嫁给胡人的首领,并杀掉了一直主张攻打胡人的关其思,使胡人对自己产生信任,不再进行防范。时机成熟之后,郑国发动进攻,一举打败胡人。郑武公不惜以自己的女儿和忠于自己的大臣为代价,实行苦肉计,最后取得了战争的胜利。可见,成功地用苦肉计麻痹敌人,自己往往也要承受极大的损失。这种违背常理的自我牺牲,也正是苦肉计在军事斗争中能屡屡奏效的原因之所在。

这种毁伤自己来麻痹敌人的方法,在商战领域中也屡屡被采用。

在世界啤酒市场上,德国是传统的啤酒生产大国,它生产的啤酒以独特的口味、丰富的营养,备受世人推崇。

一天,德国某著名啤酒厂的总经理驾车外出,突然,路上蹿出一个人打算从车前横过。由于事出突然,汽车躲闪不及,把行人撞到,并从一条腿上压了过去。按照当时的法律,汽车肇事要受很重的惩罚。总经理非常紧张,连忙下车察看伤情。受害者是一位日本难民,他不但没有过多地刁难,反而说是自己不小心,不会过多地追究。啤酒厂的总经理深受感动,急忙把他送进医院,进行精心的治疗。

由于救助及时,日本人的伤很快好了,但落下了残疾。他对总经理提出了一个要求,说自己本来生活困难,无家可归,现在成了残疾,连谋生的路都没有了。他希望总经理能够给他一份力所能及的差使,让自己能够糊口。对于这样的要求,总经理当然无法拒绝,于是把他安排在自己的工厂里。

日本人在啤酒厂干了几年之后,忽然不辞而别;又过了几年,德国的啤酒厂家了解到日本也能够生产出和德国一样优质的啤酒,在世界市场上与德国啤酒形成了有力的竞争。原来,当初那位被汽车压断了腿的日本人并不是一位普通的难民,他对德国啤酒厂的丰厚利润非常羡慕,也想建一家啤酒厂。但由于德国人对于啤酒的酿造工艺严格保密,为了窃取别人的技术机密,他不惜使出"苦肉计",深入到德国的啤酒工厂,并最终达到了自己的目标。

一般来说,"苦肉计"大多是通过损伤自己的身体来获得敌人的信任,而在政治斗争或者其他领域,名誉、地位等在激烈的斗争中都可以作为用以换取安全和稳定的筹码。

西汉初年,吕后用萧何的计谋杀掉了韩信。刘邦此时正在外平叛,听到韩信已被诛杀后,派使者回来,任命萧何为相国,同时加封五千户,并派五百士兵及一名都尉作为相国的侍卫。诸位官员听说萧何加官晋爵了,都来祝贺,只有召平为此忧心忡忡,他对萧何说:"您的祸害从此开始了。皇上奔波于外,而您一直驻守京城之内,没有风霜之苦,没有刀兵之险,却得到加封晋级,并且还为您专门设置了卫队,这恐怕不是为了保护您吧。因为淮阴侯韩信起来造反,皇上对您也产生了怀疑。

现在希望您能把皇帝的封赏推辞掉，不要接受，把全部家财用以资助军队，以消除皇上的疑心。"萧何接受了召平的建议。刘邦见萧何这样做，非常高兴，也就没有什么可疑虑的了。这年秋天，黥布反叛，刘邦又要亲自率军征讨，出征前后，刘邦曾数次派使者来，打听萧何在做什么。萧何说："皇上亲征，我在内安抚和勉励百姓，尽其所有帮助军队，像皇上上次讨伐陈豨时所做的一样。"不久，又有一个门客对萧何说："现在您离灭族不远了。您处于相国的高位，功劳无与伦比，各方面都已经无以复加。进入关中以来，十余年来您一直深得民心，而且目前还在孜孜不倦地为老百姓做事。皇上之所以数次问您在做什么，是害怕您在老百姓中的威信太高，影响整个关中地带，威胁他的威望。现在您应该做的是多买一些田地，借此损污自己的名声，降低自己的口碑，这样皇上的心就安宁了。"萧何采纳了他的计谋，用低价强买了许多民田和民宅，老百姓都对他大为不满。刘邦还京时，还有百姓拦路喊冤，控诉萧何的行为。皇上听了，心中不但没有感到萧何做得过分，反而对他更放心了。

好的名声是谁都期望得到的，但有时候，名声会成为自己成功的累赘，甚至招灾惹祸的根源，尤其是在险恶的环境中，更应该时时注意不要树大招风或者功高盖主。如果一旦发生了这种情况，就要像萧何所做的一样，除了要千方百计显示出自己对别人构不成威胁外，还要采取一些措施适当地降低一下自己的声望。

其实，借买田以自污并非萧何的原创，战国末期时秦将王翦就采用过这种方法对付秦王嬴政。在秦国统一六国的时候，秦王令王翦率兵六十万，讨伐楚国。出征前，王翦向秦王提出，请求赏给自己一些良田美宅。嬴政说："将军放心去吧，如果能够建功立业，怎么还用得着担心受贫呢？"王翦就说："我做大王的将军，纵然有功最终也不能封侯，所以趁着大王赏我酒饭的时候，我也想趁机请求赏些园地，以为日后做些长远的打算，并把它们作为子孙后代的家业。"秦王听罢大笑。王翦到了潼关之后，又五次派遣使者返回长安，向秦王请求良田。有人对此不解，说："将军这样要求田园，显得太着急了吧！"王翦说："不是那样。我深知秦王为人粗心、狭隘，而且对人不信任。现在他把全国的军队交给我一个人，心里肯定不踏实。如果我不多多请求要田宅，让他知道我贪图安逸，想过稳定的生活，难道还等着秦王来怀疑我吗？"

明代的冯梦龙在自己所编著的《智囊》一书中,曾对这种"自污以求免于杀身之祸"的谋略给予了称赞和肯定。他把这种谋略称作委蛇,即"委婉和顺,但不因循",并且说,委蛇之道,在完满之中似乎有了一些缺陷,但它就像莲花在污泥中一样,入于污泥而后才能保持它洁净的本身。运用这种办法,就能消灭凶灾,获得吉利。

南宋时候,岳飞和韩世忠命运的对比正说明了这个道理。

宋朝是经历五代之乱后建立起来的,因为看到此前多次武将拥兵叛乱或者夺权,所以从北宋开国始,就对武将充满了戒备。岳飞和韩世忠都是当时领有重兵的名将,所以也都成为赵构心头的大患。南宋诸将中,以张俊为最贪,而当时颇受宋高宗重视。也许是受此启发,有一次,韩世忠因故被罢官,罢官之后,他就杜门谢客,绝口不再谈领兵打仗的事情。不仅如此,他还常常骑着驴,带着酒,领着一两个童仆,在西湖一带游乐,并曾经与人商议买新淦县的官田。高宗听说后,十分高兴,御笔亲书将新淦县的官田赏赐给他,并给他的村庄赐名为"旌忠",说"卿遇敌必克,打了胜仗也不侵扰百姓。听说想买新淦的田地为子孙打算,现在就把这块官田赏赐给您,以表彰您的忠心。所以就把这个田庄称作'旌忠'吧"。

韩世忠效法前人买田宅以自污,但岳飞却是绝对不肯自污的。岳飞虽也为将多年,但他从不贪财,不好色,不扰民,深得民心和军心。他被害死后抄家时,家里仅有现金一百余串,其他的如粮食、衣物、布帛等项合计起来,也不过仅值钱九千余串。带兵多年,家产只有这一点,其清廉可见一斑。诸将皆贪财,他偏不贪财,诸将都贪图享乐,他偏不贪图享乐,在高宗看来,他的志向肯定不小,这就难免引起高宗的疑忌了。而他又不知像韩世忠等人一样适当地掩饰自己的清白,因此被迫害也就不难理解了。

南宋初年,抗金将领都各以自己的姓做旗号,如张家军、岳家军之类。朝廷始终对此忐忑不安,疑惧他们专横欺上。韩世忠和岳飞同为当时的名将,但结局迥然不同。原因就在于岳飞过于正直,韩世忠善于明哲保身。对于整个民族和国家的长远而言,岳飞这样的人更需要,也更值得敬重。但是,如果丝毫没有保全自己的意识,"出师未捷身先死",也是于事无益,不值得提倡的。

第三十五计　连环计

将多兵众，不可以敌，使其自累，以杀其势①。在师中吉，承天宠也②。

按：庞统使曹操战舰勾连③，而后纵火焚之，使不得脱。则连环计者，其法在使敌自累，而后图之。盖一计累敌，一计攻敌，两计扣用，以摧强势也。如宋毕再遇尝引敌与战④，且前且却，至于数四。视日已晚，乃以香料煮黑豆，布地上。复前搏战，佯败走。敌乘胜追逐。其马已饥，闻豆香，就食，鞭之不前。遇率师反攻之，遂大胜。皆连环之计也。

【译文】

敌军如果兵将众多，就不能够与它力敌，应当想方设法使他们自相制约，以求消减他们的实力。这就是军队要想取得胜利，就要善于利用各种条件的道理。

按语：庞统设计让曹操将战舰相互联结起来，然后放火焚烧，使得曹军的战舰无法逃脱。所谓的连环计，其根本的方法就在于使敌人自相束缚，然后战胜他们。也就是说用一条计策束缚敌人，再用一条计策攻击敌人，两条计策紧密衔接而使用，用来打败实力强大的敌人。比如，南宋时，毕再遇曾经引诱敌人与自己交战，一会儿前进，一会儿退却，如此数次，一直到天色将晚。毕再遇看到天渐渐黑下来，就把用香料煮过的黑豆撒在地上。然后，他又一次领兵向前挑战，等到敌人出来后却假装败退。敌人不知是计，乘胜追击。这时候，双方断断续续地打了一天，敌人的战马已经非常饥饿了，它们闻到地上黑豆的香味，于是就不顾一切地吃起来，即使鞭子打在身上也不前进。毕再遇趁机指挥军队反攻,结果大获全胜。这就是使用连环计。

【注释】

①杀:削弱,消减。

②在师中吉,承天宠也:出自《易·师》的象辞。

③庞统:字士元,襄阳人也,刘备的谋士,在随同刘备取西川时阵亡。勾连:连接,钩挂。

④毕再遇:字德卿,兖州人,南宋名将。在与金国的对抗中,曾出奇制胜打败敌人。

【评解】

关于连环计,前人有两种理解。元代杂剧中,有一部名为《连环计》的戏曲著作,说的是东汉末年,董卓专权,横行暴虐,司徒王允设计,先把美女貂蝉许嫁给吕布,后又献给董卓,以离间二人的关系,最后致使吕布杀死董卓。后人遂以"连环计"指一个接一个相互关联的计策。这个故事也可见于《三国演义》的第八、九回。另外一种理解是,东汉末年,曹操率大军南下,在赤壁与孙刘联军对峙,打算渡江击吴,无奈苦于长江风浪不息,北兵不惯乘舟作战。庞统向曹操献连环计,把船只用铁环连结起来,上铺木板以供行走。曹操中计,被火攻打败,逃回北方。事见《三国演义》第四十七至四十九回。这里所谓的"连环计",就是先设计使敌人自相掣肘,或者自己束缚自己,以增加战胜他们的把握。"三十六计"中的"连环计",一般是指后者而言的。

"连环计"的关键之处,就在于使敌人内部产生矛盾或制约,当受到攻击时无法形成统一的力量及时做出反应,从而减少我们进攻中所付出的代价。秦朝末年,全国各地反秦的义军蜂拥而起。刘邦率军向西进入武关,准备用二万人的兵力进击峣关。这时,张良建议说:"秦朝的军队现在还很强大,不能够轻视它。我听说峣关的守将多是屠夫、商人的子弟,这些人比较容易用财物进行利诱和拉拢。我希望您现在暂且留在我们的营垒中,不要轻易出击,派人先行一步,筹备下五万人的粮食,并且每天都增加一些旗帜,作为疑兵迷惑敌人。同时,派遣口才出色的郦生携带丰厚的财物到峣关去收买秦军的将领。"刘邦听从了张良的建议,秦军将领在财物的诱惑下,果然打算要与刘邦一起合兵向西去攻打都城咸阳。刘邦打算利用这一机会,与秦的叛将一起拿下咸阳。

张良又阻止了他,说:"这仅仅是秦军将领想要背叛秦朝,恐怕他们的士兵不会顺从。如果士兵没有顺从,我们与他们合兵必将给我们带来危险。我们不如趁秦将们麻痹松懈之机出兵攻打他们。"刘邦于是亲自率领大军攻打峣关,秦军这时已经上下离心离德,难以组织统一的行动,被打得大败。

一般地,人们容易将"连环计"理解为环环相扣的两条以上计策的综合运用。其实,"连环计"的真正含义,并不在计谋的数量上。在任何一次军事斗争中,一般都是要数计并用的,但不是每一次运用了两条以上计策的军事行动就可以称为运用了"连环计"。"一般说来,连环计意在使敌'自累',而后图之。运用时,应当一计累敌,一计攻敌,两计并用,相映成趣,方能制胜。"①

十九世纪初,拿破仑率领的法国军队在欧洲大陆上驰骋纵横,所向披靡。1812年6月,拿破仑对俄国开战,大军直逼其首都莫斯科。法军势头正盛,俄国人主动撤出莫斯科,坚壁清野,并不时用小股军队对法军进行袭击。拿破仑虽然占领了莫斯科,但得到的只是一座空城,内无粮草,外无救兵,补给缺乏,无奈之下,于当年10月放弃了对莫斯科的占领。

法军撤退的过程中,俄军沿途四处堵截,拿破仑处处被动,不得不一次次改变撤退的路线。最初,拿破仑打算带领法军退往最近的一个补给兵站明斯克,但是,中途得到消息,明斯克已经被俄军占领。拿破仑不得不改变计划,指挥军队向维尔那撤退。从莫斯科撤往维尔那,必须要经过第聂伯河右岸支流别列津河的沼泽河谷。别列津河上的唯一一座桥在鲍里所夫城,原来由法军所控制,因此这里就成为拿破仑又一个计划进军的目标。但不幸的是,鲍里所夫城也被俄军所占领了,并且毁掉了河上的大桥。法军到来之后,虽然又夺回了鲍里所夫城,但大规模的俄军就集结在河对岸,根本无法重新修建一座新的大桥。而此时,本来寒冷的天气突然变暖,大块的浮冰顺流而下,河水泛滥,其他的方式过河也已经不可能。于是,拿破仑只得另选地点架桥渡河。

法军将建桥的地点选在了鲍里所夫城以北大约五英里的一个地

---

① 李炳彦:《三十六计新编》,北京:战士出版社,1981,105页。

方,这里俄军防守相对薄弱。然而,虽然法国军队在这里紧张地架桥施工,俄国人却毫无反应,没有任何形式的阻止,这令法国军队迷惑不解。但急于撤退的法国人无暇顾及这些,仍然拼命突击,并仅仅用了三四天的时间就架起了两座高架桥。

大桥建好之后,法军蜂拥而上,队形全乱,拥挤不堪。为了抢时间,拿破仑下令将辎重能扔的统统扔掉,马匹全部丢弃,车辆烧毁大半。但是,争相拥挤逃命的士兵并没有像平时一样重视这些命令,桥上依然混乱不堪,乱糟糟的车辆把桥面堵得几乎水泄不通。

就在法军陷入一片混乱之中不可开交的时候,俄国军队突然从北、东、南三个方向包抄过来,俯控着高架桥的山脊上也突然出现大批重炮,炮火猛烈地轰向混乱的人群。大批法军人马此刻正簇拥在狭窄的桥面上,再加上辎重和一些大型武器已经丢弃,根本无法组织有效的还击,只能被动挨打。此役,法国军队损失二万五千多人。

原来,俄国人并不是不知道法军在此抢建桥梁,他们之所以没有进行阻止,就是因为他们经过分析后认为,一旦法军桥梁建成,急于逃命的法国士兵必然会发生混乱,无法组织战斗,俄国军队如果趁此时展开攻击,一定会大获全胜。因此,在法国人修桥的这几天里,俄国人调集、部署了大批兵力,并在山脊上架起了重炮。只等法军陷入混乱,丧失战斗力的时候,马上发起攻击。

"连环计"之所以能够成功,就在于它能使敌人内部互相束缚,从而失去了施展的机会。现实生活中,也可能会遇到种种人际、才智等方面的束缚,影响了一个人的成功。为了避免这种情况,就要通过招揽人才、结交朋友、寻求帮手等方法,来尽量减少这类的束缚。

唐太祖武德末年,钜鹿人魏征在太子李建成的手下,做文书图籍整理的工作。在秦王李世民与太子李建成暗中争夺帝位的时候,魏征屡次劝李建成先下手为强,除掉李世民。由于李建成优柔寡断,没有接受魏征的劝告,结果在玄武门之变中失败。

李世民当上皇帝之后,把魏征召来,厉声问他:"你挑拨离间我们兄弟之间的关系,是何道理?"大家都为魏征捏了一把汗,认为他必死无疑。魏征却毫无惧色,从容答道:"皇太子当初如果听我的话,必定不会有今日之祸!"

太宗一听此话，知道他是一个忠直之人，马上转怒为喜，对魏征以礼相待，并任他为谏议大夫，还曾多次邀他入寝宫，向他请教治理国家的事情。

唐太宗的另一位著名的谏臣王珪的经历也与魏征相似。高祖武德年间，王珪在太子李建成手下掌管侍从礼仪等事，很受建成的器重。后来因李建成阴谋作乱受到牵连，被流放到巂州。李建成死后，李世民下令将王珪召回身边，官拜谏议大夫。王珪终生都竭尽忠心，多次进谏，颇有政绩。

弥勒佛像侧有副几乎尽人皆知的对联："大肚能容容天下难容之事，笑口常开笑世上可笑之人。"一个人生活在世上，会遭遇数不清的恩恩怨怨，或由爱转恨，或由恩生仇，这都是难以避免的。当遇到这种情况的时候，达观的人可以做到宽大为怀，一笑置之，举贤不避仇，最终化敌为友。

据《史记·孟尝君列传》记载：孟尝君曾经因故被贬。官复原职以后，被贬时一哄而散的门客听说孟尝君又重新当上了相国，都争先恐后地又聚拢了来。孟尝君感到很不痛快，私下里对冯谖说："因为我生性好客，所以对于门客的待遇，总是生怕有什么不周到的。可是当我被罢官后，他们都离我而去，现在我复位了，还有何颜面回来见我！"冯谖说："富贵多士，贫贱寡友，这是人之常情。你被罢官后自身都难保，宾客们失去了依靠，才纷纷散去。你千万不要因此而杜绝了招揽食客之路，当初怎样对待他们，现在一定也要怎样对待他们。"孟尝君听从了冯谖的劝告，像以前一样慷慨地对待回来的食客。

古人说："不可知者不可交。"在选择帮手或者朋友时，必须非常小心。如果交友不当，像孙膑和庞涓一样，不但成为不了事业上的帮手，而且最终成为了死对头。只有像管仲和鲍叔牙那样，才能相互支持，相互帮助，即使遇到坎坎坷坷，也不会相互成为对方的束缚或者障碍。

年轻的时候，管仲和鲍叔牙就是一对好朋友。管仲家里很穷，又要奉养母亲，所以生活非常困难。管仲在最穷的时候，生活上的一切几乎都依赖鲍叔牙。为了改变这种局面，他们两人一起投资做生意。因为管仲没有钱，本钱几乎都是鲍叔牙的。可是，当赚了钱以后，由管仲来分利润，他不但毫不客气，反而自己拿大头，只给鲍叔牙一小部分。别人看了都不服气,对鲍叔牙说:"这个管仲真不像话,本钱出得少,分钱却分得多。"鲍叔牙不但没有气恼,还向他们解释说:"我知道管仲并不是贪得无厌的人,他之所以拿得多,是因为他家里穷又要奉养母亲。"

后来管仲又做了好多事情,但没有一件成功的,生活也越来越穷困。好多人都嘲笑管仲没本事,做什么事都不成。只有鲍叔牙替他说话,他说:"管仲并不是愚笨的人,只是没有遇到好机会罢了。"管仲也曾经试图去当些小官,但每次被任用不久就被辞退了。尽管这样,鲍叔牙还是坚定地支持和相信他,对他说:"这不是你为人处世不好,而是时运不济啊!"实在走投无路的时候,管仲就去从了军。每次进攻的时候,他都躲在最后面,而前面一有风吹草动,他扭头就跑。大家都骂管仲是一个贪生怕死的胆小鬼。鲍叔牙马上又替管仲说话:"你们误会管仲了,管仲不是一个怕死的人,他逃跑是因为他得留着命去照顾老母亲呀。"管仲感动地说:"生我者父母也,知我者鲍子也。"

后来,齐国的国王死掉了,公子诸当上了国王,每天吃喝玩乐不做事。不久之后,诸被人杀死,齐国发生了内乱。鲍叔牙带着公子小白逃到莒国,管仲则带着公子纠逃到鲁国。内乱平息后,小白回国当上了齐国的国王,就是齐桓公。齐桓公即位后,决定封鲍叔牙为宰相。鲍叔牙说:"如果您想成就霸业,把齐国治好,靠我是不行的。"齐桓公问他:"谁是可用之才呢?"鲍叔牙就说:"非管仲莫属。"齐桓公听了鲍叔牙的推荐后,说:"管仲与我有一箭之仇,我不杀他已经够宽宏大量了,你还举荐他来当宰相?"鲍叔牙回答道:"如果要振兴国家,成就霸业,就不要计较私人的恩怨。管仲帮助公子纠时,冒着生命危险用箭射你,那恰恰说明他忠于自己的主人。"因此,齐桓公才下定决心重用管仲。

管仲临终前,齐桓公问他谁可以接替他的职位,鲍叔牙可不可以。管仲说:"不行。""为什么呢?"管仲对齐桓公说:"鲍叔牙这个人的人品非常好,气度也非常大。可是他的毛病就是太清高、太好了,嫉恶如仇,不能包容坏的一面。如果让他来决定国家大事,既害了你齐桓公,也害了他鲍叔牙。"

像管仲和鲍叔牙这样的朋友,是难能可贵的;像齐桓公与管仲等人的上下级关系,也是非常难得的。正是有了这些"难得"和"难能",所以才有纵横天下的五霸之首。如果没有大家之间的互相帮助,相互勾心斗角,互相倾轧,既不会有管仲这样的奇才名垂青史,也不可能有齐桓公的雄图大业。

楚汉战争后,汉高祖刘邦总结他得天下的原因时说:运筹帷幄之中,决胜千里之外,我不如张良;指挥百万之兵,攻必克,战必胜,我不如韩信;镇国家,抚百姓,给馈饷,不绝粮道,我不如萧何。这三个人都是人中之杰,我能用他们与我一起创业,这就是我之所以得天下的原因。

第三十六计　走为上

全师避敌①，左次无咎，未失常也②。

按：敌势全胜，我不能战，则必降、必和、必走。降则全败，和则半败，走则未败。未败者，胜之转机也。如宋毕再遇与金人对垒，一夕拔营去，留帜于营，豫缚生羊悬之③，置前二足于鼓上，羊不堪倒悬，则足击鼓有声。金人不觉，相持数日，始觉之，则已远矣。可谓善走者矣！

【译文】

为了保全军队而避让强敌，这种以退为进的策略没有什么损害，因为它没有背离用兵的正常法则。

按语：在敌人的力量处于绝对优势，我方已经不能再与之抵抗时，可以采取的策略有三种：投降、求和和撤退。如果投降，就意味着自己完全失败了；如果求和，就意味着自己失败了一半；而如果撤退，则意味着自己并没有失败。既然没有失败，就有获得胜利的转机。比如，南宋时，毕再遇与金国人两军对垒，在一天夜里拔营撤退，但是仍然把旗帜留在军营中没有动，并事先把一些活羊吊起来，把它们的两只前蹄放在鼓上，羊由于受不了倒悬的痛苦而挣扎，蹄子就把鼓敲得"咚咚"响。因此，金国人没有发觉毕再遇的军队已经撤走了，相持了几天之后，才明白了真相，而毕再遇已经率领着军队走远了。毕再遇可以说是善于撤退的。

【注释】

①全师：使军队得以保全。

②左次无咎，未失常也：出自《易·师》的象辞。杨万里《诚斋易传·师》中说："'左次'乃退舍之谓也。……盖善师者不必战，以守为战，亦战也；善战者不必进，

以退为进,亦进也。"

③豫:事先,预先。

【评解】

"三十六计,走为上"的说法至少在南北朝时期就已经有了。例如《南齐书·王敬则传》中说:"是时上疾已笃。敬则仓卒东起,朝廷震惧。东昏侯在东宫,议欲叛,使人上屋望,见征虏亭失火,谓敬则至,急装欲走。有告敬则者,敬则曰:'檀公三十六策,走是上计。汝父子唯应急走耳。'"另如宋代惠洪的《冷斋夜话》卷九中也说:"渊材曰:'三十六计,走为上计。'"所谓"走为上",就是在自己的力量明显不如敌人的时候,采取主动避让的方式,以保存实力,寻找合适的机会打败敌人。

无法取胜则主动退却、转移的战例,在中国历史上比比皆是,不胜枚举。而不失时务,不知进退,则往往导致彻底的失败。

1863年,太平军已经面临着非常危急的形势。除驻守在天京(江苏南京,洪秀全在此定都后改名"天京")城外的曾国荃的军队的直接威胁之外,李鸿章的淮军从上海而来,并于12月攻下苏州,直逼天京,其余各路清军也正在向天京汇集。清军已经形成了对天京的合围之势。这时,从苏州撤回天京的忠王李秀成建议洪秀全放弃天京,另开辟根据地,以图东山再起。他分析说,天京城虽然城防坚固,但敌人已经将其重重包围,内无粮草,外无救兵,难以长期坚守。况且,留在城中的以文者、老者、妇女、食饭者、费粮饷者居多,如果不组织这些人转移,只能坐以待毙。因此他主张洪秀全放弃天京,"让城别走",向北发展,站稳脚跟后再图控制东南。

鬼迷心窍的洪秀全听罢李秀成的建议之后,对其严加驳斥,说:"我奉上帝圣旨、天兄耶稣圣旨下凡,作为天下万国的唯一真主,有什么害怕的?不用你来劝我,国家大事也用不着你来处理,你想走就走,想留下来就留下来,随你的便。我的铁桶江山,你不扶,自然有人扶。你说没有兵,我的天兵比水都还多,曾国藩这种妖魔有什么可怕的?你怕死肯定就会死。"洪秀全不但没有听取李秀成的正确意见,反而认为他别有居心,剥夺了他的权力。

李秀成的正确意见被否定之后,天京城中弹尽粮绝,形势一天比一天糟。1864年夏,城中粮尽,洪秀全还是固执己见,不愿意"让城别走",只好下令全城军民"俱食甜露",说这种东西不但能填饱肚子,而且有长生不老之功效。所谓"甜露",其实并不是什么仙丹美味,只不过是野草树叶而已。最终,上帝和天兄并没有能够保佑这位"天下万国的唯一真主",1864年6月1日,洪秀全病死天京,7月19日,天京陷落,太平天国运动失败。

"走为上"不但是军事斗争中的一条重要的策略,而且在现实生活中,在人生的其他方面,也是一条重要的法则。

春秋末期,大夫范蠡曾为越王勾践立下了汗马功劳。在越国被吴国打败,勾践面临被俘的危险时,范蠡劝勾践向吴王夫差暂时忍辱投降;然后又陪着勾践一起到吴国做过两年人质,伺候吴王;勾践返回越国后,范蠡辛辛苦苦帮勾践治理国家,处理国家大事;待到时机成熟以后,他又替勾践策划兴兵攻吴,终于于公元前473年灭亡了吴国,报仇复国。

在灭了吴国后,作为功臣的范蠡,不但不求封赏,反而决定自行引退。当勾践在姑苏城吴王宫召开庆功大会时,范蠡却带着西施隐居起来了。为了避免遭到杀身之祸,安乐而终,范蠡离开越王勾践时,故意制造出自杀的假象。

当勾践派人去接收范蠡的军队时,范蠡把自己的外衣扔在太湖旁边,并在衣服里留下了一封写给勾践的信。信中说,我听别人说,君王有忧愁的时候,做臣子的就应当为君王排忧解难;君王受到凌辱的时候,做臣子的就应当拼死维护君王的尊严。从前您在会稽受辱于吴王,我之所以没有去死,就是为了要留下这条命辅佐您报亡国之仇。今天大王灭了吴国,当上了霸主,大功已经告成,我的职责总算尽了。可是还有两个人,留着他们对大王您没有好处。一个是西施,她迷惑了夫差,使得他亡国丧身,如果留着她,可能会迷惑大王,因此,我把她带去了;另一个就是我范蠡,他帮助大王灭了吴国,留着他,他有可能扩大自己的势力,对您造成威胁,因此,我把他也带去了。

勾践看完信后,以为范蠡杀了西施之后,自己便自杀了,虽然觉得有些惭愧,但总算除去了一块心病,所以感觉还是很高兴的。其实,范蠡并没有死,他带着西施和一些金银财宝,改名更姓,跑到齐国去做起了生意,并成为一个富可敌国的大富翁。后来,他又搬到当时人口众多、交通便利、买卖发达的定陶,称为朱公,即后来被尊为商人的鼻祖的陶朱公。

范蠡离开越王勾践不久,曾托人带了一封信给他的好友文种,劝文种也舍去功名富贵,以免招灾惹祸。信上说:"你还记得吴王夫差说过的话吧,'飞鸟都射完了,就可以把好弓箭收藏起来了;打完野兽以后,猎犬会被主人一块儿宰了来吃;敌对的国家消灭的日子,也就是谋臣和良将的死期'。越王这个人能够容忍敌人的欺凌,但却不能容忍有功的大臣;能够让我们同他共患难,但却不能让我们同他享安乐。你现在不趁早走,恐怕将来想走也来不及了。"

文种觉得自己劳苦功高,勾践不可能忍心抛弃他,就没有听从范蠡的劝告。事情果然不出范蠡所料,勾践在灭了吴国之后,对那些和他一起共患难的人慢慢地都疏远了,对于文种这样有才干、功劳大的人更是疑心重重。最后,他竟逼文种自杀了。文种临死前才痛悔自己没有听范蠡的话,落下了"兔死狗烹"的结局。

迎难而上需要勇气,急流勇退更需要魄力。一个人无论做什么事情,都应当当进则进,当退则退,不能一条道跑到黑。俗话说:退一步海阔天空,一个人当遇到可能或者发现再沿着原来的路往前走会有危险时,退后一步另寻他途,或许就会有意想不到的收获。即使退后会失去一些东西,但也会使一些更重要的东西得以保全,如生命、稳定的生活等等。

孙膑在魏国受到庞涓的迫害,后来是齐国的田忌设计把他接到了齐国。到了齐国之后,他们二人合作,取得了许多重大的胜利。在与田忌一起指挥齐军完成了大败魏军的马陵战役后,孙膑随即决定功成身退。他谢绝了齐威王对他的封赏,主动辞去军师的职务,过起清静的隐居生活,把晚年的全部精力用于总结战争经验和军事著作的写作,从而为后世留下了流传千古的《孙膑兵法》。

孙膑功成身退,主要出于两个原因。一方面是他淡泊功名利禄,不热衷于追求荣华富贵;另一方面是他自己在魏国曾遭到庞涓的陷害,有切身的教训。孙膑看到,在马陵之战前后,齐国统治集团内部的矛盾已经日益激化。相国邹忌与将军田忌之间的个人恩怨愈积越深,关系越来越紧张,几乎发展到你死我活的地步。邹忌一开始反对出兵救韩,他的真实目的是怕田忌立功,威胁到自己的声誉及地位。后来齐威王赞成出兵救韩,邹忌无法阻拦,又一改初衷,企图通过战争而使齐国战败,希望田忌阵亡于疆场,或者战败后借机诬陷并除掉田忌。对此,孙膑看得一清二楚,并时刻保持警惕。马陵战役胜利后,孙膑曾向田忌建议马上带兵入朝,驱除邹忌,但田忌没有采纳。结果,田忌不久便遭到邹忌的陷害,被迫逃到了楚国。

孙膑是明智的,如果他利欲熏心,一心只想在齐国谋求更高的位置,获取更高的俸禄,肯定也会得到与田忌一样的结果,更不可能有《孙膑兵法》这样的名著传世,使他名垂千古。其实,像孙膑、范蠡这样功成身退的事例历史上还有许多。现在虽然时代不同了,不再提倡人们功成名就后隐居江湖,但在做事情的过程中,学会退后一步看问题,还是十分必要的。我们平时也许都有过这样的经历,在考虑解决一个问题的时候,如果顺着一个思路发展陷入"山重水复疑无路"的时候,一旦得到别人的点拨,或者自己主动改变一下考虑问题的方向,就会豁然开朗,找到"柳暗花明又一村"的感觉。因此,不论做任何事情的时候,都要能够灵活处理,不要只会一心"勇往直前"。

俗话说:"留得青山在,不怕没柴烧","人不能在一棵树上吊死",当在一个地方无法取得成功,甚至有危险时,换一个地方或者环境,可能更容易取得成功。

伍子胥是春秋末期著名的军事谋略家,他本来是楚国人。楚平王有个太子名叫建,伍子胥的父亲伍奢是太子建的老师。公元前522年,由于听信费无忌的谗言,楚平王要废掉太子建。

这时候,太子建和伍奢正在城父镇守。楚平王怕伍奢不同意,先把伍奢叫来,诬告说太子建正在谋反,要伍奢揭发和交代。

伍奢知道太子是受了费无忌的陷害,说什么也不承认,还劝楚平王不要听信小人之言而残害自己的亲骨肉。费无忌又趁机说伍奢的坏话,楚平王立刻把他关进监狱。

楚平王派人去杀太子建。费无忌怕伍奢和他的两个儿子伍尚和伍子胥日后会找自己的麻烦,就对楚平王说:"伍奢有两个儿子,都很有本事,您现在把他们的父亲关了起来,如果不把他们也一起除掉,日后恐怕会成为楚国的祸害。现在伍奢还在我们手里,您可以以他为人质,把他的儿子们招来杀掉,免得留下后患。"

于是楚平王就逼伍奢写信给他的两个儿子,叫他们回来。

接到父亲的信后,伍尚想去,伍子胥阻止他说:"楚国招我们兄弟两个回去,并不是要放我们的父亲,而是怕我们跑了留下后患。就算我们两个人都回去,结果只能是父子一起死,对于父亲目前的危险一点益处都没有,还彻底失去了报仇雪恨的机会。不如我们逃到别国去,以便借外国的力量来报杀父之仇。如果回去一块儿死,一点用处都没有啊!"

伍尚说:"我也知道回去我们都活不了,然而父亲想招我们回去以求生,如果我们不回去,会被天下人耻笑。你逃走吧,你日后肯定能回来报仇,我去和父亲一起死。"

伍尚回到楚国的都城,就跟父亲伍奢一起,被楚平王杀害了。太子建事先得到风声,带着儿子公子胜逃到宋国去了。

伍子胥也从楚国逃出来,他赶到宋国,找到了太子建。不巧宋国发生内乱,伍子胥又带着太子建、公子胜逃到郑国,想请郑国帮他们报仇。可是郑国国君郑定公没有同意。

太子建报仇心切,竟勾结郑国的一些大臣和晋国想推翻郑定公,结果事情泄露被郑定公杀了。伍子胥只好带着公子胜逃出郑国,投奔吴国。

楚平王早就下令悬赏捉拿伍子胥,叫人画了伍子胥的像,挂在楚国各地的城门口,下令各地官吏盘查。伍子胥带着公子胜逃到吴楚两国交界的昭关,关上的官吏盘查得很紧。幸亏他们遇到了一个好心人相助,才混出关去。

伍子胥到了吴国,吴国的公子光正想夺取王位。在伍子胥帮助下,公子光刺杀了吴王僚,自立为王,这就是吴王阖闾。

吴王阖闾即位之后,封伍子胥为大夫,帮助他处理国家大事;又请来善于用兵的大军事家孙武,任命他为将军。吴王在伍子胥和孙武的帮助下,兼并了临近的蔡、唐等几个小国,开始筹划进攻相对强大的楚国。

公元前506年,吴王阖闾拜孙武为大将,伍子胥为副将,亲自率领大队人马,向楚国进攻。楚国君昏臣佞,力量已远非昔日可比。吴国军队连战连胜,把楚国的军队打得一败涂地,一直打到都城郢都。

那时,楚平王已经死去。伍子胥恨透了楚平王,刨开他的坟,挖出平王的尸首,狠狠地鞭打了一顿。

吴军占领了郢都,秦哀公派兵救楚国,击败了吴军。再加上伍子胥攻楚怀有强烈的个人复仇愿望,在楚未能安抚民心,激起楚国上下反对,致使吴军难以立足。吴王阖闾才撤兵回国。

俗话说:良禽择木而栖,贤臣择主而事。如果一个环境适合于自己的发展,那当然好,可以在此大展宏图,如果一个环境只能对自己造成压制甚至迫害,就要尽早离开它。孔子说:"道不同,不相为谋","天下有道则见,无道则隐",说的都是这个道理。

历史上凡是有所成就,最终完成大业的人,都明白这个道理。战国时的张仪,在楚国不但受到冷遇,反而受到诬陷,受笞打,连妻子都嘲笑他。张仪却坚信只要其舌尚在,一定有地方可以接受他,一定能够获得成功。在家乡魏国不被重用,他就投靠赵国,但身为赵相的苏秦嫉贤妒能,张仪又投靠了秦国,终于受到秦王的重用,"散六国之从,使之西面事秦"。范雎也是魏国人,由于魏国当权者昏庸腐败,范雎无故受刑,差一点丢了性命。于是,范雎便化装潜入秦国,向秦昭王献远交近攻之策,从而促使秦国成就了霸业。

《三十六计》内容概述

中国兵家文化源远流长,相传炎黄时期就有兵书问世。即使与传世的《孙子兵法》等著作相比,《三十六计》也的确是一部晚出的兵书。虽然问世的时间比较晚,然而,《三十六计》却在几十年的时间里迅速风靡海内外,如今,它已与《孙子兵法》一样,成为了中国兵家文化的代名词。

一、《三十六计》的流传及影响

之所以说《三十六计》是一部晚出的兵书,因为它在20世纪40年代才被人发现,60年代之后才引起人们的广泛关注。目前,人们所知的关于《三十六计》的最早版本是1941年成都瑞琴楼发行、兴华印刷厂用土纸印制的一个小32开的翻印本。翻印本上附有简单的说明,介绍了此书的发现经过。说明中说,《三十六计》原书为手抄本,是1941年在陕西邠州(今彬县)的一个旧书摊上发现的。当时发现的手抄本前部"系养生之谈,而末尾数十篇,附抄三十六计,解释皆用兵法,然后知其果为兵法也"。

瑞琴楼本的《三十六计》出版之后,并没有产生多大的影响。1961年9月16日,《光明日报》的《东风副刊》上发表了叔和的《关于"三十六计,走为上策"》一文,文中提到了瑞琴楼出版的《三十六计》。文章中介绍说:"十几年前,我在成都一个冷摊上无意中发现一本土纸印的小册子,这本小册子是根据一个手抄本翻印的,封面上有'三十六计',旁注小字'秘本兵法'。前有简短引言,后有半篇跋。翻印者序上说原抄本'跋语仅存半页'。"叔和先生这里所提到的"土纸印的小册子",指的就是成都瑞琴楼1941年的《三十六计》翻印本。

1962年,解放军政治学院的无谷(姚炜)根据此翻印本,对《三十六计》进行了译注工作,并以铅印本的形式内部出版。此后,炮兵学院训练部、济南军区政治部、武汉军区司令部作战部等单位,先后对此书进行了翻印或编印。其中,武汉军区"为研究我国历史上的儒法斗争"的需要于1973年编印的《三十六计今译》,在这一时期出版的《三十六计》中具有较大影响。1979年,无谷译注的《三十六计》由吉林人民出版社公开出版发行。

由于最初的版本上没有署名作者是谁,因此,关于《三十六计》成书何时、作者是谁等问题都成为了悬案。一般认为,《三十六计》成书应为明末清初或稍晚,理由如下:第一,"三十六计"中的许多计名都是元明时期才有的,在此之前的典籍中很难见到,因此《三十六计》的成书不会早于明代。第二,明清时期是我国兵书编纂的繁荣时期,出现了许多阐述军事思想的丛书和类书,其中的许多著作在论述方式上都与《三十六计》有共同之处。例如,揭暄所撰的《兵经百言》把军事思想归结为一百个字,并分别进行论述;尹宾商的《兵曍》把军事思想总结为三十六个字,并逐一展开言简意赅的阐述。第三,以易演兵在明代已蔚然成风,出现了许多用易理阐述军事思想的著作,这与《三十六计》也是一致的。例如,赵本学的《韬钤内外篇》,就是以易演兵写成的著作,他的门生、抗倭名将俞大猷曾经评论说:"猷读先师所授《韬钤内外篇》者有年,领其旨,知其无一不根基于《易》者。"第四,近人朱琳所著记载明末清初反清事迹的《洪门志》中,有"三十六着"的说法,其中大部分计名都与今天的《三十六计》一致。作者在附注中还说:"三十六着,又称三十六计,即三十六种计策,用兵处世,无往不利,所谓'神机妙算',故称之为洪门哲学。"因此,有人指出:"《三十六计》极有可能出现在明末清初,甚至更晚一些。大约是一位不知名的作者,借用流传已久的'三十六计'之说,收集罗列了民间流传的一些计策、成语、典故等,再加上自己杜撰的一些计名,拼凑成了三十六条计策,称之为《三十六计》。后来,有人在发现这本著作之后,又根据自己的理解,加写出按语,于是便成了今天我们所见到的《三十六计》。"[①]

[①] 毛元佑、徐楚桥编著:《〈三十六计〉解读》,解放军文艺出版社,2002年版,第59~61页。

然而,仅凭上述理由推断《三十六计》为明末清初或更晚的某人所撰,似乎略显牵强。我们认为,《三十六计》极有可能并非一人完成,而是在流传过程中不断补充和完善的结果。关于"三十六计"(或"三十六着")的说法由来已久,《南齐书》的《王敬则传》中,就有"时上疾已笃,敬则仓卒东起,朝廷震惧。东昏侯在东宫……谓敬则至,急装欲走。有告敬则者,敬则曰:檀公三十六策,走是上计,汝父子唯应急走耳"。《南史·王敬则传》中也有类似的说法。此外,宋代惠洪的《冷斋夜话》和元代戏剧家关汉卿的《窦娥冤》中,都有"三十六计,走为上计"之类的说法,可见,虽然"三十六计"最初并不一定就是实指三十六种计谋,但"三十六计"的提法早已有之,并且最迟到了元明时期就已经深入民间。随着"三十六计"的提法家喻户晓,人们用脍炙人口的成语将我国古代的军事计谋加以总结并与已有的提法对应成为了可能。事实上,这在我国的古代的民间文学或其他形式的民间作品的流传和演变中也是经常存在的一种现象,例如《三国演义》、《水浒传》等作品的最终定型,都经历了这样一个过程。

最初的时候,《三十六计》可能并非一个版本,并且也不是一下子就定型的,在民间的流传中有着不同的"版本"。邓拓先生在《燕山夜话·"三十六计"》中论及"三十六计"的具体内容时,曾经说:"以前曾经有人讲解过三十六计的内容,与这本小册子稍有不同。这本小册子所说的三十六计是:瞒天过海、围魏救赵、借刀杀人、以逸待劳、趁火打劫、声东击西、无中生有、暗渡陈仓、隔岸观火、笑里藏刀、李代桃僵、顺手牵羊、打草惊蛇、借尸还魂、调虎离山、欲擒故纵、抛砖引玉、擒贼擒王、釜底抽薪、浑水摸鱼、金蝉脱壳、关门捉贼、远交近攻、假途伐虢、偷梁换柱、指桑骂槐、假痴不癫、上屋抽梯、树上开花、反客为主、美人计、空城计、反间计、苦肉计、连环计、走为上。这里头没有增兵减灶、十面埋伏、虚张声势、诱敌深入、拖刀计、疑兵计等名目,而把打草惊蛇、无中生有、树上开花等都列进去,似乎也不算妥当。"也就是说,《三十六计》在流传的过程中至少还有另外一个版本,这就是邓拓以前曾经听过别人讲解的"三十六计"。另外,《洪门志》的"三十六着"中,也有几个计名是与今天我们看到的《三十六计》不同的,这可能也是《三十六计》在民间流传的过程中存在的另外一个版本。

因此,《三十六计》在上世纪40年代被发现整理之前,可能已经经过了一个漫长的演变和完善的过程。在陕西邠州发现的版本可能是民间传本中经过加工整理的比较完善的一种,也可能仅仅是众多传本中的一种,究竟属于哪种情况,尚需进一步考证。

《三十六计》虽然发现较晚,并且较长时间内仅在小范围传播,然而,自从20世纪80年代开始,人们对于这本"大众兵法"的关注迅速升温。目前,国内对《三十六计》注解和研究的著作已有数十部。在网络等媒体上,人们对于"三十六计"的热情更是超出了军事领域,扩展到社会生活的各个领域,出现了诸如"商场三十六计"、"交际三十六计"、"爱情三十六计"、"网络三十六计"、"砍价三十六计"等五花八门的"三十六计"的"变种"。《三十六计》应用领域的泛化,也使它的地位节节提升。但是,虽然我们应当给予这部著作以充分的重视和研究,却决不能对其价值和地位进行无原则的拔高。

在国内受到重视的同时,《三十六计》也已经走出了国门,被一些国外的研究者所重视。首先对《三十六计》进行介绍和研究的是我们的近邻韩国和日本,在这两个东亚邻邦中都有关于《三十六计》的书籍出版。在西方,较早注意《三十六计》的是瑞士汉学家胜雅律,1977年1月,他就在《法兰克福汇报》上发表了一篇介绍"三十六计"的文章。经过潜心研究,1988年,胜雅律先生研究"三十六计"的《智谋——平常和非常时刻的巧计》一书的上册出版,2000年又出版了下册,这是第一次在西方系统地介绍"三十六计",产生了比较广泛的影响。后来,该书先后被译成荷、意、中、英、法、俄、葡、西、土等多种文字出版。另外,1991年,《三十六计》法文版出版,译者为法国汉学家弗·基歇尔,受到了包括军事专家在内的人们的好评。《三十六计》以自身独特的魅力,赢得了世界范围内的重视和赞美。

二、《三十六计》的主要内容及其阐述方式

《三十六计》原书跋语说:"夫战争之事,其道多端。强国、练兵、选将、择敌、战前、战后,一切施为,皆兵道也。惟比比者,大都有一定之规,有陈例可循,而其中变化万端、诙诡奇谲、光怪陆离、不可捉摸者,厥

为对战之策。《三十六计》者,对战之策也,诚大将之要略也。闲常论之:胜战、攻战、并战之计,优势之计也;敌战、混战、败战之计,劣势之计也。而每套之中,皆有首尾、次第。六套次序,亦可演以阴(下缺)。"原书跋语已残缺不全,大致意思是说,就战争这种事情来说,涉及的问题非常多。壮大国力、训练士卒、挑选将领、确定敌人、战争准备、善后事宜等一切活动,都是军事斗争中要涉及的内容。所有这一切,大多数都有确定的规则和已有的经验可供参照,而其中所要面对的那些变化多端、诡诈奇谲、光怪陆离、不可捉摸的具体情形,所涉及的就是对敌作战中的策略选择问题。《三十六计》,就是对敌作战的策略,是高级军事指挥员必须掌握的要诀。经过闲暇时间的探讨,我认为:胜战、攻战和并战三套计谋,都是己方处于优势时所采用的;敌战、混战和败战三套计谋,都是己方处于劣势时所采用的。而每套计策之中,都有一个首尾和次序的问题。六套计谋的次序,也可以用阴阳燮理进行推演。

  从跋语中我们可以看出,《三十六计》主要就是探讨战争对策问题的,而战争对策都有一定之规和已有事例可循,"三十六计"就是对战争对策中的一定之规和已有事例的总结,并根据《易》中的"六六"之数,将其总结为六套,每套六条计谋。具体内容是:第一套为胜战计,包括瞒天过海、围魏救赵、借刀杀人、以逸待劳、趁火打劫、声东击西;第二套为敌战计,包括无中生有、暗渡陈仓、隔岸观火、笑里藏刀、李代桃僵、顺手牵羊;第三套为攻战计,包括打草惊蛇、借尸还魂、调虎离山、欲擒故纵、抛砖引玉、擒贼擒王;第四套为混战计,包括釜底抽薪、浑水摸鱼、金蝉脱壳、关门捉贼、远交近攻、假途伐虢;第五套为并战计,包括偷梁换柱、指桑骂槐、假痴不癫、上屋抽梯、树上开花、反客为主;第六套为败战计,包括美人计、空城计、反间计、苦肉计、连环计、走为上。

  中国古代的军事计谋五花八门,内容丰富,为什么将其总结为"三十六计"呢?一般认为,最初使用"三十六策"或者"三十六计"的说法,"三十六"均为虚指,极言军事斗争中可能的应对计策之多。之所以用"三十六计"来表示对策多样,主要有以下两种原因。一是,在中国古代的阴阳五行学说中,"六"代表"阴",军事斗争中的策略往往被称为"阴谋",因此借用"六六"之数代表诡计多端,层出不穷。正如《燕山夜话·"三十六计"》中所分析的:"因为古人所谓三十六计,原来并没有详细的内容,只是借太阴六六之数,表示阴谋诡计多端而已。"二是,三十六在中国传统文化,尤其是道教中,往往用以代指数量繁多并且相互关联、相互转化的事物。"道教称神仙所居的天界有三十六重,故有'三十六天'之说;又说地上神仙所居的名山胜景也有三十六处,称为'三十六洞天';又称北斗丛星中有三十六个天罡星,每个天罡星均有一大神主宰,即'三十六天罡',等等。道教的这些提法所传达的信息是,三十六既是一个在大的分类方面可用的表示至多的数字,同时也是一个表示整饬有序的规范的数字。应当说,道教赋予三十六这个数字的上述两个基本特点,使得三十六这个数字在使用方面具有了很大的延展性,也就是说,当人们需要选择一个既能表示至多,又能传达多而不乱的规范之意的数字,进行和表达大的分类时,很可能就会选择三十六。"① 正是基于上述原因,古代人们经常用"三十六计"代表诡计多端,但实际上并没有具体的内容与之一一对应。我们今天所看到的《三十六计》,正是后人在对中国传统兵家文化的总结中将"三十六策"或者"三十六计"加以附会的结果。

从阐述方式上来说,《三十六计》中的每一计都分计名、解语和按语三个部分。其中,计名大多取材于人们耳熟能详的成语或典故,具有生动形象、便于传播等特点。大体来看,"三十六计"的计名来源可分这样几大类:一是源于古代战例,如"围魏救赵"、"暗渡陈仓"、"假途伐虢"等;二是历史故事,如"上屋抽梯"、"瞒天过海"、"抛砖引玉"、"打草惊蛇"等;三是出自古代军事、哲学或历史著作,如"以逸待劳"出自《孙子兵法》、"无中生有"出自《道德经》、"釜底抽薪"出自《汉书》等;四是出自古代诗歌等文学作品,如"李代桃僵"出自《乐府诗集》、"擒贼擒王"出自杜甫的诗歌等;五是出自民间谚语或俗语,如"关门捉贼"、"混水摸鱼"等。《三十六计》中借用的这些成语和典故,有些与原始意义相近,有些则存在着较大的差别。

解语是对每条计策的简单解释,主要涉及该条计谋的条件、要求、依据、基本做法,以及相关的客观情况等。解语的突出特点,就是运用

---

① 王泽民:《〈三十六计〉的管理价值》,《西北民族大学学报》(哲学社会科学版),2006年第1期。

了以易演兵的方法,即引用《周易》经传中原话或者易理对计策进行解释,以《周易》哲学作为思想依据和基础。据统计,"三十六计"中,直接引用《周易》经传的有二十七计,其余九计也都运用了易理,涉及了《周易》中的坤、屯、需、师、比、履、豫、随、蛊、噬嗑、剥、坎、睽、蹇、解、损、益、萃、困、渐、既济,共计二十一卦,并多次使用了"阴"、"阳"、"刚"、"柔"等《周易》中的术语。《三十六计》以易演兵具有下面几个特点:一是联系《周易》卦爻辞中直接谈论军事斗争的内容论述有关谋略;二是"以象生义",即通过卦象和爻象所反映的事物及其相互关系论述谋略的推演和运用;三是通过阴阳的矛盾和运动变化来论述有关谋略的推演和运用。[①]《三十六计》的以易演兵,直接体现了中国古代兵学与哲学之间的内在联系。

一般认为,按语同计名和解语不是同时完成的,并非出自一人之手。从按语中所使用的"或曰"等表述方式来看,按语的出现应当晚于计名和解语,作为后人对前人表述的解释,保留了曾经存在过的不同看法。按语主要是在解语的基础上,对每条计谋进行进一步的解释,与解语侧重于用易理进行阐释不同,按语的语言比较通俗易懂,并且往往引用一些具体的战例,这就使得对计谋本身的理解更直观和具体。在对《三十六计》的研究中,计名、解语和按语应当作为一个整体来看待,都应当受到重视。

三、《三十六计》的思想价值

从思想内容上说,《三十六计》首先是一部兵书。中国古代的军事著作卷帙浩繁,晚出的《三十六计》之所以迅速引起人们的关注,一方面是由于它高度概括和精炼,并用人们耳熟能详的成语作为每一条计谋的名称,易于传播,易被人们接受;另一方面,也与它的内容上的独特性有关系。

《三十六计》在内容上有什么不同于其他兵书的地方呢?于汝波认为:"这是我国古代一本专门论述军事欺骗的兵书。此书从首计'瞒天

[①] 储道立、赵影露:《〈三十六计〉发微(下)》,《南京社会科学》,1998 年第 8 期。

过海'到末计'走为上',都讲的是关于军事欺骗的理论和实践问题。该书以《周易》的某些观点为理论依据,以军事应用为写作目的,对军事欺骗艺术做了分门别类、深入浅出、形象简练的论述,堪称是我国古代一部关于军事欺骗谋略艺术的集成之作。我国古代一些兵书中虽都有论述军事欺骗的内容,《孙子兵法》是论述这一方面内容的鼻祖,但不是专门论述军事欺骗的著作,最早专门论述军事欺骗的兵书,则应是《三十六计》。该书在论述军事欺骗的方法、军事欺骗的哲理等方面,深化、具体化了《孙子兵法》的思想,在某些方面有新的发展,对在现代高技术战争条件下如何进行军事欺骗,仍有重要的借鉴价值。"[1]

"兵以诈立",军事斗争中讲究虚实、奇正的变化,重视"诡道",《三十六计》就是专门论述军事斗争中的"诡道"的著作。它并不探讨军事斗争中的一般理论,也没有站在战略和全局的高度上对军事活动进行系统、全面的分析,而仅仅就军事斗争中的某一个方面,即如何实施"诡道",如何在军事斗争中对敌人乃至盟友进行欺骗和麻痹,进行实用性的分析和介绍。《三十六计》是对中国传统兵家文化中的谋略文化的总结和发挥,在此问题论域之内已经达到了很高的造诣。

中国传统的兵家文化都是以一定的哲学思想为基础的,《三十六计》也不例外。它主要是借助了《周易》中的哲学,对军事斗争中的计谋进行了分析和论证。因此,其主要的哲学倾向就是崇尚事物发展变化中的辩证法。"总说"中说:"数中有术,术中有数。阴阳燮理,机在其中。"事实上,"数""术"转化、"阴阳燮理"也正是贯穿《三十六计》始终的一个理论依据和认识前提。书中对阴阳、数术、常变、有无、损益、多寡、强弱、刚柔、动静、痴癫、主客、死生、局部整体等范畴的含义及其在军事领域中的运用做了深刻的探讨,对军事行动中的擒与纵、劳与逸、声与击、抛与引、交与攻等活动的关系进行了辩证的分析,并对物极必反、局部服从整体等规律有着独到的认识。这些都是中国古代朴素辩证法思想在兵家文化中的凝结。

《三十六计》中的辩证法思想具有自身一些比较明显的特点。比如,它重视人的主观能动性,但反对主观臆断,反对天命鬼神,它所强调

---

[1] 于汝波:《大话三十六计》,齐鲁书社,2003年版,"引言"第1页。

的是通过人的智慧的发挥使战争的结局朝着有利于自己的方向发展。《三十六计》的这一思想特征,既是残酷的军事斗争的需要,也是和它以易演兵的思路相联系的。我们知道,《周易》中强调"自强不息",强调人们应当采取积极的行动趋吉避凶、补失救过,《三十六计》以《周易》作为自己的哲学基础,必然对这些思想有所继承或者反映。再如,《三十六计》中重视具体问题具体分析,反对生搬硬套。"机不可设,设则不中。"谋略不能离开客观状况和规律而主观臆想或生搬硬套,否则,不但不会达到军事活动的目的,甚至可能给己方造成巨大的损失。因此,《三十六计》非常强调对具体的问题进行客观的分析。例如,在注定有一方要遭受损失时,可以根据具体情况决定受损失的对象。当敌友关系复杂时,"敌已明,友未定,引友杀敌,不自出力,以《损》推演"("借刀杀人");当敌我冲突不可避免时,"困敌之势,不以战;损刚益柔"("以逸待劳"),要通过设法使敌人陷入困境的方式增加敌人的损失而减少自己的损失;当我方的损失在所难免时,"势必有损,损阴以益阳"("李代桃僵"),要尽量通过局部的损失来换取全局的优势。在对具体问题进行分析时,《三十六计》非常重视强弱、刚柔、多寡等决定军事斗争胜败的实力因素。

《三十六计》中所包含的谋略和哲学思想,已经越来越多地引起人们的重视,其领域也早已超越了军事,扩展到社会生活的方方面面,比如商场竞争、人际交往、企业和社会管理等领域。社会生活中的不同领域总有相通之处,兵家文化应用领域的扩展也不是从《三十六计》才开始的,因此在社会生活的不同领域中充分发挥包括《三十六计》在内的兵家文化的作用有其积极的意义。然而,我们必须警惕在现实生活中将兵家谋略文化无限扩展和拔高的现象,这样做不仅不利于和谐的社会氛围的营造,而且也不利于兵家文化的继承和发展。

从根本上说,中国古代的兵家思想绝大部分都是以获取利益为目的的,尤其像《三十六计》这种侧重于军事欺骗的著作,更是在获取军事优势和利益上不择手段。根据《三十六计》中的思想,为了获取利益,可以"隔岸观火",可以"笑里藏刀",甚至可以"趁火打劫",可以"借刀杀人",在这种思想的指导下,出卖盟友、不守道义、损人利己都成为正当的行为。这样的思想倾向对于获取军事斗争的胜利具有一定的帮助,但对于社会发展和进步来说，肯定是不可取的。我们知道，军事斗争是政治斗争的最高形式，为了争夺权力和利益，它往往以你死我活的残酷斗争为手段，以从肉体上将敌人彻底消灭为目的，因此在整个过程中往往诙诡奇谲、不择手段。而社会生活的其他领域，包括政治、外交、商业、人际交往等，与军事领域有着本质的不同，社会要健康、稳定的发展，不能依赖诡诈权谋，只能靠人与人之间的和谐、宽容和理解。因此，我们不反对从包括《三十六计》在内的中国传统兵家文化中寻找智慧，为个人的成功、成才和社会的快速、稳定发展服务，但我们坚决反对将谋略文化泛化和庸俗化的倾向，反对将社会生活的其他领域和军事领域不加分别、混为一谈。随着社会竞争的加剧和个人追求成功愿望的加强，近些年来，成功、励志方面的著作层出不穷、花样繁多，其中不乏借用中国传统的兵家文化指导人生、指导社会竞争的作品。但我们也不无忧虑地看到，这些作品中也存在着良莠不齐、鱼龙混杂的现象。虽然有许多优秀的著作，但由于利益驱动等原因，也有一些作品侧重于宣扬落后、腐朽的观念，如"厚黑"、权诈的思想，为了个人成功可以放弃尊严和道德，没有永远的朋友，只有永远的利益，等等，这些都对社会，尤其是对青少年，产生了消极的影响。这样的"成功"、"励志"否认了人的社会责任意识和道德观念，势必造成人们价值观、人生观和理想、信念上的混乱甚至颠倒，最终只能造就一个病态的社会。因此，对于中国传统文化进行简单类比、生搬硬套，甚至恶意歪曲的行为，必须坚决加以反对。

事实上，兵家的"诡道"思想在中国传统文化中，也并非主流。中国传统文化是以重整体、重和谐、重道义著称的，仁义礼智、诚实守信、爱好和平、追求和谐从来都是源远流长、博大精深的中国传统文化的核心和主干，中华民族一向重视个人的道德修养和人格完善，对阴谋诡计、背信弃义等行为深恶痛绝。因此，对于兵家的权谋文化在中国传统文化中的地位，必须有一个准确的认识，决不能无原则地拔高和颂扬。其实，中国古代的兵家也并不是仅仅强调诡诈权谋的，例如孙武就曾经提出"慎战"、"全胜"、"修道"、"保法"等思想，认为战争应当从国家的安危和稳定的大局去考虑，不能一任权诈、穷兵黩武。在中国历史上，兵家的权谋作为军事斗争中的实用工具仅仅被限制在军事领域之内，而用来指导人生和社会生活的其他领域则是被反对和谴责的。

关于如何对待中国传统文化遗产,毛泽东曾经说过:"中国长期封建社会中,创造了灿烂的古代文化。清理古代文化的发展过程,剔除其封建性的糟粕,吸收其民主性的精华,是发展民族新文化提高民族自信心的必要条件;但决不能无批判地兼收并蓄。必须将古代封建统治阶级的一切腐朽的东西和古代优秀的人民文化即多少带有民主性和革命性的东西区别开来。"① 他又说:"对于中国古代文化,同样,既不是一概排斥,也不是盲目搬用,而是批判地接收它,以利于推进中国的新文化。"② 因此,在对包括《三十六计》在内的中国兵家文化继承和借鉴的过程中,必须采取批判吸收的态度,既不能一棍子打死,也不能不分青红皂白兼收并蓄。我们应当在古为今用的原则指导下,在批判中继承,在继承中发展,让中国悠久、深厚的传统文化在现代社会的和谐发展中发挥积极的作用。

---

① 《毛泽东选集》第 2 卷,北京:人民出版社,1991 年版,第 707~708 页。
② 《毛泽东选集》第 2 卷,1083 页。